VENÇA
A DEPRESSÃO
Antes Que Ela Vença Você

FBTC
Federação Brasileira de
Terapias Cognitivas

artmed

A Artmed é a editora
oficial da FBTC

L434v   Leahy, Robert L.
         Vença a depressão antes que ela vença você / Robert L. Leahy ; tradução: Sandra Maria Mallmann da Rosa ; revisão técnica: Bernard Rangé. – Porto Alegre : Artmed, 2015.
         xi, 272 p. ; 23 cm.

         ISBN 978-85-8271-215-3

         1. Psicoterapia. 2. Depressão. I. Título.

                                           CDU 616.8-085.851

Catalogação na publicação: Poliana Sanchez de Araujo – CRB 10/2094

ROBERT L. LEAHY, PH.D.

VENÇA A DEPRESSÃO
Antes Que Ela Vença Você

Tradução:
Sandra Maria Mallmann da Rosa

Revisão técnica:
Bernard Rangé
Doutor em Psicologia. Professor do Programa de Pós-graduação em Psicologia do
Instituto de Psicologia da Universidade Federal do Rio de Janeiro (UFRJ).

Reimpressão

artmed

2015

Obra originalmente publicada sob o título *Beat the Blues Before They Beat You*
ISBN 9781401921682

Copyright © 2010 by Robert L. Leahy, Ph.D. All Rights Reserved.
Published by arrangement with D4EO Literary Agency; www.d4eoliteraryagency.com

Gerente editorial: *Letícia Bispo de Lima*

Colaboraram nesta edição:

Coordenadora editorial: *Cláudia Bittencourt*

Capa: *Márcio Monticelli*

Imagem de capa: ©*thinkstockphotos.com / elenavolkova, Flower field and sun on blue sky.*

Preparação de originais: *Giovana Silva da Roza*

Leitura final: *André Luís Lima*

Editoração: *Techbooks*

Reservados todos os direitos de publicação, em língua portuguesa, à
ARTMED EDITORA LTDA., uma empresa do GRUPO A EDUCAÇÃO S.A.
Av. Jerônimo de Ornelas, 670 – Santana
90040-340 – Porto Alegre – RS
Fone: (51) 3027-7000   Fax: (51) 3027-7070

É proibida a duplicação ou reprodução deste volume, no todo ou em parte, sob quaisquer formas ou por quaisquer meios (eletrônico, mecânico, gravação, fotocópia, distribuição na Web e outros), sem permissão expressa da Editora.

Unidade São Paulo
Av. Embaixador Macedo Soares, 10.735 – Pavilhão 5 – Cond. Espace Center
Vila Anastácio – 05095-035 – São Paulo – SP
Fone: (11) 3665-1100   Fax: (11) 3667-1333

SAC 0800 703-3444 – www.grupoa.com.br

IMPRESSO NO BRASIL
PRINTED IN BRAZIL

Autor

Robert L. Leahy (B.A., Ph.D, Universidade de Yale) é diretor do Instituto Americano de Terapia Cognitiva na cidade de Nova York e Professor Clínico de Psicologia em Psiquiatria na Escola Médica de Weill-Cornell. Foi presidente da Associação de Terapia Comportamental e Cognitiva, da Associação Internacional de Terapia Cognitiva e da Academia de Terapia Cognitiva. Recebeu o prêmio Aaron T. Beck por Contribuições Relevantes em Terapia Cognitivo-comportamental. É autor e editor de 17 livros, incluindo *Como lidar com as preocupações: sete passos para impedir que elas paralisem você* e *Livre de ansiedade*. Seu trabalho foi traduzido para 14 línguas; e ele fez conferências por todo o mundo sobre terapia cognitiva, depressão, ansiedade e outros temas.

O doutor Leahy participa das seguintes publicações: *The New York Times, The Wall Street Journal, Forbes, Fortune, Newsweek, Psychology Today, The Washington Post, Redbook, Self, USA Today*, além de muitas outras revistas e jornais por todo o mundo. Também se apresentou em rádios locais e nacionais e na televisão (*20/20, Good Morning America* e *The Early Show*).

Seu *site* é: www.CognitiveTherapyNYC.com. Você também pode acessar seu *blog* "Anxiety Files" em: www.Psychology/Today.com.

Para Aaron T. Beck, fundador da terapia cognitiva,
cujo trabalho salvou muitas vidas.
Muito obrigado por me inspirar.

Agradecimentos

Permita-me começar agradecendo às muitas pessoas que me honraram confiando a mim os seus problemas e tendo coragem de trabalhar a sua depressão. Meus pacientes me ensinaram como as pessoas podem ter coragem diante do que parece ser um sofrimento sem esperança. Muito do que sei devo a eles. Obrigado por me deixarem fazer parte de suas vidas.

Devo muito ao meu mentor e amigo, o pai da terapia cognitivo-comportamental, Aaron T. Beck, cujo trabalho inspirou tantos no tratamento da depressão. Além disso, devo muito do meu conhecimento sobre a depressão e seu tratamento aos muitos pesquisadores por todo o mundo que continuam a contribuir para a nossa habilidade de ajudar as pessoas. Expresso minha gratidão aos incríveis pesquisadores cujo trabalho embasou este livro: Brad Alford, David D. Burns, David A. Clark, Rob DeRubeis, Norm Epstein, Connie Hammen, Allison Harvey, Susan Nolen-Hoeksema, Steve Hollon, Sheri Johnson, Thomas Joiner, Jon Kabat-Zinn, Warren Mansell, Cory Newman, Costas Papageorgiou, John Riskind, Zindel Segal, Marty Seligman, Roz Shafran, Jean Twenge e Adrian Wells.

Meu bom amigo Paul Gilbert, do Reino Unido, foi fonte de grande apoio – ele é uma verdadeira combinação de conhecimento, compaixão e humor. Frank Dattilio, Philip Tata, Dennis Tirch e Lata McGinn foram amigos e colegas em tempo integral. Também quero agradecer aos meus colegas do The American Institute for Cognitive Therapy, que foram suficientemente pacientes para me ouvir testar e revisar a maioria das ideias deste livro. Meu assistente editorial, Poonam Melwani, foi magnífico ao tornar possíveis este e outros projetos. Meu agradecimento também para Patty Gift e Sally Mason, da Hay House, por seu apoio a esta obra. Meu agente, Bob Diforio, é uma constante em minha vida há muitos anos. Ele é um verdadeiro *bulldog*.

E, é claro, à minha esposa, Helen, devo o maior agradecimento. Não encontro palavras para expressar toda a minha gratidão para com ela.

Sumário

Capítulo 1	O que é depressão?	1
Capítulo 2	A mente deprimida	25
Capítulo 3	"Nada dá certo": como superar a sua falta de esperança	49
Capítulo 4	"Eu sou um perdedor": como lidar com a sua autocrítica	65
Capítulo 5	"Não suporto cometer erros": como sentir-se "suficientemente bom"	85
Capítulo 6	"Eu não consigo fazer nada": como estimular a sua motivação	109
Capítulo 7	"Eu não consigo me decidir": como superar a sua indecisão	127
Capítulo 8	"Eu fico pensando repetidamente...": como superar a sua ruminação	147
Capítulo 9	"Eu sou um fardo": como tornar suas amizades mais gratificantes	163
Capítulo 10	"Eu não suporto ficar sozinho": como superar a sua solidão	177
Capítulo 11	"Meu relacionamento está desmoronando": como fortalecer o seu relacionamento íntimo	193
Capítulo 12	"Agora que estou melhor, como faço para continuar bem?": como prevenir a recaída	217
Capítulo 13	Considerações finais	231
Apêndice A	Tratamentos biológicos para a sua depressão	235
Apêndice B	Recursos para tratamento adicional	245
	Notas	249
	Índice	261

O que é depressão? 1

"Tudo parece tão desesperador", disse Karen. Enquanto olhava para as próprias mãos, as lágrimas começaram a cair. "É difícil me levantar de manhã. Eu ajusto o despertador, mas não tenho vontade de sair da cama. Meu coração fica apertado quando penso em ir para o trabalho. Eu tenho medo das manhãs. Eu não tenho mais nada para esperar."

Todos os dias, Karen se acordava de madrugada e sentia uma tristeza avassaladora. Ficava sentada na cama, sozinha, pensando em como sua vida era ruim. *Por que eu sou assim? Eu não faço nada direito.* Esses pensamentos tristes e pesados inundavam sua mente, fazendo-a achar que não havia motivos para seguir em frente. Logo iria amanhecer, e ela havia começado outro dia infeliz. "Eu me pego chorando sem nenhum motivo", disse-me ela. "Eu queria poder voltar a dormir – para sempre."

Karen tinha 32 anos quando me procurou pela primeira vez. Ela estava separada de Gary há mais de um ano, e o divórcio seria finalizado em poucos meses. Seu casamento tinha começado a apresentar problemas quatro anos antes – Gary era dominador, desdenhava os sentimentos de Karen e era muito crítico com quase tudo o que ela fazia. Ela me disse, quase se desculpando: "Eu tentei ser uma boa esposa". Então acrescentou, em sua defesa: "Eu estava com muito trabalho no escritório e nem sempre conseguia organizar as coisas em casa da forma como Gary queria". Ele a chamava de irresponsável, preguiçosa e negligente e, se ela reagisse, simplesmente a humilhava ainda mais. Nada era bom o suficiente. Ele se sentia superior, e Karen, derrotada.

Inicialmente ela tinha altas expectativas em relação ao casamento. Gary parecia ser um homem do tipo confiante, responsável, alguém que ela poderia respeitar. "Ele era o namorado perfeito", disse Karen. "Eu me lembro de quando me trazia flores, me levava a ótimos restaurantes e dizia o quanto eu era bonita." Ela baixou os olhos. "Mas isso foi há muito tempo." Karen disse que, na semana anterior ao seu casamento, sabia que estava cometendo um erro – Gary era constantemente crítico e até chegou a dizer que não tinha certeza se queria se casar com ela, mas Karen achava que não poderia cancelar tudo, pois muitas pessoas viriam para a cerimônia.

A intimidade do casal diminuiu rapidamente no primeiro ano. Havia pouco carinho, pouca afeição e muito pouco sexo. Gary chegava tarde em casa, às vezes parecendo um pouco alto. Ele dizia que estava com parceiros de negócios – que precisava socializar para manter contato com as outras pessoas do trabalho. Karen, por fim, começou a suspeitar que ele estivesse mentindo, mas não tinha nenhuma prova. Enquanto isso, eles discutiam sobre praticamente tudo – quem era responsável pelos cuidados com a casa, pelas compras e pelo planejamento. Afinal de contas, argumentava Karen, "Eu também tenho um emprego". Mas Gary queria que as coisas fossem do jeito dele.

Então, depois de três anos, disse a Karen que queria o divórcio. Ele havia conhecido outra mulher em função de seu trabalho – uma vendedora de outra empresa. A "outra mulher" era divorciada, tinha um filho de 5 anos, e Gary vinha se encontrando com ela após o trabalho há meses. "Ela me entende. É mais o meu tipo", disse ele. "Eu realmente quero sair desse casamento."

Karen se sentiu devastada. Ficou furiosa com Gary por trair e mentir, mas também se culpava. "Se eu fosse mais atraente e interessante, ele não teria me traído. Eu não sou boa o suficiente para segurar um homem." Agora, ela achava que não tinha nada a oferecer, que o tempo estava se esgotando para ela e estava sozinha. "Eu perdi o contato com os meus amigos", me disse. "Estava sempre sentada em casa esperando Gary. Eu costumava ver meus amigos antes de me casar. Agora não tenho nada."

Karen também havia perdido o interesse em outras coisas. "Eu costumava ir à academia e me exercitar. Aquilo me dava energia e fazia eu me sentir bem comigo mesma, mas não vou há mais de um ano." Ela andava comendo *junk food* – "*comfort food*"* – porque isso a fazia se sentir um pouco melhor por alguns minutos, mas estava perdendo controle sobre sua alimentação e ganhando peso. "Olhe para mim", disse. "Quem iria me querer?"

Pedi que Karen me desse uma imagem visual, um quadro de como era a sua depressão. "Eu me vejo dentro de um quarto vazio, deitada na cama, com as cortinas fechadas", disse. "Eu estou sozinha, chorando." Ela me encarou nos olhos e depois desviou o olhar. "É assim que a minha vida vai ser. Eu sempre vou estar sozinha."

---

* Contrário ao *fast food*, é comida caseira que remete à infância, trazendo lembranças de uma época de aconchego.

Pensando em Karen enquanto escrevo isto, fico triste em relembrar o quanto ela se sentia mal. Eu podia ver a dor, a falta de esperança e a autocrítica que a faziam sofrer. Ela achava que o divórcio provava o quanto era incapaz de ser amada e que ninguém mais iria querer ficar com ela. Não conseguia ver que tinha uma história de fortes conexões com as pessoas – amigos que a respeitavam e a amavam – e que era produtiva e valorizada no trabalho. Não conseguia ver que era inteligente, gentil e prestativa e não conseguia entender que seus sentimentos de tristeza e autorrepúdio poderiam não durar para sempre.

Mas eu tenho sorte. Sei como as coisas terminaram para Karen, e essa é uma lembrança feliz para mim. Ela superou a depressão e agora tem um novo homem em sua vida, uma nova autoconfiança e uma autoestima muito mais realista. Como alguém que se sentia tão sem esperança e mergulhada na tristeza e no desespero encontrou uma luz no fim do túnel?

Não foi o fato de encontrar um novo homem que a salvou. Foi ela quem se salvou da depressão. Aprendeu a assumir o controle da sua vida – todos os dias. Começou a identificar e a mudar seu pensamento negativo, o que possibilitou que se sentisse e agisse melhor. Seus relacionamentos se desenvolveram à medida que se aproximou dos amigos quando se sentia isolada e solitária, e descobriu que poderia ser sua própria terapeuta – depois que recebeu as ferramentas.

Uma epidemia moderna

A história de Karen pode se parecer com a história de alguém que você conheça – ou talvez se pareça com a sua história. Você pode dizer: "Eu sei como é ficar deitado na cama inundado por pensamentos negativos, sem energia para fazer nada. Eu sei como é lamentar o passado e temer o futuro, viver em um mundo de escuridão onde a alegria nunca parece me pertencer". Assim como Karen, você pode sentir que é incapaz de ser amado, que todos os seus sonhos ficaram para trás, que não existe saída. Você pode até mesmo pensar que vai passar a vida inteira sozinho e sem amigos – ou pode achar que, se as pessoas realmente o conhecessem, nunca se importariam com você. Assim como Karen, você pode lutar durante o dia inteiro contra uma insistente voz interna que lhe diz que não pode fazer nada, que nada vai dar certo e que não resta nenhum prazer ou significado.

Caso se sinta assim, você não está sozinho. No período de um ano, cerca de 11% da população dos Estados Unidos terão um transtorno depressivo, e 19% sofrerão de depressão em algum momento na vida – o que significa que a depressão afetará, em última análise, 60 milhões de norte-americanos.[1] Eu, particularmente, não conheço ninguém que não tenha tido contato com a depressão – ou o indivíduo tem ou então alguém próximo a ele tem. É quase certo que alguém na sua vida – um membro da família, um amigo próximo, um colega – tenha sido vítima de depressão em algum momento. A depressão é uma epidemia mundial que priva as vidas de significado e alegria e pode até matar.

Muitas pessoas sem depressão suficientemente severa para que se qualifiquem para um diagnóstico ainda têm sintomas depressivos. Na verdade, por um período de seis meses, um em cada cinco adultos e metade das crianças e adolescentes relatam *alguns* sintomas de depressão.[2] Embora não seja muito comum entre crianças pequenas, ela se torna muito problemática durante a adolescência, e essa prevalência parece estar aumentando. Isso é alarmante, não só porque gostaríamos que a juventude fosse uma fase de diversão e otimismo, mas também porque metade dos jovens depressivos continuará sendo adultos deprimidos. Também a taxa de suicídio entre pessoas jovens está tragicamente alta.

Por que estamos mais deprimidos do que nunca? O psicólogo Jean Twenge descobriu que os aumentos na depressão durante os últimos 50 anos correspondem a um aumento no individualismo e a uma perda da conectividade social.[3] No século XIX, quase ninguém vivia sozinho; no entanto, hoje, cerca de 26% dos lares são formados por uma pessoa. Posteriormente, iremos analisar melhor como a solidão e os problemas de relacionamento contribuem para a depressão, mas outras tendências históricas e culturais também desempenham um papel nisso. Mudanças constantes no mundo da moda podem fazer você sentir como se estivesse perdendo algo, um fluxo contínuo de más notícias na televisão pode escurecer sua visão da vida, e o declínio de comunidades baseadas na fé pode lhe proporcionar uma perspectiva cínica. Em seu livro recente, *The Narcissism Epidemic: Living in the Age of Entitlement (A epidemia do narcisismo: viver na era da titularidade)*, Twenge rastreia o narcisismo e o aumento das expectativas extremamente altas e vincula essas tendências a um aumento na ansiedade e na depressão.[4] O narcisismo está refletido em cada aspecto da mídia – em fotos editadas de mulheres com corpos e pele perfeitos que, na verdade, não existem. Está refletido na ênfase em sempre pensar que você é maravilhoso – não importa o que realmente seja. E também está refletido nas expectativas irreais que muitos jovens têm quando começam a trabalhar – esperando sucesso quase imediato. O livro de Twenge acompanha o crescimento de um senso de titularidade e expectativas irreais que também correspondiam a um aumento da ansiedade e da depressão. Como esperamos mais, nos sentimos mais privados.

Nossa cultura está marcada por cada vez menos noção de comunidade. Na década de 1950, as pessoas da classe operária iam jogar boliche juntas, geralmente orgulhosas das camisas do time que vestiam. Agora, jogam boliche sozinhas – se é que jogam. As pessoas se sentam hipnotizadas em frente à televisão enquanto assistem a outra pessoa viver uma "vida real" em uma fonte interminável de *reality shows*. Nossas conexões uns com os outros declinaram drasticamente – e isso também está associado ao aumento da ansiedade e da depressão. O movimento contínuo de um bairro para outro, de um emprego para outro, não conservar os mesmos amigos desde a infância até a idade adulta e até o declínio das organizações cívicas (uniões, grupos de pais e mestres, clubes, igrejas, trabalhos voluntários) nos deixou mais isolados, mais solitários e mais deprimidos.

Nós nos tornamos cada vez mais autoabsorvidos e menos conectados uns com os outros.

Talvez seja pouco consolador saber que milhões de pessoas sabem como é temer o dia, caminhar com tristeza por um mundo sombrio, enquanto outros caminham à luz do sol. Mas a boa notícia é que, hoje, a depressão é altamente administrável – *se você tiver o tratamento certo*. Assim como Karen, você poderá descobrir que existe uma saída. Poderá descobrir novas formas de pensar, agir e de estar com os outros. Poderá descobrir – para sua surpresa – que, escondida dentro de você, existe a coragem para abrir uma nova porta em sua vida, atravessá-la e construir uma vida que valha a pena ser vivida.

Uma porta em sua vida

Durante esses 27 anos como terapeuta, muitas pessoas me perguntaram: "Você não fica deprimido trabalhando com pessoas deprimidas?". Ironicamente, é exatamente o oposto. Eu me sinto ótimo trabalhando com pessoas deprimidas porque sei que elas podem ser ajudadas.

Sim, a boa notícia é essa. Com tratamento eficaz, você pode vencer a depressão – e, depois disso, tem uma boa chance de prevenir a sua recorrência. Novas técnicas de autoajuda podem auxiliá-lo a reverter seu pensamento negativo e seu doloroso e triste humor. Isso não é fácil. Requer trabalho da sua parte. Existem, porém, ferramentas poderosas – muitos tipos de ferramentas – que você poderá aprender a usar nesse processo.

A maioria das pessoas deprimidas pode ser ajudada com formas mais recentes de terapia cognitivo-comportamental (TCC). Eu e meus colegas desenvolvemos essa abordagem durante os últimos 30 anos, e agora ela é usada no mundo inteiro como o tratamento psicoterápico de escolha para a depressão e a ansiedade. Essa terapia o auxilia a mudar a forma como você pensa (suas cognições) e o que faz (seu comportamento). Depois que você mudar a forma como pensa, mudará a forma como se sente e romperá o ciclo da dor autoperpetuada.

Em vez de passar anos no divã de um terapeuta que alisa sua barba e faz perguntas tangenciais que não fazem nenhum sentido para você, com a TCC você pode começar a mudar a sua vida *hoje*. E, para muitas pessoas, a TCC tem efeitos mais duradouros do que qualquer outra abordagem. Se você tratar depressão moderada ou severa com medicamentos, mas descontinuá-los quando estiver melhor, as chances são altas (76%) de que fique deprimido novamente nos 12 meses seguintes. Porém, se você melhorou com terapia cognitiva, tem uma chance menor (somente 30%) de recaída depois de parar. E, para deixar as coisas ainda melhores, você irá aprender formas que poderão reduzir significativamente a probabilidade de ficar deprimido novamente. Pílulas não lhe ensinam habilidades, mas a TCC sim.

Se você fosse um dos meus pacientes, eu poderia começar nossa sessão de TCC lhe perguntando: "Qual problema você quer trabalhar hoje?". Em vez da escuta passiva, eu assumiria um papel ativo, pedindo que você avaliasse seus pensamentos, testando-os contra a realidade, tentando encontrar novas formas de pensar sobre as coisas e considerando novos comportamentos específicos que você possa experimentar. Eu lhe daria tarefas de autoajuda para fazer em casa, de forma que você pudesse ser seu próprio terapeuta entre as sessões. Nós avaliaríamos seu progresso periodicamente, consideraríamos por que algumas coisas não estavam funcionando e experimentaríamos novas técnicas. Nós não desistiríamos. E iríamos impulsioná-lo para trabalhar na realização de mudanças *hoje*.

Neste livro, eu quero assumir com você essa mesma abordagem ativa, envolvente e confrontacional. Trabalhando com depressão por quase três décadas, aprendi muito com meus pacientes e com a minha própria vida, e acredito que você pode aprender com as técnicas e estratégias que meus pacientes acharam úteis. Este livro é a sua caixa de ferramentas – é o lugar onde você encontrará as técnicas que pode usar todos os dias para se libertar do sofrimento de se sentir deprimido. Eu gostaria que você pudesse – sempre que se sentir autocrítico, hesitante ou sem esperança – abri-lo, encontrar as ferramentas que precisa e se ajudar. O segredo é torná-lo, na verdade, seu próprio terapeuta, seu próprio "treinador pessoal", de modo que você não precise ser reassegurado por outras pessoas para encontrar uma direção. O objetivo final é colocá-lo a cargo de si mesmo.

Dependendo da gravidade da sua depressão, poderá ser melhor que você tenha alguma ajuda externa – pelo menos no início. Uma depressão crônica, de longo prazo e debilitante pode causar um grande impacto na sua qualidade de vida; e, em muitos casos, essas condições crônicas são resultado de um tratamento inadequado. Se sua depressão tem efeito debilitante em você, é importante levá-la a sério e tratá-la de forma abrangente e exaustiva. Além das muitas técnicas de TCC que você irá aprender neste livro, podemos ampliar o resultado de tudo o que fazemos com medicamentos ou outros tratamentos biológicos. O arranjo ideal seria você ter a assistência de um terapeuta cognitivo-comportamental treinado, além de um médico com quem possa consultar acerca de outras opções, como medicamentos. Você encontrará mais recursos para exploração das suas opções, além de informações sobre tratamentos biológicos, nos Apêndices.

Ao longo deste livro, iremos trabalhar juntos usando técnicas que você possa colocar em prática imediatamente. Também vamos discutir como os medicamentos podem fazer parte da sua autoajuda. Examinaremos como você e seu parceiro podem ter um relacionamento melhor e como você pode construir amizades mais gratificantes e respeitosas. A depressão pode afetar todas as áreas da sua vida, portanto, você vai precisar de ferramentas que possa utilizar em todas elas, todos os dias da sua vida. Se eu apenas o reassegurar, você só se sentirá melhor por alguns minutos. Se eu lhe der as ferramentas, você poderá consertar as coisas quando eu não estiver por perto.

Não espere que alguém o salve. *Você pode se salvar.*

A anatomia da depressão

Depressão não é apenas um ou dois sintomas. Ela é uma constelação de diferentes pensamentos, sentimentos, comportamentos e experiências. Psicólogos e psiquiatras criaram um sistema para avaliar e classificar esse complexo de dor esquivo e inconstante. O diagnóstico técnico que damos é "transtorno depressivo maior", que significa que você esteve deprimido – com um humor deprimido ou perda de interesse nas atividades – por um período de duas semanas e tem, pelo menos, quatro dos seguintes sintomas:

- Sentimentos de inutilidade ou culpa
- Dificuldade de concentração ou de tomar decisões
- Fadiga ou baixa energia

- Insônia ou hipersonia (sono aumentado)
- Perda de apetite, perda de peso ou ganho de peso
- Agitação ou retardo psicomotor
- Pensamentos de morte ou de suicídio

Antes de fazermos esse diagnóstico, excluímos problemas médicos que possam dar origem aos sintomas de depressão, tais como desequilíbrio na tireoide. Também levamos em consideração o que mais está acontecendo em sua vida. Por exemplo, geralmente não diagnosticamos como deprimido alguém que esteja sofrendo após a perda de uma pessoa amada, a menos que a depressão dure um tempo excepcionalmente longo.

Diferentes tipos de depressão

Existem muitas formas de estar deprimido. Você pode ter um transtorno depressivo maior, como acabamos de descrever. Ou pode ter um período de depressão mais leve, que dure cerca de dois anos, o que chamamos de transtorno distímico. Você também pode ter um transtorno distímico e um período de depressão maior concomitantemente, o que lhe confere o diagnóstico de "depressão dupla". E muitas mulheres sofrem de depressão pós-parto após o nascimento de um filho.

Um diagnóstico importante para ter em mente é o transtorno bipolar. (Anteriormente chamado de transtorno maníaco-depressivo.) As pessoas com transtorno bipolar alternam entre afeto deprimido e períodos de "mania" nos quais se sentem eufóricas, com autoestima excessivamente alta e muita energia. Elas falam rapidamente, suas ideias estão por todo o lado, podem ser extremamente tolas e não parecem necessitar de muito sono. Elas podem correr riscos desnecessários, ou seu impulso sexual pode ser excepcionalmente alto. As pessoas que têm alguns desses sintomas maníacos, mas não na sua forma mais severa, são referidas como hipomaníacas.

Se você vivenciou episódios em que teve sintomas de mania ou hipomania, pode ser que tenha transtorno bipolar. Isso é algo que o seu terapeuta ou médico pode determinar com você. É importante contar a ele sobre os sintomas maníacos porque, se você tem transtorno bipolar e está sendo tratado com medicamentos, seu médico poderá querer considerar um plano específico para você.

Depender somente de antidepressivos pode piorar os problemas se você for bipolar. Muitas pessoas bipolares experimentarão uma "alternância cíclica" em um estado maníaco agitado quando são tratadas somente com medicamentos antidepressivos, deixando-as em uma montanha-russa de alternância do humor, com subidas e descidas, passando da depressão para a agitação maníaca. Entretanto, seja você unipolar (você nunca teve um episódio maníaco) ou bipolar, as ideias deste livro podem ajudá-lo a evitar episódios futuros, o que é fortalecedor particularmente durante períodos de depressão.

As causas da depressão

A depressão não conhece barreiras. Qualquer pessoa, independentemente de renda, educação, raça, gênero, sucesso ou beleza, pode ficar deprimida. A lista de pessoas famosas que sofreram de depressão é vasta. Ela inclui Bobby Darin, Barbara Bush, Billy Joel, Judy Garland, Buzz Aldrin, Ernest Hemingway, Charles Darwin, John Adams, Harrison Ford, Abraham Lincoln, J. K. Rowling, Tennessee Williams, Winston Churchill e Mark Twain.

O que causa a depressão? Muitas pessoas acham que têm de encontrar a causa de sua depressão na forma como seus pais as criaram. De fato, você pode passar anos no divã de um terapeuta tentando desenterrar lembranças terríveis de maus-tratos na infância, mas isso pode parecer sem sentido: pesquisadores estimam que entre um e dois terços do que causa a depressão pode estar relacionado aos seus genes.[5] A depressão está relacionada à química do seu cérebro. Diferenças nos seus níveis de serotonina, noradrenalina e outras substâncias químicas podem deixá-lo mais propenso à depressão. Dito isso, inúmeros outros fatores – desde a sua criação até experiências posteriores na vida – podem colocá-lo em maior risco de um episódio depressivo. Por exemplo, seus pais podem tê-lo tornado mais vulnerável à depressão não somente pela transmissão de genes que aumentam essa probabilidade, mas também por se comunicarem com você de modos que possam tê-lo levado a se sentir impotente ou autocrítico.

Nosso conhecimento da química cerebral subjacente à depressão é com frequência proveniente de descobertas acidentais. Mais uma vez, isso mostra que, na ciência, você às vezes descobre o que *não* está procurando! As duas primeiras classes principais de medicamentos antidepressivos – inibidores da monoaminoxidase (IMAOs) e antidepressivos tricíclicos (ADTs) – foram descobertas por acaso. A iproniazida, um IMAO, foi testada na década de 1950 como tratamento para a tuberculose. Para surpresa dos médicos e dos pacientes, ela melhorou o humor destes e os deixou menos deprimidos. No fim dessa mesma década, pesquisadores na Suíça realizaram experimentos com ADTs como tratamento para esquizofrenia. Mais uma vez, para sua surpresa, os ADTs não ajudaram na esquizofrenia, porém melhoraram o humor dos pacientes. O lítio também foi descoberto acidentalmente, em

1948, pelo psiquiatra australiano John Cade, ao injetá-lo em porquinhos-da-índia, mas, ao contrário de suas expectativas, a substância produziu um efeito calmante.[6] As descobertas acidentais de classes importantes de antidepressivos indicam que um cientista atento, ao se deparar com o inesperado, pode abrir novas possibilidades para milhões de pessoas.

Existem várias teorias sobre as causas da depressão, sugerindo que deve haver diversos caminhos bioquímicos diferentes até ela, e a sua depressão pode ser causada por um ou pela combinação desses modelos bioquímicos variados. Você deve ter isso em mente, uma vez que pode afetar seu tratamento. Você e seu médico podem perseguir uma sequência de ensaios de medicamentos – se uma classe de medicamentos não funcionar, sempre se pode experimentar outra ou acrescentar um medicamento de uma classe diferente – às vezes uma combinação de duas classes de medicamentos que aumentam a eficácia do tratamento.

Encare dessa forma: existem três grupos de neurotransmissores que são importantes ao afetar a depressão: noradrenalina, serotonina e dopamina, e todos esses fazem parte da classe das monoaminas. Pense no cérebro como consistindo de neurônios (células nervosas) que se comunicam entre si em um espaço que chamamos de sinapse. Você tem células que enviam mensagens (pré-sinápticas) e células que recebem essas mensagens (pós-sinápticas). Os tricíclicos inibem a recaptação (ou reabsorção) dos neurotransmissores; os ISRSs (uma classe de substâncias chamada inibidores seletivos da recaptação da serotonina) inibem especificamente a reabsorção da serotonina; os IMAOs inibem o metabolismo ou a quebra das moléculas armazenadas nos neurônios.[7]

É claro que a ciência por trás disso é muito complexa. Pesquisas recentes indicam que a depressão pode ser afetada pela comunicação entre neurônios que ativam genes específicos. Pesquisadores da Yale University identificaram que os antidepressivos estimulam fatores de crescimento neuronal, gerando novas células nervosas.[8] É por isso que os medicamentos antidepressivos levam algum tempo para se tornarem efetivos – eles estão gerando novas células! A biologia da depressão é mais complexa – e mais fascinante – do que se pensava inicialmente.

Muitos pais de filhos deprimidos também são deprimidos, portanto, podem ter dificuldades para fazer o melhor trabalho possível. Pais que não são afetivos, que não dão valor aos sentimentos e que são excessivamente controladores ou críticos tendem a criar filhos que se tornam adultos deprimidos.[9] Se os seus pais lhe deram mensagens confusas – "Eu te amo, mas não me incomode agora" –, você também tem um risco maior de desenvolver depressão. Abuso sexual durante a infância também é um preditor significativo de depressão,[10] e se os seus pais se divorciaram, se separaram ou morreram durante sua fase de crescimento, você tem maior probabilidade de ser deprimido quando adulto.[11] Um fator importante aqui é como você é cuidado posteriormente: se a perda de um dos pais acarretou um decréscimo nos cuidados, no carinho e na atenção, o seu risco de depressão é muito maior.[12] Embora seja verdade que sua lembrança de experiências infantis pode ser afetada por seu humor atual – você está deprimido agora, portanto tem maior probabilidade de lembrar eventos negativos no passado –, pesquisas sugerem que o viés na lembrança não é a primeira razão para que os adultos deprimidos relatem tais experiências infantis difíceis.[13]

Em quase todas as culturas contemporâneas que foram estudadas, as mulheres têm maior probabilidade de sofrer de depressão do que os homens – probabilidade duas vezes maior, em média, uma discrepância que aparece na adolescência e desaparece em idade mais avançada. Pode haver inúmeras razões para isso, desde as alterações hormonais femininas até o fato de que as mulheres tendem a ter menos poder na sociedade do que os homens, colocam maior ênfase em agradar aos outros e talvez tenham maior inclinação para ruminação. Contudo, mulheres e homens podem obter os mesmos benefícios com TCC e medicamentos.

O que provoca um episódio depressivo? Existem inúmeros fatores que contribuem para um risco mais elevado. Ficar viúvo, divorciar-se ou separar-se são preditores importantes de depressão; assim como um conflito sério no relacionamento. As mulheres que vivenciam conflito em seu casamento têm uma probabilidade 25 vezes maior de se deprimirem do que aquelas em casamentos sem conflitos,[14] e as que têm dificuldades com seus filhos também estão em risco aumentado. Estar desempregado também é um fator:[15] para muitos, desemprego significa não só uma perda de renda, mas também uma perda de identidade, de contato e de sentimento de realização. O desemprego não precisa conduzir à depressão; mas se você está deprimido, tende a encará-lo a partir de uma perspectiva negativa – como um sinal de vergonha, de fracasso e de impotência.

Em um estudo, 60% das pessoas deprimidas relataram um estressor significativo nos nove meses anteriores, comparadas a apenas 19% das não deprimidas. Mesmo os aborrecimentos diários podem se acumular e conduzir à depressão: problemas no trabalho, dificuldades nos arranjos de vida, estresse por viajar, pressões financeiras extremas, discussões penosas e conflitos com outros. E, embora estressores como esses sejam inevitáveis na vida da maioria das pessoas, seus genes podem torná-lo mais vulnerável aos seus efeitos.[16] Se você for geneticamente predisposto à depressão, eventos estressores terão 25% mais probabilidade de deprimi-lo, mas seus genes também podem *protegê-lo*. Por exemplo, embora, conforme indicado, ser vítima de abuso aumente a chance de ser deprimido, isso também dependerá de sua *genética*. Se nenhum dos seus pais lhe fornecer uma forte *carga genética* para depressão, então não é muito provável que você fique deprimido. Seus genes podem ajudá-lo ou prejudicá-lo – eles podem até mesmo protegê-lo contra seus próprios pais!

As consequências da depressão

A depressão é muito onerosa – em muitos níveis, começando pelo mais literal. Ela conduz a taxas mais elevadas de absenteísmo no trabalho, produtividade mais baixa e taxas mais altas de incapacidade. Cerca de 80% das pessoas deprimidas atualmente dizem que estão prejudicadas em seu funcionamento diário.[17] Um estudo identificou que as pessoas com depressão maior perdiam 5,6 horas de trabalho produtivo por semana.[18] Tomemos Karen, a quem fomos apresentados anteriormente, como exemplo. Ela às vezes não conseguia sair da cama para ir trabalhar. Quando estava no trabalho, com frequência ficava sentada em frente ao computador ruminando sobre o quanto sua vida era ruim. Ela protelava a realização das coisas, e isso só fazia com que se sentisse pior, uma vez que temia ser despedida.

Pessoas deprimidas têm maior probabilidade de ter estilos de vida pouco saudáveis, o que inclui fumar, ser inativo e ter uma dieta deficiente. "Eu como sorvete e biscoitos para tentar me sentir melhor", Karen me contou. "Mas então, depois disso, me sinto muito mal porque sei que perdi o controle." Para algumas pessoas com depressão, esse estilo de vida pouco saudável leva a um risco maior de doença cardiovascular.[19] A depressão também coloca você em risco maior de desenvolver doença de Alzheimer[20] e acidente vascular cerebral[21] e ainda afeta os resultados da doença por HIV.[22] Além disso, pessoas idosas que estão deprimidas têm maior probabilidade de morrer mais cedo.[23]

A depressão não é, em geral, uma experiência que ocorre uma única vez. Conforme mencionei anteriormente, muitas pessoas têm episódios recorrentes de depressão, sendo que alguns duram meses ou mesmo anos. Karen havia tido dois períodos anteriores de depressão antes de chegar até mim. A depressão é, no mundo todo, um dos principais pesos para toda a vida, superada somente por condições perinatais (ou relacionadas ao nascimento), infecções respiratórias inferiores, doença cardíaca isquêmica, doença cerebrovascular, HIV/aids e doenças diarreicas.

A consequência mais trágica – e desnecessária – da depressão, porém, é o suicídio. Pessoas deprimidas têm 30 vezes mais probabilidade de tirar a própria vida do que aquelas que não estão deprimidas.[24] Meu amigo Ken foi uma das vítimas trágicas da depressão.

Eu conheci Ken há anos quando estava na pós-graduação em Yale. Na época, eu estava interessado em trabalhar com crianças, principalmente porque achava que elas eram meigas. Eu não era movido por um desejo intelectual irresistível, mas era divertido trabalhar com elas. Ken, que estava no instituto de pesquisa, apoiava incrivelmente a mim e ao meu trabalho, e se tornou também um amigo. Nós almoçávamos juntos; eu visitava sua família; e nós conversávamos sobre pesquisa, fofocas e qualquer coisa que viesse às nossas mentes. Ken sempre dava boas risadas, fazia um comentário engraçado ou tinha algo motivador para me dizer.

Ele nunca falou sobre problemas pessoais. Nunca parecia triste. Nunca se queixou de seu trabalho. No almoço, agora eu recordo, ele normalmente tomava um martíni – às vezes dois –, mas eu nunca o vi bêbado. Ele e Caroline, sua esposa, me recebiam para desfrutar de maravilhosas refeições caseiras, e nós nos sentávamos, conversávamos e ríamos. Eu sempre sentia o tranquilo calor humano daquela amizade masculina – do tipo que os sujeitos não precisam dizer o quanto gostam um do outro; eles simplesmente sabem. No entanto, eu devo tanto a Ken que gostaria de *ter* lhe dito o quanto ele significava para mim.

Depois que recebi o meu Ph.D., saí de New Haven e segui minha carreira acadêmica – obtendo verbas para pesquisa, editando livros, fazendo todas aquelas coisas que se espera que você faça. Fui me interessando mais em fazer terapia comportamental infantil, e estava pensando em me encaminhar nessa direção. Eu mandava cartas para Ken e, às vezes, conversávamos ao telefone, mas fiquei longe por alguns anos e basicamente perdi contato com o que estava acontecendo em sua vida.

Eu estava lecionando na University of British Columbia, em Vancouver, quando recebi o telefonema de um colega de Yale. "Ken morreu. Ele cometeu suicídio."

Eu fiquei atordoado e perplexo. "Nunca percebi que alguma coisa estivesse errada", eu disse. Subitamente meus olhos se encheram de lágrimas.

"Aparentemente ele estava preocupado com a possibilidade de ser demitido", continuou meu colega. Quando sua esposa e sua filha estavam dormindo, Ken foi até a garagem, abriu o gás e se matou.

Quando eu vi Caroline, pude perceber que parte de sua alma estava em pedaços. Ela estava sentada na cozinha da sua antiga casa vitoriana, afastada de New Haven, se perguntando como iria conseguir pagar as contas. Ela recorreu à sua igreja e a seus amigos, que a ajudaram durante essa época difícil, mas o sorriso e a suavidade no seu rosto pareciam ter desaparecido.

Seus olhos pareciam distantes enquanto ela falava sobre Ken. "Eu estou tão zangada com ele por fazer isso, ter nos deixado", disse ela. "Ele sabia que eu faria qualquer coisa para apoiá-lo. Mas estava tão oprimido."

Enquanto Caroline e eu conversávamos, conheci uma parte inteiramente diferente de Ken – uma que eu nunca conheci. Ele era alcoólatra – deprimido, solitário e sem esperança. Ali estava ele, uma estrela em ascensão no campo da psicologia clínica que não conseguiu encontrar a ajuda de que precisava. Ele não via saída. Caroline estava grávida quando ele morreu.

A morte de uma pessoa não é uma simples estatística. Ela é a perda de muitos mundos – o mundo dele, o seu lugar nos mundos de todos nós que o amávamos. A filha de Ken, Susan, segurou a minha mão e disse: "Bob-Leahy", como se o meu nome fosse hifenizado, "Bob-Leahy, você não vai embora, vai?". Ela me mostrou suas bonecas e eu a abracei.

Eu sabia que nunca iria querer "superar" a morte do meu amigo. Eu queria poder me lembrar do quanto me senti triste ao perdê-lo e de como me sentia contente por tê-lo conhecido e queria construir uma vida suficientemente grande e significativa para conter aquela perda. Embora eu gostasse de trabalhar com crianças e seus pais, também achava que trabalhar com depressão seria mais significativo para mim. E tive muita sorte porque o fundador da terapia cognitiva, Dr. Aaron Beck, estava dando um treinamento especializado na University of Pennsylvania Medical School. Eu pensei: *É para lá que eu vou*. E eu fui.

Não tenho medo de me sentir triste ao pensar no meu amigo. Ele me deu a motivação para fazer o que eu tenho feito desde então. Enquanto seu espírito, sua doçura e a sua dor estiverem no meu coração e na minha mente, eu sei que posso ajudar os outros a encontrar uma saída através dos caminhos sombrios de suas vidas.

Como usar este livro

Quando pensei em como escrever um livro de autoajuda sobre depressão, me dei conta de que meus pacientes vêm me ver com queixas específicas. Eles me dizem: "Me sinto sem esperança quanto ao futuro", ou "Eu não consigo colocar nada em prática", ou "Eu estou tão triste que não aguento mais". Eles não chegam procurando teorias sobre depressão ou palestras sobre psicologia. Eles chegam perguntando: "O que posso fazer para me ajudar?". É assim que você provavelmente experimenta a sua depressão.

É por isso que organizei este livro em torno de queixas específicas. Você pode estar se sentindo solitário ou pode ser autocrítico. Pode estar hesitante ou se sentir um peso para os outros. Pode estar se sentindo irritável ou ter dificuldade em encontrar energia para fazer as coisas. Seja qual for a sua queixa, você quer soluções. Você quer saber: "O que eu posso fazer?".

Cada capítulo começa com um exemplo de alguém que está experimentando um aspecto particular da depressão. É assim que meus pacientes falam comigo, e desejo transmitir a você o benefício da experiência deles. Você provavelmente vai se identificar em muitos desses exemplos, porém, poderá não se enxergar em todos eles. Mas tudo bem. Não existem duas pessoas deprimidas que sejam exatamente iguais. Você não precisa ter todos os sintomas de depressão para se beneficiar deste livro. Na verdade, considere-se com sorte se não os tiver.

À medida que for lendo cada capítulo, você encontrará uma maior explicação do sintoma – como ele surge, como pode afetá-lo – e formas de abordá-lo, criando novos hábitos de pensamento e comportamento positivos e eficazes. Lancei mão e apliquei muitas abordagens diferentes de TCC para reunir as técnicas e estratégias que vou lhe apresentar aqui. Durante os últimos 30 anos, surgiu uma imensa quantidade de pesquisas sobre o que funciona, e devo muito a inúmeras pessoas que contribuíram com suas ideias para o desenvolvimento dessas abordagens. No entanto, aprendi que nenhuma abordagem funciona para todos. É por isso que procurei usar o melhor do melhor.

Conforme mencionei, um medicamento, prescrito pelo seu médico, também pode fazer parte da sua autoajuda, portanto, incluí informações sobre medicamentos no Apêndice A. Mas existem tantas evidências de que a TCC é útil para depressão que agora a consideramos uma abordagem de primeira linha. À medida que você avançar nos capítulos, tente decidir por si mesmo quais técnicas poderiam ser úteis no seu caso. É sempre melhor ter um terapeuta treinado em TCC para ajudá-lo a passar por isso, mas usar algumas dessas técnicas comprovadas por conta própria pode ser um bom começo. Essas são "notícias úteis". As ferramentas estão aqui. A sua depressão poderá dificultar o seu uso dessas ferramentas. Você pode se sentir desanimado e sem energia. Mas, como ocorre com qualquer ferramenta, você não vai saber se ela pode consertar o problema antes de utilizá-la. O que você teria a perder se tentasse?

A depressão assume a forma de pensamentos autocríticos, de indecisão, de baixa energia, de tristeza, de retraimento, de perturbação do sono, de irritabilidade e de outros sintomas. Iremos abordar a sua autoajuda auxiliando-o a se livrar desses sintomas. Se você não tiver os sintomas, não estará deprimido. É simples assim!

Dando início

Este livro pretende ser um recurso a que você recorra repetidamente. Ele é um guia para lidar com seus problemas e um lembrete de que você pode partir para a ação *hoje* para ajudar a resolvê-los. Como em qualquer jornada, o seu programa de autoajuda inicia onde você está neste exato momento. Portanto, você poderá querer começar fazendo o seguinte teste simples para avaliar a sua condição e identificar as áreas nas quais tem maior dificuldade – áreas que pode abordar à medida que avança neste livro. Não existem respostas certas ou erradas: apenas descreva como você se sentiu na última semana.

Marque apenas uma resposta para cada item que melhor descreva como você se sentiu nos últimos sete dias.

Inventário Rápido de Sintomatologia Depressiva

1. **Pegar no sono:**
    - ☐ 0 Nunca levo mais de 30 minutos para pegar no sono.
    - ☐ 1 Levo pelo menos 30 minutos para pegar no sono, menos da metade das vezes.
    - ☐ 2 Levo pelo menos 30 minutos para pegar no sono, mais da metade das vezes.
    - ☐ 3 Levo pelo menos 60 minutos para pegar no sono, mais da metade das vezes.

2. **Dormir durante a noite:**
    - ☐ 0 Não acordo durante a noite.
    - ☐ 1 Tenho sono leve e agitado, acordando por períodos curtos em cada noite.
    - ☐ 2 Acordo pelo menos uma vez por noite, mas volto a dormir com facilidade.
    - ☐ 3 Acordo mais de uma vez por noite e fico acordado por 20 minutos ou mais, mais da metade das vezes.

3. **Acordar cedo demais:**
    - ☐ 0 Na maioria das vezes, acordo até 30 minutos antes do que preciso para levantar.

☐ 1 Mais de metade das vezes, acordo mais de 30 minutos antes do que preciso levantar.

☐ 2 Quase sempre acordo pelo menos uma hora ou mais antes do que preciso, mas acabo voltando a dormir.

☐ 3 Acordo pelo menos uma hora antes do que preciso e não consigo voltar a dormir.

4. Dormir demais:

☐ 0 Durmo mais de 7 a 8 horas por noite, sem cochilos durante o dia.

☐ 1 Não durmo mais de 10 horas em um período de 24 horas, incluindo os cochilos.

☐ 2 Não durmo mais de 12 horas em um período de 24 horas, incluindo os cochilos.

☐ 3 Durmo mais de 12 horas em um período de 24 horas, incluindo os cochilos.

5. Sentir-se triste:

☐ 0 Não me sinto triste.

☐ 1 Sinto-me triste menos da metade das vezes.

☐ 2 Sinto-me triste mais da metade das vezes.

☐ 3 Sinto-me triste quase o tempo todo.

6. Apetite diminuído:

☐ 0 Meu apetite habitual não diminuiu.

☐ 1 Como com menor frequência ou menores quantidades de comida do que o habitual.

☐ 2 Como muito menos do que o habitual e só com esforço pessoal.

☐ 3 Raramente como em um período de 24 horas e só com extremo esforço pessoal ou quando outros me convencem a comer.

7. **Apetite aumentado:**
   - ☐ 0 Meu apetite habitual não aumentou.
   - ☐ 1 Sinto necessidade de comer mais frequentemente do que o habitual.
   - ☐ 2 Regularmente como com mais frequência e/ou em maiores quantidades do que o habitual.
   - ☐ 3 Sinto-me compelido a comer demais tanto nas refeições quanto entre elas.

8. **Redução de peso (nas duas últimas semanas):**
   - ☐ 0 Meu peso não diminuiu.
   - ☐ 1 Sinto-me como se tivesse tido uma pequena perda de peso.
   - ☐ 2 Perdi um quilo ou mais.
   - ☐ 3 Perdi cinco quilos ou mais.

9. **Aumento de peso (nas duas últimas semanas):**
   - ☐ 0 O meu peso não aumentou.
   - ☐ 1 Sinto como se tivesse tido um pequeno ganho de peso.
   - ☐ 2 Ganhei um quilo ou mais.
   - ☐ 3 Ganhei dois quilos ou mais.

10. **Concentração/Tomar decisões:**
    - ☐ 0 Não houve mudança na minha capacidade habitual de me concentrar ou de tomar decisões.
    - ☐ 1 Ocasionalmente me sinto indeciso ou acho que minha atenção flutua mais do que o habitual.
    - ☐ 2 Na maior parte do tempo, me esforço para prestar atenção ou para tomar decisões.
    - ☐ 3 Não consigo me concentrar o suficiente para ler nem mesmo tomar decisões de menor importância.

11. Visão de mim mesmo:

☐ 0 Considero-me tão valioso e merecedor quanto os outros.

☐ 1 Recrimino-me mais do que o habitual.

☐ 2 Realmente acredito que causo problemas para os outros.

☐ 3 Penso quase constantemente sobre pequenos e grandes defeitos em mim mesmo.

12. Ideias de morte ou suicídio:

☐ 0 Não penso em suicídio ou morte.

☐ 1 Sinto que a vida é vazia ou me pergunto se vale a pena viver.

☐ 2 Penso em suicídio ou morte várias vezes por semana durante muitos minutos.

☐ 3 Penso em suicídio ou morte várias vezes por dia com alguns detalhes ou realmente já tentei tirar a minha vida.

13. Interesse geral:

☐ 0 Não há mudança do habitual quanto ao interesse que tenho em outras pessoas ou atividades.

☐ 1 Noto que estou menos interessado em pessoas ou atividades.

☐ 2 Acho que tenho interesse em apenas uma ou duas das atividades a que me dedicava anteriormente.

☐ 3 Não tenho praticamente interesse nenhum em atividades a que me dedicava anteriormente.

14. Nível de energia:

☐ 0 Não há mudanças no meu nível habitual de energia.

☐ 1 Fico cansado mais facilmente do que o habitual.

☐ 2 Tenho que fazer um grande esforço para começar ou acabar as minhas atividades diárias habituais (p. ex., fazer compras, lição de casa, cozinhar ou trabalhar).

☐ 3 Eu realmente não consigo desempenhar a maioria das minhas atividades diárias habituais porque simplesmente não tenho energia.

15. Sentir lentidão:

☐ 0 Penso, falo e me movimento na minha velocidade habitual.

☐ 1 Acho que o meu pensamento está mais lento ou a minha voz parece monótona ou sem graça.

☐ 2 Levo vários segundos para responder à maioria das perguntas e tenho certeza que o meu pensamento está mais lento.

☐ 3 Sinto-me frequentemente incapaz de responder a perguntas sem um esforço extremo.

16. Sentir-se agitado:

☐ 0 Não me sinto agitado.

☐ 1 Fico frequentemente irrequieto, torcendo as mãos ou precisando trocar a posição quando estou sentado.

☐ 2 Tenho impulsos de me movimentar e estou bastante agitado.

☐ 3 Há ocasiões em que sou incapaz de permanecer sentado e preciso andar de um lado para o outro.

Pontuação para o Inventário Rápido de Sintomatologia Depressiva	
O escore total pode variar de 0 a 27.[25] Depressão leve (6 a 10), moderada (11 a 15), severa (16 a 20), muito severa (21 a 27).	
Registre o escore mais alto em qualquer um dos quatro itens relativos ao sono (itens 1 a 4).	
Registre o escore no item 5.	
Registre o escore mais alto em qualquer um dos quatro itens relativos ao peso (itens 6 a 9).	
Registre a soma dos escores para as questões (10 a 14).	

Registre o escore mais alto e cada um dos dois itens psicomotores (15 e 16).	
Some os escores dos itens para um escore total:	

O Inventário Rápido de Sintomatologia Depressiva (IRSD) foi usado no maior estudo sobre depressão já realizado. Você pode usá-lo por conta própria e se submeter a ele ao longo dos próximos dois meses – ou a qualquer momento – para ver como está.

Após realizar o teste, registre como você está antes de começar o seu programa de autoajuda. Depois disso, submeta-se ao teste novamente a cada semana. Quando tiver terminado de ler este livro, aguarde cerca de 12 semanas de trabalho nas técnicas que aprendeu para ver como muitas coisas mudam para você. Não espere mágica ou uma solução rápida. Se estivesse tentando perder 10 quilos, você se daria um longo tempo. Você não teria a expectativa de perder os 10 quilos em uma semana. Da mesma forma, precisa de tempo para desenvolver novos hábitos positivos e produtivos para combater a sua depressão.

O objetivo da leitura e da utilização deste livro não é somente ajudá-lo a superar a depressão que o aflige, mas também lhe fornecer ferramentas para prevenir episódios futuros. A questão não é apenas se sentir melhor em curto prazo – trata-se de se manter melhor por anos. Isso pode parecer uma tarefa desafiadora, mas não é. Significa simplesmente que você vai precisar tornar parte da sua vida os seus novos hábitos de pensar e de se comportar. Como uma colega me confidenciou: "Eu tenho de levar um estilo de vida não depressivo". Isso funcionou para ela e pode funcionar para você.

"Você faz parecer tão fácil"

Se você é como muitas pessoas com depressão, já deve ter ouvido que pode se ajudar, mas nada deu certo, por isso, é possível que encare este livro com certo ceticismo. Essa é uma postura razoável. A abordagem cognitivo-comportamental não tem a intenção de ser "inspiradora" – ela não pretende desencadear uma epifania que vai mudar a sua vida. Em vez disso, peço para que você mantenha um ceticismo saudável. Você não saberá se essas técnicas funcionarão em seu caso até que as tenha experimentado repetidamente durante algum tempo. Tudo o que lhe peço é que adote uma abordagem cética para o seu ceticismo.

Você não vai se sentir melhor imediatamente. Sentir-se melhor é ir melhorando um pouco de cada vez, e nem sempre tem a ver com se sentir melhor imediatamente. Você poderá ter de agir melhor antes de se sentir melhor. Isso significa tornar-se um pouco menos autocrítico, um pouco mais esperançoso, fazendo um pouco mais. É um progresso, mas nem sempre um progresso constante. É simplesmente avançar. E o passo adiante mais importante, por enquanto, é praticar novas formas positivas de pensar, de se comportar e de interagir com as pessoas.

"Você faz parecer tão fácil", meus pacientes às vezes dizem. "Eu não consigo dar esses passos porque estou muito deprimido. Não consigo fazer exercícios, não consigo ligar para os meus amigos nem trabalhar. Minha depressão me impede de fazer tudo." Então eu sugiro: "Por que não agir contra a sua depressão? Por que não fazer essas coisas de qualquer maneira?". Às vezes você precisa tomar a atitude antes que a motivação surja. Eu peço a esses pacientes que pensem na sua autoajuda como uma série de experimentos. Que mal vai fazer se eles tentarem? Quem sabe o que poderia acontecer se eles tentassem isso?

Então vamos combinar de realizar um *experimento*, você e eu. Siga o seu caminho pelos capítulos deste livro, anote as diferentes técnicas e experimente-as por alguns meses com regularidade. Considere as opções de medicamento descritas no Apêndice A e esteja disposto a experimentar tudo o que estiver à disposição, depois veremos o que os resultados irão revelar.

A ajuda está a caminho

A própria natureza da depressão é você achar que "faz sentido" que esteja deprimido. Sua depressão pode lhe parecer uma resposta razoável às realidades da sua vida. Portanto, você pode esperar muito tempo para procurar ajuda porque não percebe que precisa dela – ou porque acha que, de qualquer forma, isso é inútil. Infelizmente, a maioria das pessoas deprimidas – 76% daquelas com depressão moderada e 61% daquelas com depressão severa – não passa por nenhuma ajuda,[26] e, quando recebem, um número significativo delas passa por tratamento inadequado – seja um medicamento insuficiente para a sua depressão ou formas de psicoterapia que não são eficazes no tratamento.

Mas conhecimento é poder. Se você souber o que é depressão, o que leva à depressão e como a sua mente funciona quando está deprimido, terá poder sobre ela. Se conseguir identificar seus sintomas específicos de depressão, poderá se direcionar para eles e realizar a mudança. Se conhecer as técnicas que pode usar para criar a mudança – todos os dias –, será capaz de trabalhar para melhorar a sua vida agora mesmo.

Você não tem de esperar para se sentir melhor. Não precisa continuar sofrendo. Pode construir uma vida melhor, e este livro pode ser a sua caixa de ferramentas. Eu lhe darei as ferramentas – ferramentas que você pode usar pelo resto da sua vida.

Se não estiver convencido de que essas ferramentas podem funcionar para você, deixe que eu lhe conte mais uma história.

Linda veio me ver há muitos anos devido à depressão. Ela se sentia autocrítica, triste, sem esperança e, às vezes, até mesmo suicida. Ela achava que não havia esperança, mas nós trabalhamos juntos na sua depressão e ela melhorou. Depois que concluiu a terapia, não tive notícias dela por muitos anos.

Então, há alguns anos, recebi uma carta de Linda. Contou-me que recentemente ela e sua família haviam passado por situações muito difíceis. Os negócios de seu marido haviam falido; sua filha mais nova ficara com grave deficiência física; e, para deixar as coisas ainda mais terríveis, a filha mais velha morrera. Ela escreveu que precisou de todas as ferramentas que havia aprendido na terapia comigo para ajudá-la – mas com o auxílio delas, ela conseguiu. Incluiu na carta uma fotografia sua, do seu marido e das duas filhas – uma delas em uma cadeira de rodas. Linda teve de superar obstáculos que poucos de nós enfrentarão, mas não está deprimida hoje.

Se você se der conta de que está preso em um lugar escuro e sem saída, pode abrir sua caixa de ferramentas e descobrir do que precisa para encontrar a saída novamente. Quando sair da escuridão, vai encontrar um mundo novo. Lembra-se de Karen? Depois de trabalhar comigo, ela disse: "Eu acordei esta manhã e vi o sol".

> ### Fatos sobre a depressão
>
> **O quanto a depressão é disseminada?**
>
> 19% dos norte-americanos vão sofrer de depressão em algum momento
>
> 50% das crianças e adolescentes e 20% dos adultos relatam alguns sintomas de depressão[27]
>
> Crianças nascidas após 1960 têm significativamente maior probabilidade de sofrer de depressão na infância ou na adolescência do que crianças nascidas antes de 1960[28]
>
> **Quando tempo dura a depressão?**
>
> 70% se recuperam de sua depressão sozinhos dentro de um ano[29]
>
> 20% ainda estão deprimidos dois anos depois que a sua depressão começou
>
> 11% estão deprimidos cinco anos mais tarde
>
> Cinco anos após serem diagnosticados com depressão, 89% não estão deprimidos
>
> Pessoas com depressão recorrente terão uma média de sete episódios durante toda a vida[30]
>
> **Isso é só depressão?**
>
> 75% das pessoas com depressão sofrem de outro problema psicológico
>
> 59% também têm transtornos de ansiedade
>
> 24% também têm transtornos causados por abuso de substância
>
> Indivíduos deprimidos têm cinco vezes mais probabilidade de abuso de drogas
>
> **Qual o custo da depressão?**
>
> A depressão é a causa principal de incapacidade médica para pessoas entre 14 e 44 anos
>
> Pessoas deprimidas perdem 5,6 horas de trabalho produtivo a cada semana[31]
>
> 80% das pessoas deprimidas estão prejudicadas em seu funcionamento diário[32]
>
> O custo da depressão (perda de produtividade e aumento nas despesas médicas) é de $83 bilhões por ano[33]
>
> Pessoas deprimidas têm 30 vezes mais probabilidade de se matar[34]

A mente deprimida 2

Como é a depressão?

Vamos ouvir Eric, que recentemente perdeu o emprego. "Eu não consigo fazer nada direito. Nada dá certo para mim. Todos vão achar que sou um perdedor, afinal de contas, eles estão se saindo bem. Mas agora que não tenho emprego, minha namorada com certeza vai perder o interesse em mim. Existem tantos outros rapazes por aí ganhando muito dinheiro. Eu me sinto tão humilhado – na verdade, estou envergonhado demais para contar aos meus amigos que perdi o emprego. Não tenho nenhuma energia. De que adianta? Eu sei que você vai me dizer para começar a fazer mais coisas para ajudar a mim mesmo, mas é inútil. Nada do que faço dá certo, de qualquer forma."

A depressão tem uma mente própria. Quando você está deprimido, pensa em generalizações (*nada dá certo*), não se dá o crédito por nada do que faz (*eu não faço nada direito*) e se rotula nos termos mais negativos (*perdedor, envergonhado, humilhado*). Você estabelece padrões exigentes que nunca conseguirá satisfazer. Pode pensar que precisa da aprovação de todos, ou que precisa se sobressair em tudo o que faz, ou saber com certeza que algo vai dar certo antes mesmo de tentar. O seu pensamento o mantém aprisionado na autocrítica, na hesitação e na inércia – como Eric, efetivamente imobilizado.

De onde vem toda essa negatividade? A resposta pode nos ajudar a lançar luz sobre os recessos da mente deprimida – e eles se encontram além de nossas vidas individuais, nos recônditos do nosso passado humano.

Depressão como adaptação

Quase metade da população tem história de um transtorno psiquiátrico, com a depressão e a ansiedade no topo da lista.[1] Se a depressão é tão disseminada e, como vimos no Capítulo 1, tão afetada por nossos genes, podemos muito bem perguntar por que a evolução selecionaria um conjunto de características tão sombrias. Como a tristeza, a baixa energia, a impotência e a falta de esperança atendem aos objetivos humanos finais – a transmissão dos nossos genes e a sobrevivência da nossa espécie? Ou, como os psicólogos evolucionistas colocam: "Para que a depressão é boa?".[2]

Existem duas coisas importantes a serem lembradas aqui. Uma é que evolução não significa ser feliz ou sentir-se bem: são os genes que precisam sobreviver, mesmo que o indivíduo seja sacrificado no processo. A outra é que a civilização humana durante os últimos 10 mil ou 20 mil anos modificou-se rápido demais para que a biologia evolutiva humana conseguisse acompanhar. Portanto, nossa constituição data dos dias das sociedades primitivas caçadoras-coletoras; as habilidades e tendências que restaram aos nossos ancestrais foram as necessárias para a sobrevivência naquele ambiente. Tendo isso em mente, consideremos os sintomas de depressão em termos de como eles poderiam ter ajudado nossos ancestrais a lidar com o perigo, a fome e a competição dentro das hierarquias de dominância. Examinemos como a depressão faz sentido durante um período de escassez e ameaça.

Uma estratégia para sobrevivência

Imagine nossos antigos ancestrais perambulando pelas florestas há 100 mil anos. Havia ameaças de outras tribos, o alimento era escasso e o inverno se aproximava. Que tipo de mentalidade faria sentido? O que faria sentido é um tipo de "pessimismo estratégico".[3] No contexto da escassez e ameaça, é mais prudente assumir que os recursos são poucos e que a energia deve ser poupada. Se o inverno está se aproximando e os suprimentos estão se esgotando, você não poderá contar com mais alimentos disponíveis. Sair para tentar encontrar mais alimento seria um perigoso desperdício de energia – você queimaria mais calorias do que encontraria. É melhor repousar, poupar suas calorias e esperar. Melhor ainda é diminuir seu metabolismo, reduzir seu ritmo cardíaco para que queime menos calorias e ficar em inatividade. Durma um pouco, se puder, e ingira alimentos com elevado valor calórico e carboidratos de modo que possa armazenar gordura e energia para se proteger contra o longo inverno de privações que está enfrentando.[4]

Proteger-se contra a privação dessa maneira não é diferente daquilo que os animais fazem quando hibernam. No Canadá e em partes do norte de Vermont, as tartarugas se empilham umas sobre as outras no fundo de uma lagoa durante o inverno gelado enquanto seu metabolismo reduz até uma taxa que se aproxima da morte em vida. Na verdade, elas parecem estar mortas. Não podem ser movidas. Mas o que elas realmente estão fazendo é sobreviver ao inverno reduzindo sua atividade até a imobilidade, conservando energia e calorias e mantendo-se aquecidas umas às outras. Na área rural de Connecticut, no início do inverno, eu posso ver os esquilos juntando nozes apressadamente para se preparar para as semanas gélidas que se aproximam. A natureza está usando os "sintomas depressivos" de inatividade e de isolamento, de ocultação e de conservação para se proteger contra a privação que está por vir.⁵ Eu vejo isso em meus pacientes também quando eles se queixam de fadiga e de baixa energia. Quando eu pergunto a um paciente nesse estado sobre ir à academia se exercitar, ele responde: "Mas eu não tenho energia". Fica deitado na cama com as cortinas fechadas, semiacordado, ruminando sobre o quanto se sente mal. Ele pode ter desejo por *comfort food*, que têm alto teor calórico, gordura e carboidratos. Esse paciente me faz lembrar de um urso sonolento se aprontando para hibernar – para se preparar e se proteger contra os tempos de escassez que estão por vir.

Quando examinamos com mais atenção outras características do pensamento depressivo, vemos que eles também fazem parte dessa "estratégia" adaptativa para lidar com a privação:

- Se algo ruim acontece, significa que outras coisas ruins irão acontecer.
- Se algo bom acontece, pense nele como incomum; ele não prediz mais coisas boas.
- Se você não tem sucesso, desista.
- Não procure por sexo; você não vai conseguir sustentar seus filhos.

Como esse pessimismo em relação a "tentar com mais empenho" faz sentido? Bem, se pensarmos na depressão como uma estratégia evolutiva para lidar com a escassez, então faz muito sentido evitar ser excessivamente otimista. Se ficar assim em épocas de escassez, você acabará perdendo calorias, enfraquecendo e se tornando vulnerável às ameaças. Também faz sentido não procurar por sexo – já que você mal consegue se manter, por que iria querer arriscar ter mais bocas para alimentar? E, na verdade, o desejo sexual diminui substancialmente quando se está deprimido. De um ponto de vista evolutivo, é até mesmo adaptativo pensar que você não é sexualmente atraente, porque isso reduz sua inclinação a procurar por sexo. Diminuindo o comportamento e o desejo sexual, seus antigos ancestrais, durante períodos de privação, podiam conservar seus recursos e esperar por um dia melhor – um dia, talvez, em que o alimento se encontrasse em maior quantidade e houvesse menos ameaças de estranhos.

É por isso que eu encaro a depressão como uma estratégia para evitar perdas maiores.⁶ A mente deprimida funciona assim: *Você sofreu alguns reveses. O que lhe sobrou foi muito pouco. É melhor ser muito, muito cauteloso. Não corra mais riscos – afinal de contas, se você perder mais, poderá acabar sem nada, e então morrerá. Se você tentar, tente apenas um pouco – teste as águas, mas não vá muito fundo. Você pode não conseguir se salvar. Pode perder tudo. Pode se afogar. Espere por algumas informações de que as coisas darão certo. Continue colhendo informações para descobrir se existe algum perigo. Proteja-se – a todo o custo.* A depressão é uma defesa contra os riscos de ser excessivamente otimista. Para muitas pessoas deprimidas, otimismo implica o risco de perder ainda mais – ser rejeitado, fracassar e perder recursos que são escassos, para começo de assunto.

Se você se enxerga nesse quadro de "pessimismo estratégico", não está sozinho. Nossos antigos ancestrais, que eram suficientemente espertos para saber quando ser pessimista, foram os que sobreviveram. O antigo ancestral "pé de valsa", que dançava sem parar em tempos de privação e ameaças, desperdiçou calorias e recursos e, finalmente, foi vítima de predadores ou inimigos. Esse ancestral nunca viveu tempo suficiente para transmitir aqueles genes excessivamente otimistas, que, portanto, morreram com ele – enquanto os genes cautelosos, pessimistas e avessos ao risco seguiram seu caminho até você e eu.

Depressão e submissão

Outra teoria evolutiva da depressão é chamada de "teoria do nível social" ou "teoria do nível".[7] De acordo com essa teoria, a depressão lhe ajuda a perceber que está derrotado, de modo que possa se ajustar ao seu nível mais inferior no grupo. Ela é uma instrução para desistir enquanto ainda tem uma chance. Quando se sente deprimido, sua voz pode ser mais suave, seu olhar pode estar abatido e você pode temer a rejeição. Você pensa: *Eu não tenho nada a oferecer, portanto vou me deitar.* Quando está perto de outras pessoas, pode ser o mais quieto de todos enquanto se retrai, admirando e, ao mesmo tempo, se sentindo ameaçado pelos membros mais confiantes do grupo, que sorriem, falam em tom mais alto, iniciam conversas e fazem planos. Você, relutante, mas silenciosamente, segue junto; mesmo que ache que as ideias do líder estão erradas, não quer arriscar uma discussão. Não quer fazer com que os outros não gostem de você. Sente que tem muito pouco a seu favor, que as pessoas pensam mal de você e que a rejeição seria devastadora. Assim como o pequeno cão intimidado por um cão maior e mais agressivo, você se encolhe, mostrando que não é uma ameaça.

Como é que essa inibição, a timidez e a submissão aos outros faz sentido de um ponto de vista evolutivo? Vá a um zoológico e observe os babuínos ou os chimpanzés. Em poucos minutos, observará quais são os dominantes e quais são os inferiores na hierarquia. Os macacos dominantes têm a melhor comida e o acesso às fêmeas. Os macacos submissos se retraem, não desafiam os dominantes e não buscam a reprodução.

Esse aspecto da teoria evolutiva nos fornece um guia revelador para alguns fatores que desencadeiam a depressão. Não é de causar surpresa que os desencadeantes de depressão sejam perdas nos relacionamentos (como conflitos, rejeição ou rompimentos) e perda do *status* social (como perder o emprego, perder dinheiro ou perder o nível). Sentimentos de humilhação e de estar preso em uma armadilha são fatores-chave nesse modelo. Você perde o nível social quando se sente humilhado e não consegue controlar os eventos caso se sinta preso em uma armadilha.[8]

Como pensam as pessoas deprimidas

O que mais me impressiona em relação à forma como os meus pacientes deprimidos pensam é que eles são incansavelmente negativos, mesmo quando os fatos são positivos. Karen achava que não tinha nada a oferecer – achava que não era atraente, que era maçante e um fardo para os demais. Pela minha perspectiva, ela tinha boa aparência, era inteligente, conscienciosa e gentil. Ela não se dava o crédito por nada que fizesse no trabalho – focava em poucos aspectos negativos e os ampliava em sua mente como catástrofes –, mas seu chefe achava que ela estava fazendo um bom trabalho, mesmo que não fosse perfeita. Os terapeutas cognitivos identificaram que, quando estamos deprimidos, tendemos a ter uma visão negativa de nós mesmos, de nossas experiências e de nosso futuro. Chamamos isso de "a tríade negativa".[9]

Quando assume essa visão negativa de si mesmo, tudo o que você faz lhe parece um fracasso ou um "fiasco". Mesmo quando alguém assinala seus aspectos positivos, você os descarta como irrelevantes: "Isso não é nada demais – qualquer um pode fazer isso". Você parece não desfrutar de nada; acha que seu exercício é uma perda de tempo, que suas férias foram um desperdício de dinheiro e que seus relacionamentos são maçantes e exigentes. Tem uma visão obscura do futuro, prevendo, também, que nunca vai melhorar, que vai ser reprovado no exame, que vai ser despedido do seu emprego e que acabará sozinho pelo resto da vida. O que vem primeiro – o pensamento ou a depressão? Na verdade, tudo – esses pensamentos negativos levam à depressão, a mantêm e a prolongam e, normalmente, são o resultado da depressão. O importante é capturá-los, testá-los e modificá-los.

Essa negatividade dominante é expressa em vieses específicos no seu pensamento. Em terapia cognitiva, chamamos tais vieses de "pensamentos automáticos". Existem pensamentos automáticos que chegam até você espontaneamente; eles lhe parecem plausíveis e verdadeiros e estão associados a sentir-se deprimido. Examine o Quadro 2.1 e veja se alguns desses vieses lhe parecem familiares.

QUADRO 2.1   Distorções do pensamento automático
Ler a mente: Você assume que sabe o que as pessoas pensam sem ter evidências suficientes dos seus pensamentos. *Ele acha que eu sou um perdedor.* **Adivinhar a sorte:** Você prediz o futuro negativamente: as coisas vão piorar ou existe perigo à frente. *Eu vou ser reprovado no exame. Não vou conseguir aquele emprego.* **Catastrofizar:** Você acredita que o que vai acontecer é tão terrível que não vai conseguir aguentar. *Seria insuportável se eu fracassasse.* **Rotular:** Você atribui amplamente traços negativos a si mesmo e aos outros. *Eu sou indesejável. Ele é uma péssima pessoa.* **Ignorar os aspectos positivos:** Você desvaloriza as coisas positivas que você ou os outros fazem como se fossem insignificantes. *Isso é o que as esposas devem fazer, portanto não conta quando ela é gentil comigo. Aqueles sucessos foram fáceis, então não importam.* **Filtrar o negativo:** Você foca quase exclusivamente nos aspectos negativos e raramente nota os positivos. *Olhe só todas essas pessoas que não gostam de mim.* **Supergeneralizar:** Você percebe um padrão global de aspectos negativos com base em um único incidente. Você vai além de uma experiência e generaliza para um padrão que caracteriza a sua vida. *Isso sempre acontece comigo. Eu fracasso em muitas coisas.* **Pensamento dicotômico:** Você encara os acontecimentos ou as pessoas em termos de tudo-ou-nada. Você é um "vencedor" ou um "perdedor" – nada intermediário. *Eu sou rejeitado por todos. Foi uma completa perda de tempo.* **Deveres:** Você interpreta os acontecimentos em termos de expectativas e demandas em vez de simplesmente focar no que é. *Eu devo me sair bem, senão, sou um fracasso.* **Personalizar:** Você afirma uma culpa desproporcional quando ocorrem coisas ruins e não vê que certos acontecimentos também são causados pelos outros. *O casamento terminou porque eu falhei.* **Acusar:** Você foca em outra pessoa como a *origem* dos seus sentimentos negativos, portanto, se recusa a assumir a responsabilidade por sua mudança. *Eu estou sozinho por causa dela. Os meus pais causaram todos os meus problemas.* **Comparações injustas:** Você interpreta os acontecimentos segundo padrões irreais – por exemplo, foca primariamente nos indivíduos que têm mais sucesso que você. Ironicamente, quase nunca se compara a pessoas que são piores. *Ela tem mais sucesso do que eu.*

> **Orientação para o arrependimento:** Você foca na ideia do que poderia ter feito melhor no passado em vez de no que pode fazer melhor agora. *Eu não deveria ter dito aquilo. Eu poderia ter conseguido um emprego melhor se tivesse tentado.*
>
> **E se?:** Você fica se questionando sobre "e se" algo acontecer e se recusa a ficar satisfeito com qualquer resposta. *Sim, mas e se eu ficar ansioso? E se eu não conseguir recuperar o fôlego?*
>
> **Raciocínio emocional:** Você permite que seus sentimentos guiem sua interpretação da realidade. *Eu me sinto deprimido; portanto, meu casamento não está dando certo.*
>
> **Incapacidade de refutar:** Você rejeita qualquer evidência ou argumento que possa contradizer seus pensamentos negativos. Por exemplo, quando pensa *Ninguém gosta de mim*, rejeita como *irrelevante* qualquer evidência de que as pessoas gostam de você. Consequentemente, o seu pensamento não pode ser refutado. É impossível provar que seu pensamento está errado, portanto você se apega a ele. *Esse não é o verdadeiro ponto. Existem outros fatores.*
>
> **Foco no julgamento:** Você avalia a si mesmo, aos outros e aos acontecimentos como bons/maus, ou superiores/inferiores, em vez de simplesmente descrever, aceitar ou compreender. Você está continuamente avaliando as coisas de acordo com padrões arbitrários e achando que elas estão aquém das expectativas. *Eu não tive um bom desempenho na universidade. Se eu jogar tênis, não vou me sair bem. Olhe como ela joga bem. Eu não jogo bem.*[10]

Seus pensamentos automáticos negativos podem ser verdadeiros ou falsos – ou têm um fundo de verdade. Você pode pensar: *Ela não gosta de mim.* Classificamos isso como leitura da mente porque é provável que você não saiba realmente o que ela pensa. Mais tarde, descobre que ela de fato não gosta de você, e então fica mesmo abalado. Mas por que você fica abalado? Porque tem um conjunto de regras muito exigentes. Algumas das suas regras podem ser: "Eu preciso fazer todos gostarem de mim" e "Se alguém não gosta de mim, é porque tem alguma coisa errada comigo". Ou digamos que você tenha pensamento automático de que se sairá mal no exame. Então nós poderíamos dizer que você adivinha a sorte. Mas acontece que você tira um B, e agora pensa: *Eu devo ser burro.* Esse é o momento em que seu livro de regras entra em jogo. A sua regra é que qualquer coisa menos do que a perfeição é um fracasso.

Avaliando suas atitudes

Para combater sua depressão com eficácia, precisamos avaliar seu livro de regras subjacentes, os pressupostos que aumentam sua probabilidade de ficar deprimido. O teste que usamos é denominado Escala de Atitudes Disfuncionais (EAD). Reserve algum tempo para preencher o questionário da Tabela 2.1. Depois disso, veremos o quanto você é vulnerável a pensar de maneiras que o deixam mais deprimido.

Esse inventário lista diferentes atitudes ou crenças que as pessoas têm às vezes. Leia cada afirmação cuidadosamente e decida o quanto concorda ou discorda da afirmação.

Para cada uma das atitudes, mostre a sua resposta fazendo uma marcação na coluna que melhor descreve o que você pensa. Certifique-se de escolher apenas uma resposta para cada atitude. Como as pessoas são diferentes, não existem respostas certas ou erradas.

Para decidir se uma determinada atitude é típica da sua maneira de encarar as coisas, simplesmente tenha em mente como você é durante a maior parte do tempo.

TABELA 2.1 Escala de Atitudes Disfuncionais (EAD)
Atitude
1. É difícil ser feliz, a não ser que você seja uma pessoa de boa aparência, inteligente, rica e criativa.
2. Felicidade é mais uma questão de atitude em relação a mim mesmo do que o modo como as pessoas se sentem a meu respeito.
3. As pessoas provavelmente vão me menosprezar se eu cometer um erro.
4. Se eu não for sempre bem-sucedido, as pessoas não me respeitarão.
5. Assumir mesmo um pequeno risco é tolice porque a perda provavelmente será um desastre.
6. É impossível conquistar o respeito de outra pessoa sem ser especialmente talentoso em alguma coisa.
7. Não posso ser feliz a não ser que a maioria das pessoas me admire.

Sua pontuação na EAD

Cada item na EAD é classificado de 1 a 7. Dependendo do conteúdo, "concordo plenamente" ou "discordo totalmente" será o ponto de ancoragem 1, e cada resposta a partir daquele ponto terá um ponto a mais. Ou seja, se a pontuação de "concordo plenamente" for 1, a categoria seguinte, "concordo muito", terá pontuação 2, e assim por diante, até "discordo totalmente", que receberá a pontuação 7.

Existem 30 itens "disfuncionais" e 10 "funcionais" na escala. As questões funcionais seguintes são pontuadas em ordem ascendente ("concordo plenamente" = 1; "discordo totalmente" = 7): perguntas 2, 6, 12, 17, 24, 29, 30, 35, 37 e 40. As questões restantes são pontuadas em ordem descendente ("discordo totalmente" = 7; "concordo plenamente" = 1).

A pontuação total é obtida a partir da soma dos pontos. Sua pontuação total reflete, assim, a intensidade global de suas crenças disfuncionais.

Registre o seu total de pontos aqui: _____.

Concordo plenamente	Concordo muito	Concordo um pouco	Neutro	Discordo um pouco	Discordo muito	Discordo totalmente

(continua)

TABELA 2.1   Escala de Atitudes Disfuncionais (EAD) *(continuação)*
Atitude
8. Se uma pessoa pede ajuda, é um sinal de fraqueza.
9. Se não for tão bem-sucedido como as outras pessoas, significa que sou uma pessoa inferior.
10. Se falho no meu trabalho, então eu sou um fracasso como pessoa.
11. Se você não consegue fazer algo direito, de nada serve realizá-la.
12. Cometer erros é bom porque posso aprender a partir deles.
13. Se alguém discorda de mim, provavelmente significa que essa pessoa não gosta de mim.
14. Se eu falho parcialmente, isso é tão ruim quanto ser um fracasso completo.
15. Se as pessoas souberem como você realmente é, terão menos consideração por você.
16. Não sou nada se quem eu amo não me ama.
17. Uma pessoa pode sentir prazer em uma atividade independentemente do resultado final.
18. As pessoas devem ter uma probabilidade razoável de sucesso antes de fazerem qualquer coisa.
19. O meu valor como pessoa depende muito do que os outros pensam de mim.
20. Se eu não exigir o mais alto padrão de mim mesmo, estou fadado a ser uma pessoa de segunda categoria.
21. Para eu ser uma pessoa de valor, devo ser excelente em pelo menos um aspecto importante.
22. Pessoas que têm boas ideias são mais dignas do que aquelas que não têm.
23. Eu deveria ficar chateado se cometo um erro.
24. Minhas opiniões sobre mim mesmo são mais importantes do que as opiniões que os outros têm a meu respeito.

Concordo plenamente	Concordo muito	Concordo um pouco	Neutro	Discordo um pouco	Discordo muito	Discordo totalmente

(continua)

TABELA 2.1 Escala de Atitudes Disfuncionais (EAD) *(continuação)*
Atitude
25. Para ser uma pessoa boa, moral e digna, preciso ajudar a todos que precisam.
26. Se faço uma pergunta, pareço inferior.
27. É terrível ser desaprovado por pessoas que são importantes para você.
28. Se você não tem em quem se apoiar, está fadado a ser uma pessoa triste.
29. Eu posso alcançar objetivos importantes sem me escravizar.
30. É possível uma pessoa ser repreendida e não se chatear.
31. Não posso confiar nos outros porque eles podem ser cruéis comigo.
32. Se outras pessoas não gostam de você, você não pode ser feliz.
33. É melhor desistir dos próprios interesses para agradar os outros.
34. Minha felicidade depende mais dos outros do que de mim.
35. Eu não preciso da aprovação dos outros para ser feliz.
36. Se uma pessoa evita os problemas, os problemas tendem a ir embora.
37. Posso ser feliz mesmo se perder muitas das coisas boas da vida.
38. O que os outros pensam sobre mim é muito importante.
39. Ficar isolado dos outros acaba levando à infelicidade.
40. Posso encontrar a felicidade sem ser amado por outra pessoa.

O que a EAD lhe diz

Sabemos que as pessoas com pontuação mais alta na EAD têm maior probabilidade de ser deprimidas e de ter episódios futuros de depressão.[11] Elas têm maior probabilidade de ser perfeccionistas, ter transtornos alimentares, sentir-se ansiosas e ter outros problemas,[12] bem como têm mais probabilidade de se lembrar de experiências negativas. Por exemplo, quando Karen

Concordo plenamente	Concordo muito	Concordo um pouco	Neutro	Discordo um pouco	Discordo muito	Discordo totalmente

estava deprimida, parecia se lembrar somente de coisas realmente ruins na sua vida.

Suas atitudes disfuncionais, ou mal-adaptativas, podem ficar escondidas quando você *não* está deprimido. Você pode mesmo não ter consciência delas. É como se estivessem esperando para ser ativadas ou preparadas por um revés em sua vida. Pode ser que, quando você não está deprimido, as suas respostas às questões da EAD não pareçam diferentes daquelas de alguém que nunca esteve deprimido. Quando tem uma experiência que desencadeia um humor triste, porém, suas crenças e valores negativos são ativados. Isso torna mais provável que você mergulhe em uma depressão mais profunda.

Enquanto examina seus resultados na EAD, dê uma olhada nos itens em que a sua pontuação foi mais alta. Isso lhe dirá muito sobre se você está focado em agradar os outros, em obter aprovação ou em tentar ser perfeito, além de sobre como você se avalia. Suas respostas extremas são as atitudes que aumentam a sua probabilidade de ficar e permanecer deprimido. Essas são as áreas que você deverá ter em mente e trabalhar enquanto prossegue a leitura deste livro.

Questionando seus pensamentos negativos

Embora terapia cognitiva e medicamento sejam ambos efetivos para o tratamento da depressão, é interessante perceber que as atitudes disfuncionais se modificam mais como resultado da terapia cognitiva do que em resposta ao medicamento.[13] Em alguns casos, os pacientes experimentam uma melhora repentina em sua depressão, às vezes em apenas uma ou duas sessões de terapia. Os pacientes que melhoram de repente têm maior probabilidade de manter a sua melhora um ano depois em comparação aqueles que melhoram gradualmente.[14] Pesquisadores descobriram que as mudanças no pensamento negativo precedem essa melhora – *portanto, mudar a forma como você pensa muda a forma como você sente.*

Ao longo deste livro, você vai aprender muitas técnicas para a modificação do seu pensamento negativo. Uma forma de começar é obter uma perspectiva sobre isso – dividindo em partes para que possa examinar de perto pensamentos específicos e os sentimentos que os acompanham.

Já vimos que podemos classificar nosso pensamento negativo em várias categorias de distorção do pensamento automático – ler a mente, adivinhar a sorte, rotular, catastrofizar, ignorar os aspectos positivos, etc. Você também pode observar como suas emoções variam de acordo com o que está pensando em diferentes situações. Como exemplo, vejamos Lisa, que estava pensando em telefonar para sua amiga Lindsay e se sentindo mal com a perspectiva. Pedi que ela simplesmente expressasse a sua situação: "pensando em telefonar para Lindsay". Depois lhe pedi que identificasse as emoções específicas que experimentou enquanto antecipava que faria a chamada telefônica e o grau em que sentia cada emoção, de 0 a 100%. As emoções de Lisa quando antecipava o telefonema para sua amiga eram: ansiosa (90%), culpada (90%) e triste (75%). Finalmente, pedi que Lisa identificasse os pensamentos automáticos que estavam subjacentes a essas emoções, o grau em que acreditava em cada pensamento e o tipo de distorção que estava atuando. Seus pensamentos automáticos eram:

- Lindsay vai ficar zangada comigo (95%) – adivinhando a sorte, lendo a mente
- Eu sou uma ignorante por não ter ligado para ela antes (75%) – rotulando, pensamento tudo-ou-nada
- Eu nunca faço nada direito (50%) – pensamento tudo-ou-nada

Ao dividir em partes o seu humor e pensar dessa maneira, você poderá ver se tende a usar as mesmas distorções do pensamento automático repetidamente. Você está constantemente lendo as mentes? Tende a supergeneralizar? Você também pode se voltar para os próprios pensamentos e encontrar maneiras práticas de questioná-los. Uma das primeiras coisas a fazer é avaliar as vantagens e desvantagens de ter um pensamento particular; isso pode lhe ajudar a ficar motivado para mudá-lo.

A Tabela 2.2 apresenta quatro perguntas a serem feitas para qualquer pensamento negativo que você tenha. Examinemos um exemplo usando um dos pensamentos de Lisa acerca do telefonema.

TABELA 2.2   Testando seus pensamentos negativos

Pensamento: *Eu sou uma ignorante por não ter ligado para Lindsay antes.*	
1. Quais são as vantagens e as desvantagens desse pensamento para mim?	**Vantagens:** Talvez eu esteja sendo realista. Talvez eu possa me motivar ao me criticar. **Desvantagens:** Esse pensamento me deixa ansiosa e deprimida e aumenta a probabilidade de que eu evite telefonar para Lindsay. **Conclusão:** Eu estaria muito melhor sem esse pensamento.
2. Que distorção do pensamento eu estou usando?	Eu estou me rotulando e também estou pensando de uma forma tudo-ou-nada.

(continua)

TABELA 2.2 Testando seus pensamentos negativos *(continuação)*	
Pensamento: *Eu sou uma ignorante por não ter ligado para Lindsay antes.*	
3. Quais são as evidências a favor e contra o meu pensamento?	**A favor:** Eu ainda não telefonei para Lindsay. Me sinto deprimida. **Contra:** Eu não sou uma ignorante. Trabalho produtivamente, sou uma boa amiga e sou educada. Estar deprimida é uma doença, não um sinal de ser ignorante.
4. Que conselho eu daria a uma amiga que tivesse esse pensamento?	Eu diria à minha amiga para ser mais gentil consigo mesma – e que desse um tempo para si. Que tentasse ser compassiva consigo mesma. Eu lhe diria para questionar seu pensamento negativo e ligar para Lindsay.

Indo mais longe, Lisa e eu trabalhamos juntos para encontrar algumas formas alternativas de pensar sobre cada um dos seus pensamentos a respeito do telefonema. Nós questionamos o primeiro pensamento (*Lindsay vai ficar zangada comigo*) com *Eu não sei como Lindsay vai se sentir. Nós normalmente ficamos algumas semanas sem nos falar. Eu a conheço há muito tempo e ela tem sido compreensiva comigo. Todo mundo fica ocupado e se esquece de telefonar.* Nós questionamos o segundo pensamento (*Eu sou uma idiota por não ter ligado antes*) com *Eu não sou uma ignorante. Eu tenho uma educação excelente. Eu fui uma boa amiga para Lindsay no passado. Todos cometem erros, e ninguém é perfeito.* E questionamos o terceiro pensamento (*Eu nunca faço nada direito*) com *Eu faço muitas coisas direito. Já recebi feedback no trabalho e tenho muitas habilidades das quais posso me orgulhar. Eu até faço as coisas certas como amiga de Lindsay; eu estava ao seu lado quando ela teve problemas com Don.* Então Lisa classificou sua crença nessas respostas positivas – elas oscilaram de 50 a 100%. Finalmente, avaliou suas emoções novamente. Ao questionar seus pensamentos negativos com respostas úteis, reduziu sua ansiedade de 90 para 40%, sua culpa de 90 para 30% e sua tristeza de 75 para 40%. Note que ela ainda tinha alguns sentimentos negativos – e é assim no mundo real. Leva tempo para reduzir a nossa negatividade, mas conseguir modificar nossos sentimentos em alguns minutos é uma ferramenta poderosa. Continue assim. Quanto mais você questionar o seu pensamento negativo, melhor vai se sentir no longo prazo.

Hábitos da mente

Os pensamentos automáticos negativos que discutimos provavelmente são bastante familiares para você. É por isso que eles figuram em quase todas as facetas da depressão. Portanto, um dos passos mais importantes na sua autoajuda será desenvolver e praticar novos padrões de pensamento.

Nos próximos capítulos, veremos como os pensamentos automáticos negativos contribuem para sintomas específicos de depressão, distorcendo a forma como você pensa sobre si mesmo e sobre suas experiências. Por enquanto, examinaremos mais detidamente alguns dos hábitos mentais que podem conduzi-lo à depressão – e vamos dar uma olhada em algumas formas de neutralizá-los.

Como você explica o que acontece?

Digamos que você faça um teste. Você estudou para ele, mas não tanto quanto poderia ter estudado, e está preocupado sobre como vai se sair. Finalmente, recebe sua nota, e ela não é tão boa – um 6,5. Compreensivelmente, fica desapontado. Mas como você explica esse resultado?

As pessoas que estão deprimidas tendem a atribuir um resultado negativo como esse à sua própria falta de capacidade, e as que não estão deprimidas tendem a atribuir à sua falta de esforço ou, simplesmente, à má sorte (p. ex., as questões que estudaram não caíram no teste). Além disso, as pessoas mais propensas à depressão podem supergeneralizar o resultado (*Eu não vou me sair bem em nenhum outro teste*) em vez de olhar para ele como um evento específico (*Eu não me saí bem nesse exame de química orgânica*). Referimo-nos a esses estilos de descrição dos resultados como "estilo explanatório".

Você pode pensar nas causas para os acontecimentos classificando-as de duas formas diferentes – duas dimensões. Elas são internas (qualidades dentro de você e ações que você controla) ou externas (fatores fora do seu controle) e são estáveis (qualidades que não mudam) ou variáveis (qualidades que mudam). Se você atribui seu 6,5 à sua falta de capacidade, esse é um traço estável e interno – uma qualidade intrínseca que você não pode mudar. Se o atribui à má sorte, esse é um traço variável e externo – a sua sorte está fora do seu controle e pode mudar. Também existe uma terceira dimensão – o quanto a causa é geral ou difusa: "*É assim que eu vou me sair em outras tarefas*" versus "*Isso só se aplica à tarefa atual*".

Por exemplo, se alguma coisa não vai bem para você, qual das seguintes afirmações provavelmente faria a si mesmo?

- Eu não me esforcei o suficiente. (Interno/Variável)
- Eu não sou assim tão inteligente. (Interno/Estável)
- Eu não tive sorte. (Externo/Variável)
- Esta é realmente uma tarefa difícil. (Externo/Estável)
- Eu também não vou me sair bem em outras coisas. (Geral)
- Eu não me saí bem nesta tarefa, mas isso não significa nada em relação a outras tarefas que vou assumir. (Específico)

Por sua vez, quando alguma coisa vai bem, como você explica o seu sucesso? É devido à sua capacidade ou ao seu esforço, porque era uma tarefa fácil, ou apenas porque teve sorte?

Pensando novamente na história de Karen, apresentada no Capítulo 1, podemos ver que o seu estilo explanatório era um estilo negativo. Ela se culpava por seu casamento não dar certo e generalizava esse fracasso para outros relacionamentos – mesmo no trabalho. Não se dava o crédito pelo bom trabalho que fazia e pelas boas relações que teve em sua vida. Em consequência, sentia-se impotente quanto a tornar as coisas melhores e sem esperança quanto ao futuro. Seu estilo de explicar as coisas a conduziu ao pessimismo e à autocrítica.

Depois de observar como explica as coisas para si mesmo, você pode experimentar um estilo diferente de pensamento acerca das causas. Por exemplo, digamos que alguma coisa não dê certo para você. Em vez de atribuir isso a um erro seu para o qual não há esperança de mudança (*Eu não sou tão inteligente*), que tal se dissesse a si mesmo: *Talvez eu possa me esforçar mais da próxima vez* ou *Eu só tive falta de sorte*? Ou então se dissesse: *Talvez isso não tenha dado certo, mas outras coisas podem dar certo*? Karen, por exemplo, conseguiu ver que a razão pela qual as coisas não deram certo com Gary era porque ele era crítico, autocentrado e não comprometido com o relacionamento. Em vez de se culpar, ela enxergou que a tarefa era muito difícil – como você faz as coisas darem certo com alguém que não está investindo nelas? Karen também conseguiu ver que seu problema era especificamente com Gary; não era generalizado. Tinha outros amigos, bom relacionamento com as pessoas no trabalho e outras experiências potencialmente gratificantes em sua vida. Essa mudança nas explicações foi útil para melhorar seu humor e lhe permitir ver que tinha muito poucos motivos para se culpar e se sentir sem esperança acerca de outras coisas.

Experimente essas sugestões para mudar o seu estilo explanatório. Quando algo ruim acontecer, questione-se se faz sentido pensar o seguinte: *Esse é apenas um exemplo. Eu tenho sucesso em outras coisas. Talvez na próxima vez eu possa me esforçar mais, e talvez este seja um desafio com o qual eu posso aprender. Outras pessoas também podem achar isso difícil.* E quando você obtiver sucesso em alguma coisa, experimente esse tipo de pensamento e veja como lhe parece: *Eu sou bom nisso, me esforcei e sou inteligente e também me saio bem em outras coisas. Eu deveria me dar o crédito. Talvez eu possa experimentar algumas outras coisas desafiadoras e ver como me saio.*

Lembranças supergeneralizadas

As pessoas que têm tendência à depressão com frequência se lembram dos eventos em termos vagos e extremamente gerais. Em vez de recordar detalhes específicos de um acontecimento ou um período de tempo, podem dizer: "Isso foi meio deprimente e difícil. As coisas não estavam indo bem". Uma lembrança mais específica e detalhada seria diferente: "Eu estava tendo alguns problemas com meu marido, Ted, na época, principalmente em relação a como lidar com nossos filhos. Ele queria discipliná-los mais e ter horários de toque de recolher, mas eu achava que não havia problema se eles ficassem fora, contanto que telefonassem e me dissessem onde estavam".

As pessoas com menor tendência à depressão se recordam de detalhes e aspectos específicos. Por que isso é importante? Se a sua experiência é estruturada em termos vagos e excessivamente gerais, você terá dificuldade em especificar como resolver um problema. Por exemplo, a esposa que recorda discordâncias específicas pode então sugerir soluções específicas – como assegurar-se de que os filhos telefonem após as 21 horas ou estejam em contato com um adulto que saiba onde eles estão, como um *personal trainer* ou um vizinho. Contudo, é difícil resolver um problema quando as coisas são "deprimentes e difíceis" ou "não estão indo bem".

O foco em aspectos específicos em vez de generalidades é algo que discutiremos no decorrer deste livro. Periodicamente, irei lhe pedir que descreva *exatamente* o que aconteceu – o que foi dito, quem fez o quê e o resultado específico que ocorreu – e depois examinaremos formas alternativas de pensar e reagir, além de maneiras de solucionar problemas. Você poderá aplicar técnicas específicas de solução de problemas se conseguir especificar o problema. Quando fizer isso, irá se sentir mais competente e menos impotente.

Ruminação – revisando repetidas vezes

Quando Karen fica deprimida, sua mente foca em algo desagradável e ela fica emperrada. "Eu fico em casa e penso em como sou infeliz. Minha mente fica revisando coisas ruins que aconteceram e fico pensando: *O que há de errado comigo?*". Esse estilo de pensamento é um fator importante ao torná-lo mais vulnerável a ficar e permanecer deprimido.[15] (Infelizmente, esse é um estilo que é mais comum entre as mulheres e pode ser o motivo principal pelo qual elas têm maior probabilidade de ficar deprimidas.[16]) Você fica emperrado em um pensamento ou sentimento negativo, não indo a lugar nenhum.

Por que a ruminação estaria associada à depressão? Bem, quando rumina, você está focando em experiências negativas, e quando sua mente está emperrada nos aspectos negativos, você se sente mal. Além disso, quando rumina, está passivo, isolado e ineficaz. Assim como Karen, você pode estar emperrado em casa, emperrado em sua ruminação e emperrado ao se sentir deprimido. Quando não está ruminando, consegue fazer planos, fazer as coisas e se sentir eficaz, o que é muito bom.

Mas, se a ruminação faz com que nos sintamos tão mal, por que fazemos isso? Primeiramente, algumas pessoas acreditam que podem ruminar até chegar a uma solução. "Se eu ficar pensando em como me sinto mal, talvez eu encontre alguma maneira de me sentir melhor", Karen poderia dizer. Em segundo lugar, as pessoas que ruminam com frequência não percebem que têm uma escolha: "Eu geralmente sinto que, quando esses pensamentos negativos entram na minha cabeça, não consigo abandoná-los". Em terceiro lugar, as pessoas que ruminam não suportam a incerteza, a injustiça ou o fato de não estarem no controle. Elas imaginam que, se continuarem pensando sobre um problema, finalmente irão encerrá-lo, descobrir a "verdadeira razão" e obter algum controle. É claro que isso não funciona, o que faz com que elas pensem que precisam ruminar um pouco mais. E, em quatro lugar, a ruminação pode ser uma estratégia para evitar experiências desagradáveis. Em vez de sentir-se triste, com raiva, confuso ou ansioso, você pode tentar pensar em uma saída.[17] Quando está pensando, não está sentindo, agindo ou se comunicando. Você está emperrado em sua mente.

Em um capítulo posterior, examinarei algumas técnicas poderosas para abandonar a ruminação e prosseguir com sua vida. Por enquanto, gostaria que você prestasse atenção durante os próximos dois dias e procurasse observar se está ficando emperrado em algum pensamento negativo – repetidamente. Veja se a sua mente não o está impedindo de sair do lugar.

Consciência plena

A partir do que eu já disse até aqui sobre a maneira como você pensa quando está deprimido, algo deve ser óbvio: muito do sofrimento que a depressão causa é criado na mente. Já que isso é verdadeiro, pode ser importante perguntar: Existe uma maneira de mudar a forma como a nossa mente funciona? Poderia haver alguma técnica que permitisse que a nossa mente veja mais claramente o que está acontecendo fora dela, sem as distorções que nos causam tanta dor? Podemos nos distanciar e simplesmente "observar" a nossa mente – como se estivéssemos assistindo a um filme? A resposta a todas essas perguntas é sim. É o que denominamos consciência plena, e a estaremos discutindo em todo este livro.

Pessoas de muitas tradições em todo o mundo – mentores espirituais, psicólogos, figuras religiosas, autoridades médicas – insistiram que *é* possível treinar a nossa consciência dessa maneira, usando uma prática denominada consciência plena. Essa prática está na essência de muitas formas de meditação oriental, especialmente as formas budistas, mas você não precisa ser budista ou mesmo conhecer os rudimentos do budismo para praticá-la. A consciência plena é simplesmente uma maneira de experimentar o mundo – incluindo o seu mundo interno – na qual você está inteiramente consciente, *no momento presente*, do que está acontecendo. Não está pensando, julgando ou tentando controlar o que está acontecendo – todos esses são pontos de partida da consciência.

Na consciência plena, você modifica sua relação com seus pensamentos. Não tenta mudá-los ou eliminá-los e, ao mesmo tempo, não os obedece – apenas os observa. Por exemplo, você pode ter o pensamento: *Eu preciso fazer mais*, mas simplesmente o observa sem saltar e partir para a ação. Quando você está deprimido, tende a confundir os seus pensamentos com a realidade. Na consciência plena, você pratica o distanciamento, estando ciente dos seus pensamentos *como pensamentos*, observando como eles surgem e depois desaparecem sem nenhum esforço aparente da sua parte. Em nossa vida diária, estamos frequentemente tentando *fazer* coisas – controlando, fazendo as coisas acontecer, mantendo-nos ocupados. A consciência plena permite que você passe do *modo fazer* para o *modo ser* – experimentando e notando, recuando e observando, assistindo e depois abandonando.

Pesquisas demonstram que o treinamento da consciência plena pode ajudá-lo a se recuperar da depressão e prevenir episódios futuros. Nos próximos capítulos, mostrarei algumas formas específicas de como usar a consciência plena para se distanciar do seu pensamento negativo em um determinado momento. Depois, no Capítulo 12, sobre prevenção de recaídas, explicarei em mais detalhes como desenvolver uma prática de consciência plena que pode ajudá-lo a permanecer bem.

Prazer, eficácia e recompensas

Lembre-se de como Karen estava passando muito tempo em casa sozinha, ruminando e se isolando. Ela não estava mais indo à academia, não via mais seus amigos e evitava fazer as coisas no trabalho. Havia parado de fazer coisas que eram prazerosas e gratificantes, e esse pode ser um aspecto importante também da sua depressão. Pode ser que você tenha "perdido" algumas recompensas (p. ex., um relacionamento terminou) ou que algumas recompensas tenham se tornado menos gratificantes (o seu parceiro já não é tão atencioso e afetuoso) ou que não esteja fazendo o que precisa para obter recompensas (você se tornou passivo e retraído). Esse decréscimo no comportamento gratificante é uma característica da mente deprimida – mas, felizmente, é algo que você pode mudar quase imediatamente.

O seu cardápio de recompensas

Frequentemente peço aos meus pacientes deprimidos que façam uma lista de experiências gratificantes que vivenciaram no passado – um "cardápio" de recompensas. Pense sobre isso. Que tipos de coisas você gostava de fazer antes de ficar deprimido? Faça uma lista das que fez, as pequenas e as grandes. Por exemplo, Karen listou ver os amigos, andar de bicicleta, fazer exercícios, assistir filmes, frequentar aulas, ir a museus e viajar. Também lhe pedi alguns exemplos bem simples, e ela listou tomar um banho de espuma, ouvir música, cozinhar, conversar com os amigos ao telefone e escrever poesia. O seu cardápio de recompensas estava aumentando.

O passo seguinte para Karen foi começar a pegar uma amostra do cardápio de recompensas, designando a si mesma alguma atividade prazerosa ou gratificante todos os dias. Planejando com antecedência, um dia por vez, ela teria experiências gratificantes a serem buscadas. Em vez de focar no ex-marido como sua única fonte de recompensas, ela agora tinha um crescente cardápio de recompensas que estava sob o seu controle. Esse foi um incentivo importante para o seu humor.

Você também pode vincular algumas recompensas a atividades positivas que o desafiam em outros aspectos. Por exemplo, digamos que você ache particularmente difícil ir à academia e se exercitar. Você pode querer ter um "pagamento" por essa atividade – uma recompensa, como tomar um agradável banho de espuma quando chegar em casa, sentar-se e ler algo que lhe agrade ou ouvir música por 20 minutos. Continue se recompensando de forma regular – diariamente – por coisas que faz para se ajudar. Por exemplo, você pode se dar uma recompensa por ler este livro!

Avaliando seu prazer e sua eficiência

Prazer é simplesmente uma medida do quanto você desfruta de uma atividade. Infelizmente, a depressão pode reduzir o seu prazer em atividades das quais costumava desfrutar. Por exemplo, Karen constatou que seus exercícios na academia eram menos prazerosos do que antes de ficar deprimida. Essa é uma consequência natural da depressão. O importante é lembrar que, quanto mais você realizar essas atividades, mais o prazer aumentará. É como investir um pouco todos os dias para receber um pagamento maior posteriormente. É difícil se sentir deprimido quando você pensa, age e sente de uma forma diferente.

Outra fonte de depressão se deve a eventos desagradáveis na vida. Eles podem ser conflitos frequentes com o seu parceiro, dificuldades no trabalho, problemas na ida e na volta do trabalho, longas horas extras ou algo que pareça desagradável. Eu percebi que achava desagradável pegar o metrô ou o ônibus para ir até meu escritório – tinha muita gente e era difícil de relaxar. Então decidi começar a caminhar; leva cerca de 35 minutos. Pego meu iPod, ouço música e chego ao trabalho energizado e bem-humorado. Nunca chego atrasado e nunca me preocupo sobre quanto tempo irá levar. Ou então digamos que você descubra que há pessoas na sua vida que são simplesmente um fardo – alguém que é crítico e negativo e o perturba. Você pode tentar ser assertivo e lhe dizer para tratá-lo melhor. Ou, se isso não funcionar, pode dar uma pausa na interação com essa pessoa. Você tem o direito de cuidar de si limitando o contato com pessoas desagradáveis.

Outro fator que afeta sua depressão é o grau em que você se sente eficiente ou competente para fazer algo, o que é diferente de sentir prazer. Por exemplo, pode ser difícil concluir um trabalho, mas você poderá se sentir eficiente quando fizer isso. E sentir-se eficiente é um antídoto poderoso contra a depressão.

Uma boa maneira de descobrir como seu prazer e sua eficiência mudam (de acordo com o que você está fazendo e da pessoa com quem você está) é observar o seu humor por vários dias. Isso pode parecer uma sobrecarga, mas revelará algumas tendências importantes (e talvez surpreendentes). Depois de ter feito registros por cerca de uma semana, você pode revisá-los para ver quais atividades são prazerosas, quais estão associadas a sentir-se eficiente e quais são "deprimentes". Faça uma lista das atividades "que animam" e "que deprimem" e aumente as primeiras enquanto diminui as últimas. Durante a leitura deste livro, você descobrirá que retornamos aos conceitos de aumento do comportamento de recompensa e ao estímulo do seu prazer e da eficácia como antídotos poderosos para muitos aspectos da depressão.

Conclusão

Neste livro, vamos nos aprofundar na mente deprimida e ver o que você pode fazer hoje, agora, para começar a mudar a maneira como se sente. Depois de ver como a sua mente o mantém preso aos seus pensamentos negativos e a hábitos autodestrutivos, você poderá começar a desenvolver estratégias para mudar as coisas. Nos capítulos seguintes, você vai praticar novas formas de pensar, de agir, de sentir e de se comunicar para que não se torne uma vítima da sua própria mente.

Vejamos como isso se dá. A Figura 2.1 mostra os vários modos de pensamento que examinamos neste capítulo. Veja se consegue identificar a sua mentalidade depressiva particular. Você tem uma história evolutiva que o preparou para evitar o risco, conservar recursos e, essencialmente, se fechar em períodos de escassez e ameaça. Sua depressão é apoiada por – e, por sua vez, reforça – atitudes disfuncionais como pessimismo, pensamento negativo e tendência a se culpar pelo fracasso. Você também é propenso a ruminar, lembrar-se das experiências em termos vagos e supergeneralizados e cair na inatividade e no isolamento. Sua depressão "faz sentido" – e agora estamos prontos para mudá-la.

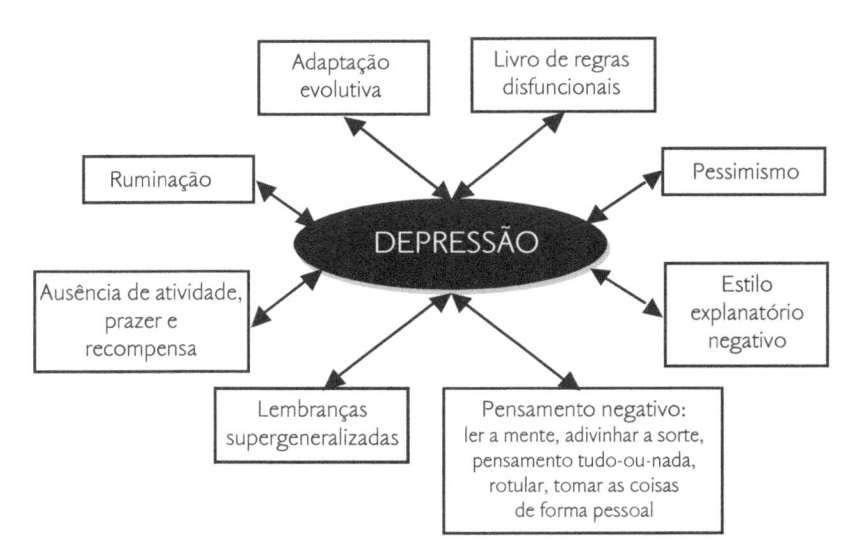

FIGURA 2.1 A mente deprimida.

"Nada dá certo": como superar a sua falta de esperança 3

Jenny e Bill se separaram um mês antes de Jenny vir consultar comigo. Durante nosso encontro, ela me contou que estava tão triste, deprimida e devastada pelo rompimento que acreditava que nunca mais seria feliz de novo. "Nada parece dar certo para mim", disse. "Eu achava que Bill e eu tínhamos uma chance, mas ele simplesmente perdeu o interesse. Além disso, estou envelhecendo. Minhas chances são cada vez menores." Jenny tinha 29 anos.

A falta de esperança é um dos sintomas mais graves da depressão. Você sente que o futuro parece sombrio, que nada vai dar certo e que o jogo não está a seu favor. Pode achar que está amaldiçoado pelo destino, que tem má sorte ou que simplesmente não tem o que é necessário para ser feliz. Pode olhar para trás e ver a sua vida como uma sucessão de fracassos que predizem um futuro de fracasso e tristeza. Em seu estado mental de desespero, você não consegue acreditar que um dia voltará a se sentir bem.

Falta de esperança e depressão

Apesar de tão penosa, a falta de esperança é apenas isso – um sintoma. Ela é parte da sua depressão, não um reflexo preciso da sua realidade. É como a febre, que é um sintoma de infecção – isso não significa que a temperatura no ambiente seja 39°C. Quando a depressão toma conta, sua mente foca quase exclusivamente naquilo que é negativo. Portanto, é natural que você se sinta negativo acerca do futuro.

Você pode achar que as coisas não têm remédio *porque* se sente deprimido. Isso é o que denominamos raciocínio emocional. Você está baseando sua predição sobre o futuro nas emoções, não nos fatos, e não sabemos quais serão os fatos no futuro. Imagine se alguém dissesse: "Eu me sinto feliz neste momento, portanto, estou absolutamente convencido de que serei feliz pelo resto da minha vida. Na verdade, ficarei tão feliz que entrarei em êxtase. Eu serei a pessoa mais feliz do mundo". Bem, se você é como eu, consideraria essa pessoa otimista demais. A vida tem os seus altos e baixos, e é claro que teremos algumas experiências tristes – até mesmo terríveis. Isso é o que significa ser humano.

As suas predições acerca do seu futuro terrível não são mais confiáveis do que as de felicidade perfeita daquela pessoa. Elas são simplesmente parte da sua depressão. Durante os últimos 25 anos, a maioria dos meus pacientes deprimidos sentia desânimo e falta de esperança. Na verdade, vou compartilhar com você um pequeno segredo. Gosto de receber pacientes que predizem que serão sempre deprimidos e que nunca terão uma experiência feliz. Gosto de ouvir essas predições do tipo tudo-ou-nada – "Eu nunca vou ser feliz de novo!". Explico o porquê: é tão fácil provar que estão errados e ajudá-los a reconhecer que a falta de esperança é a maior distorção que você pode ter. Neste capítulo, examinarei mais detalhadamente as formas como a falta de esperança toma conta e as coisas que você pode fazer para superá-la.

Como a falta de esperança o ajuda?

Tal como ocorre com muitos pensamentos negativos, a falta de esperança é frequentemente acompanhada por uma "estratégia" oculta para evitar a decepção. Você foi magoado, rejeitado e frustrado durante toda a vida, e agora sua mente entra em ação para lhe dizer que o futuro é sem esperança – que nada vai dar certo –, sendo assim, você pode muito bem desistir. Dessa forma, você elimina as chances de fracassar e não precisa manter um esforço que já está condenado ou aumentar suas esperanças para depois se decepcionar novamente.

Às vezes, até temos medo de ter esperança. Se você tem esperança, pode ficar entusiasmado quanto ao futuro, experimentar coisas novas, correr alguns riscos – e acabar descobrindo que nenhuma dessas coisas dá certo e que perdeu o seu tempo. Mas, pior ainda do que perder seu tempo, você se sentirá desapontado e envergonhado: *Que tolo eu sou por ter acreditado que poderia dar certo*. Você não quer ser um "tolo", então opta pela falta de esperança.[1] que é a sua maneira de dizer: "Eu sou mais esperto do que isso e aprendi a lição".

Você pode até achar irritante se alguém tenta lhe dizer que as coisas *não são* sem esperança. Pode achar que essa pessoa não entende o que você passou, o quanto essa dor e esse desespero são reais para você. Ela não entende como é ser você – ter de viver com os seus desgostos, a tristeza e o sentimento de isolamento em relação aos outros. Mesmo quando não está sozinho, você se sente sozinho com seus sentimentos porque ninguém entende tão bem quanto você como realmente é a falta de esperança.

Você pode ficar irritado quando as pessoas dizem: "Mas talvez as coisas deem certo". Elas estão invalidando o quanto você está se sentindo mal, pior, estão pedindo que corra novos riscos – para aumentar as suas expectativas novamente.[2] Estão lhe encorajando a ir à luta, a estabelecer alguns objetivos, a prosseguir em sua vida – o que simplesmente significa que enfrentará mais frustração, mais decepção, mais desgostos. Tudo o que você quer é que o deixem quieto – só você e a sua falta de esperança. Ninguém pode entender isso; ninguém pode realmente avaliar que a sua falta de esperança não só faz sentido, mas também o protege do futuro: *Se eu desistir, não poderão me magoar novamente*. Existe consolo, existe paz e existe conforto – às vezes – nessa falta de esperança. Na verdade, ela pode ser a única coisa com a qual você pode de fato contar.

Para ver se a falta de esperança está servindo a esse propósito para você, tente este experimento. Faça uma lista das vantagens e desvantagens de acreditar que não existe esperança. Não tente ser excessivamente racional, reconheça que você pode obter algum ganho oculto por acreditar que ela não existe. Depois analise o que escreveu.

Por exemplo, se o seu medo de decepção o mantém preso à falta de esperança, isso pode parecer uma vantagem: não ter esperança o protege de ser desapontado quando as coisas não dão certo, mas pense na lógica dessa afirmação. Uma vez que não pode impedir que os reveses aconteçam, você está, na verdade, dizendo: "Eu serei melhor ao lidar com isso se for deprimido". Duvido. Acredito que é *mais difícil* lidar com a decepção se você estiver triste, autocrítico e hesitante. A falta de esperança não o prepara; ela o derrota.

Depois que se der conta de por que e como acha que a falta de esperança o protege, poderemos examinar como fazer a sua guarda baixar.

Quais são as suas razões para se sentir sem esperança?

Você provavelmente acredita que tem boas razões para a sua falta de esperança. Se eu lhe perguntasse: "Por que você acha que o futuro é tão sombrio?". Você poderia responder imediatamente com uma enorme lista de desgraças: "Nada jamais vai dar certo para mim", "Não existem mais homens(mulheres) bons(boas)", "Eu sou muito velho (não suficientemente atraente, não suficientemente rico, não suficientemente interessante, um grande fardo, uma mercadoria danificada)", "Eu não posso competir", "Eu sou amaldiçoado" e "Minhas oportunidades ficaram para trás". Pense por um momento sobre as suas *razões* para que o futuro seja sombrio. Anote-as. Iremos examiná-las.

Tomemos sua lista de "déficits" pessoais que o fazem acreditar que ninguém vai querer ter um relacionamento com você. Você poderia achar que deve se parecer com Angelina Jolie ou Brad Pitt para encontrar alguém, mas estaria errado. Tenho aqui uma tarefa para você. Vá até o cartório e entre na sala onde as pessoas estão recebendo as licenças de casamento. Pergunte-se: *Este lugar está cheio de estrelas de cinema?* Provavelmente não. Ou então vá a um *shopping center* e olhe as pessoas à sua volta – com seus filhos e seus companheiros –, divertindo-se e vivendo as suas vidas, e pergunte-se: *Estas pessoas são perfeitas?* A visão que tem de si mesmo pode estar negativamente distorcida – porém, mesmo que seja verdadeira, existem milhões de pessoas dispostas a amar alguém que seja imperfeito. Você só precisa lhes dar uma chance – e estar disposto a amar alguém que também não seja perfeito.

Ou então pense sobre a sua ideia de que nunca será rico ou famoso. Primeiramente, você não sabe se isso é verdadeiro. Em segundo lugar – e muito mais importante –, *de qualquer forma, não faz diferença*. Você pode ficar empacado achando que nunca poderá ser feliz a não ser que tenha dinheiro e fama, mas existem milhões de pessoas muito felizes que não são ricas ou famosas, assim como existem muitas pessoas ricas e famosas que são infelizes. Pegue uma revista como a *People* ou qualquer revista de fofocas e conte o número de divórcios entre os ricos e famosos, e o meu ponto de vista será comprovado.

Talvez você simplesmente diga: "A razão pela qual ficarei deprimido no futuro é que me sinto deprimido agora". Na verdade, cerca de 50% das pessoas superam a depressão sem qualquer terapia ou uso de medicamentos, e a maioria das que fazem terapia ou recebem medicamentos obtém melhora. Você ainda poderia dizer: "Com a sorte que tenho, estarei entre as poucas que nunca melhoram", mas isso não se deve, em parte, a você? Se simplesmente assume que ficará deprimido para sempre, então poderá fazer com que seu pesadelo se torne realidade.

Sua falta de esperança é uma profecia autorrealizada?

Neste momento, você pode realmente acreditar que não existe esperança e está convicto de que nada vai dar certo. Qual é a consequência dessa crença? A falta de esperança é uma *profecia autorrealizada* porque você não experimenta coisas que poderiam fazê-lo sentir-se melhor, desiste se algo é frustrante e não se mantém firme ao comportamento positivo por tempo suficiente para perceber um retorno. Você está contando com a falta de

Capítulo 3 "Nada dá certo": como superar a sua falta de esperança

esperança, portanto, não está disposto a investir tempo e energia ou iniciar qualquer ação para tornar as coisas diferentes. Você construiu seu futuro sobre a falta de esperança, então ela pode acabar se revelando verdadeira.

Mas e se você fizesse duas coisas – como um experimento? Em primeiro lugar, e se decidisse duvidar da sua falta de esperança? E, depois, se decidisse agir contra a sua falta de esperança? O que poderia acontecer? Vamos experimentar e ver. Duvidar da sua falta de esperança simplesmente significa reconhecer que você não pode ter certeza plena sobre o futuro. Você não sabe com certeza se nunca será feliz, se nunca terá o relacionamento que deseja, o trabalho que o fará sentir prazer, autoestima ou satisfação na sua vida. Você pode estar deprimido, mas não é um adivinho. Não é *possível* que esteja errado sobre a falta de esperança? Eu lhe peço apenas para nutrir uma pequena dúvida – admitir que pode estar errado sobre o quanto o futuro será ruim. Essa pequena dúvida poderia representar um grande passo – o suficiente para abrir uma nova porta para o futuro.

Agora, o que você faria de *diferente* se se sentisse mais esperançoso? Seria mais ativo ou mais extrovertido, faria planos ou experimentaria algumas novas atividades? E se decidisse, como um experimento, agir assim – da forma oposta à que a sua falta de esperança dita?

Imaginemos que você se sinta sem esperança de encontrar aquele relacionamento que acha que tornará sua vida mais completa. Faça um experimento. Finja que isso não é impossível. Diga a si mesmo que é certo que acabará encontrando esse relacionamento. O que faria agora? Karen, que você conheceu no Capítulo 1, decidiu fazer isso. Ela disse a si mesma: *Bem, se eu acreditasse que acabaria encontrando alguém, eu provavelmente aproveitaria mais a minha vida agora, sairia mais, frequentaria aulas, aprenderia coisas novas.* Então passou para outro novo experimento: agir como se as coisas fossem dar certo. Eu sugeri que, já que ela estaria sozinha até que as coisas mudassem, essa era a hora de viver aventuras. E foi isso o que ela fez. Inscreveu-se em um curso de cinema, aprendeu dança indiana, se envolveu em uma organização política, começou a praticar exercícios e a se sentir melhor consigo mesma. Em consequência de fazer de conta que as coisas não eram impossíveis, ela se sentiu melhor quanto à sua vida, mais esperançosa quanto ao futuro e menos necessitada de um relacionamento. Quando finalmente conheceu um homem de quem gostou, ela era uma mulher mais positiva, mais interessante, mais atraente – alguém que, na verdade, não precisava de um relacionamento, mas que poderia estar aberta a ele.

Os resultados do experimento de Karen também poderiam ser seus. Deixando a falta de esperança guardada na prateleira e dizendo: "Eu vou agir como se as coisas não fossem impossíveis", você poderá descobrir que consegue fazer as coisas tornarem-se melhores não só neste momento, mas também no futuro.

Aja contra a sua falta de esperança

Permita-me falar sobre Andy, meu paciente dos "Ingressos para os Yankees". Ele tinha 29 anos quando veio me ver. Estava deprimido, era desafiador e completamente não cooperativo. Morava com seus pais – a quem estava deixando loucos com suas queixas sobre como eles não o entendiam, como não o prepararam para o mundo real e como esperavam demais dele. Recusava-se a fazer qualquer coisa para ajudar a si mesmo. Nossas sessões eram um exercício de frustração para nós dois – Andy se sentia deprimido, não importando o que fizéssemos, e eu me sentia frustrado porque ele rejeitava tudo o que eu dizia. Depois de dois meses, disse a ele: "Sabe, Andy, você parece assumir a posição de que não irá fazer nada para se ajudar: não vai tomar medicamentos, não vai fazer nenhuma tarefa de casa de autoajuda e só se queixa. Como acha que vou conseguir ajudá-lo?".

Ele respondeu imediatamente. "Você não pode."

"Bem, eu acho que a única alternativa é se acostumar a ser deprimido." Ele olhou para mim, confuso e um pouco aborrecido. "O que você está dizendo?"

"Bem, você está me dizendo que não há esperança e que não vai fazer nada para mudar, portanto talvez *não haja* esperança."

Ele me disse naquele momento que iria abandonar a terapia.

E assim o fez. No entanto, ligou para mim duas semanas depois e disse: "Talvez você esteja certo. Talvez eu precise fazer alguma coisa para me ajudar".

Eu disse: "No inventário de depressão que você preencheu, sua pontuação foi 45. Isso é muito alto. Não estou garantindo nada, mas vou fazer uma aposta com você: podemos reduzir sua depressão em 50% em 12 semanas se você fizer tudo o que eu lhe disser para fazer. Essa é a aposta: se sua depressão cair até uma pontuação de 22 ou menos, terá de me comprar dois ingressos para um jogo dos Yankees".

"Está bem, combinado", disse Andy. "Mas o que eu recebo se a minha depressão não cair para 22?"

Eu dei uma risada. "Eu não me preocuparia com isso. Pretendo ganhar."

E assim começou. Trabalhamos na mudança da sua relação com seus pais, sugeri que se desculpasse com eles por se queixar e por culpá-los por tudo e que lhes pedisse ideias de como ele poderia ser útil em casa. Também trabalhamos na definição de objetivos todos os dias, questionando seu pensamento autocrítico e fazendo o que podíamos para estimulá-lo a ser mais ativo e gratificante com as outras pessoas. Ele conseguiu um emprego de meio período. Quando as 12 semanas acabaram, a pontuação da depressão de Andy havia caído para 14 e ele me deu os ingressos.

Eu disse: "Você quer assistir os Yankees comigo?".

Então nós dois fomos ao jogo.

Anos mais tarde, eu estava caminhando pela rua em Nova York, e ele veio até mim. Estava sorrindo, tinha uma aparência muito boa, e disse: "Você salvou a minha vida". Eu perguntei o que estava fazendo e ele contou que trabalhava em uma creche. Ele era realmente um homem gentil e amável que havia ficado aprisionado em sua depressão, mas juntos conseguimos fazer com que agisse contra sua falta de esperança.

A propósito, não consigo lembrar se os Yankees venceram. Mas nós dois ganhamos a aposta.

O que você teria que mudar para se sentir melhor?

Você pode se sentir emperrado e sem esperança quanto ao futuro porque realmente precisa mudar algumas coisas em sua vida, e Andy era um exemplo disso. Ele se sentia sem esperança em parte porque não tinha um emprego, havia perdido contato com seus amigos e não tinha qualquer plano. Portanto, uma forma de abordar sua falta de esperança é começar perguntando: *"Onde eu quero estar?"* ou *"O que eu quero que aconteça na minha vida?"*. Andy me disse que queria se sentir mais produtivo, sair de casa, voltar a ter amigos, conseguir um emprego e ter seu próprio dinheiro para que não tivesse de buscar o apoio da mãe e do pai. Todos esses pareciam ser bons objetivos, mas havia coisas que teriam de mudar para que ele fosse do ponto A até o ponto B.

Se eu preciso dirigir da minha casa a um lugar que nunca fui, planejo minha viagem usando o aplicativo MapQuest. Eu começo por onde estou e digito para onde quero ir. Você pode fazer isso com a sua vida também, fazendo o MapQuest para a sua vida. Onde você está em relação a amigos, relacionamentos, saúde, forma física, dinheiro, trabalho, lazer, espiritualidade, aprendizagem e sentimento de eficácia? Certo. Onde você quer chegar?

Como parte desse tratamento, Andy e eu focamos nos amigos. Ele havia perdido contato com as pessoas. Em alguns aspectos, isso poderia ser uma coisa boa, já que alguns dos seus velhos amigos eram alcoólatras e usuários de drogas. Ele tinha a chance de focar nos amigos mais gratificantes e mais capacitados – as pessoas que poderiam ser uma influência positiva. E talvez pudesse ter como objetivo fazer alguns novos amigos, mas tivemos de examinar o que está relacionado ao desenvolvimento de amizades. Identificamos dois problemas que Andy tinha nessa área: não retornava os telefonemas e, quando encontrava as pessoas, só se queixava. Portanto, o primeiro passo foi dar início a algumas ligações telefônicas, desculpar-se por ter estado sem contato e fazer alguns planos. O segundo passo era parar de se queixar, focar em descrever coisas positivas que estava fazendo e ser um bom ouvinte para as pessoas que desejava ter em sua vida.

Em um nível mais profundo, Andy percebeu que teria de mudar sua tendência a culpar os outros por seus problemas, pois isso não iria resolver o problema e apenas o afastaria dos outros, além de o deixar ainda mais zangado. Raiva e acusação são formas de impotência, e essa sensação pode levá-lo a se sentir sem esperança de que alguma coisa vá melhorar. É melhor dividir a responsabilidade para que você não se sinta assim quanto à mudança das coisas. Ninguém constrói um negócio de sucesso ou um casamento gratificante acusando ou ficando zangado, e culpar-se também não irá melhorar as coisas. Andy finalmente percebeu que culpar os outros ou a si o deixava com os mesmos problemas, e descobriu que a mudança de algumas das coisas sobre as quais se sentia sem esperança estava, na verdade, em suas mãos.

O que não está perdido?

Algumas pessoas dizem que "tudo está perdido", o que é muito deprimente. Mas como é que *tudo* no mundo estaria perdido? Mesmo que o seu relacionamento não tenha mais esperança, você ainda se veste, ainda almoça, ainda vai ao trabalho e ainda se encontra com seus amigos. Portanto, a falta de esperança pode parecer global e universal – como se nada estivesse bem –, mas essa é uma distorção e um exagero. Se você identificar coisas na sua vida que *não estão* perdidas, poderá recuperar a perspectiva e redirecionar as suas energias.

Vejamos Betty, que estava passando por seu segundo divórcio. Ela se sentia sem esperança quanto à reconciliação com seu marido, Carl, e também quanto ao resto da sua vida. Ficava ruminando: *Se ao menos voltássemos a ficar juntos, eu poderia ser feliz de novo.* Isso não parecia possível, pois realmente *estava* perdido – para ele –, Betty, porém, generalizava sua falta de esperança para a sua vida inteira.

Pedi a Betty que pensasse sobre como era sua vida antes de se relacionar com Carl. Do que gostava? Ela fez uma lista das muitas coisas que lhe davam prazer, incluindo ver os amigos, trabalhar, aprender, ouvir música, viajar, fazer exercícios, interagir com animais, explorar a cidade, fazer caminhadas, velejar e conhecer novas pessoas. Depois disso, eu lhe perguntei: se ela conseguia desfrutar a sua vida antes de Carl, por que agora não seria capaz de desfrutá-la sem ele? Então pegamos sua lista e começamos a fazer um plano para combater a falta de esperança, estabelecendo objetivos específicos para cada dia, cada semana, cada mês e para o ano seguinte.

No primeiro dia, Betty fez sua lista de objetivos, ligou para uma amiga e colocou as atividades planejadas em sua programação. Na primeira semana, voltou para a academia, fez planos para o jantar e focou mais em seu trabalho. Seus planos de longo prazo incluíam viajar, fazer alguns cursos (queria aperfeiçoar seu conhecimento em negócios) e fazer novos amigos. Em lugar de sua única situação realmente sem esperança – seu casamento com Carl e a tristeza que isso lhe causava –, começou a focar no exterior, em objetivos que não eram impossíveis. Seu humor começou a melhorar, e ela passou a se sentir melhor consigo mesma. Embora ainda tivesse sintomas de depressão, sua falta de esperança havia diminuído. "Percebo que, ao fazer algo hoje, estou fazendo um pequeno progresso, um pouco de cada vez", disse. "Existe algo que posso almejar – e isso me dá esperança."

Não existe algo que seja necessário para a sua felicidade

Você pode observar que o plano de Betty para superar sua falta de esperança não incluía Carl. Esse é um ponto muito importante para ter em mente. Com frequência, sentimo-nos sem esperança quanto a algo que consideramos absolutamente necessário para a nossa felicidade, mas não é. Sua felicidade não depende de uma pessoa específica, um emprego específico, uma realização específica ou uma quantidade específica de dinheiro no banco. Se seu casamento fosse necessário para que você fosse feliz, então você nunca poderia ter sido feliz antes de ter conhecido seu cônjuge. Se seu emprego fosse necessário, então você nunca teria sido feliz antes de consegui-lo. Mas o mundo não é assim. Existem, literalmente, bilhões de alternativas.

Imagine que nasce uma garotinha. Seus pais e outras pessoas a amam. Ela cresce e tem sucesso na escola, tem amigos e realiza inúmeras coisas, mas a cada momento de sua vida alguém está lhe dizendo: "Você não poderá ser feliz até que encontre um garoto chamado Carl e se case com ele. Só então você será uma pessoa de valor e poderá ser feliz". Isso seria algo terrível de se fazer com uma criança, privando-a de todas as outras fontes de felicidade – fazendo-a acreditar que tudo depende de alguém chamado Carl, que essa garotinha pode nunca vir a conhecer. Se isso não fosse tão absurdo, poderíamos até considerar uma forma de abuso infantil.

Você pode estar fazendo a mesma coisa consigo. Se acha que o seu futuro está perdido porque diz a si mesmo que uma determinada coisa é necessária para a sua felicidade, você não está se privando e abusando de si de modo igualmente irracional?

Você já esteve aqui antes?

Outra maneira de colocar em perspectiva sua falta de esperança é reconhecer que antes achava que tudo estava perdido – e que você estava errado. Faça uma retrospectiva da sua vida e se pergunte se alguma vez já teve os seguintes pensamentos:

- Nunca vou superar a minha depressão.
- Nunca vou me sentir feliz de novo.
- Nunca vou ter outro relacionamento.
- Sempre vou ficar sozinho.
- Nunca vou ter sucesso.

Agora, faça uma retrospectiva da sua vida e examine os fatos. Digamos que afirmou a si mesmo: *Nunca vou ser feliz de novo* – mas isso foi cinco anos atrás. Você sorriu ou deu gargalhadas desde então?

Betty havia tido inúmeros períodos e pensamentos de desesperança em sua vida. Ela já tinha tentado cometer suicídio cinco vezes, fora hospitalizada duas vezes e já havia se divorciado anteriormente – todas as experiências muito graves. A realidade, no entanto, era que, após seu primeiro divórcio, ela ficou deprimida por um tempo e depois se recuperou, conheceu Carl, se apaixonou e se casou novamente. Ela ficou relativamente bem por algum tempo, tinha sucesso em seu emprego e recebia um bom *feedback* pelo trabalho que fazia. Portanto, suas experiências após períodos de falta de esperança eram mais positivas do que se lembrava.

Talvez você ache que as coisas não tenham solução porque pensa que os obstáculos que enfrenta agora são grandes demais para serem superados, mas todos nós superamos dificuldades em algum momento de nossas vidas. Agora você pode estar focado em como as coisas estão ruins e o quanto serão ruins no futuro, mas e quanto aos obstáculos que superou no passado?

Betty havia superado inúmeros obstáculos. Sua mãe era crítica e seu pai era distante – e depois ele morreu quando ela tinha apenas 11 anos. Ela teve algumas dificuldades com outras crianças na escola, mas ainda assim conseguiu sobreviver. Fez amigos, alguns que estão em sua vida até hoje, teve sucesso na escola, entrou na universidade, e lidou com a solidão como caloura. Enfrentou vários períodos de depressão, e cada um deles foi resolvido. Estou disposto a apostar que você pode criar uma lista similar de desafios que enfrentou e superou.

Pense nisso – e, enquanto faz essa lista, tenha em mente que a falta de esperança pode ser *temporária*. Você estava errado no passado e pode estar errado novamente. Não iremos saber se isso não tem solução até que você tenha tentado tudo o que puder.

Você já tentou de tudo?

Você poderia dizer: "Olhe, estou deprimido há mais de um ano e o fim não está à vista. Já fiz terapia. E tentei usar medicamentos. Por que eu deveria me sentir otimista quanto ao futuro?". Eu não estou lhe dizendo para ser otimista. Tudo o que posso fazer é pedir que você esteja aberto a uma dúvida sobre a falta de esperança no futuro.

Você não pode decidir com certeza que as coisas não têm solução a menos que tenha tentado, literalmente, todas as maneiras possíveis de resolver a sua depressão – e eu posso garantir que você não experimentou todas as últimas técnicas terapêuticas. (Escrevi um livro para clínicos chamado *Técnicas de terapia cognitiva** – existem cerca de 100 técnicas nele. Estou certo de que você não experimentou *todas* elas.) Tenho certeza também de que você não esgotou o uso de todos os medicamentos e combinações de medicamentos que estão disponíveis, e duvido que tenha experimentado todos os tratamentos mais intensivos que podem ser muito eficazes para a depressão resistente a tratamento, tais como eletroconvulsoterapia (choque) e outras intervenções. Eu suspeito que as opções mais drásticas serão completamente desnecessárias para você; o que quero dizer com isso é que existem muitas formas de vencer a depressão, e posso lhe assegurar que você não experimentou todas elas. O tempo todo surgem novas intervenções, novos medicamentos e novas formas de terapia são desenvolvidas. Há esperança.

Temos aqui um exemplo de falta de esperança que foi revertido.

Ellen entrou e saiu de hospitais psiquiátricos durante anos. Havia consultado terapeutas, tomado medicamentos e tinha um bom suporte afetivo da sua família, mas nada funcionava. Quando falei com ela, ficou claro para mim que a sua depressão era, na verdade, um transtorno bipolar, que ela havia sido mal diagnosticada e, em consequência, seu tratamento não estava direcionado para o verdadeiro problema. Usando essa informação, Ellen finalmente convenceu seu psiquiatra de que era bipolar e necessitava tomar lítio, um medicamento que ajuda a estabilizar o humor. Isso a ajudou

---

* N. de T. Leahy, R. L. *Técnicas de terapia cognitiva*. Porto Alegre: Artmed, 2006.

imensamente, porém ela ainda tinha algumas oscilações de humor, embora não tão intensas quanto antes. Seu psiquiatra sugeriu eletroconvulsoterapia (ECT), e o seu humor melhorou significativamente depois de diversas sessões, mas as coisas retrocederam após dois meses. Finalmente, eles decidiram experimentar deixá-la em manutenção da ECT, o que envolvia sessões mensais de rápida estimulação elétrica. Agora ela está substancialmente melhor há anos. Ellen tem 67 anos – não recebeu tratamento efetivo para seus ciclos depressivos por quase 40 anos. Ela provavelmente achava que realmente *tinha* tentado de tudo, porém ainda havia esperança.

O fim da esperança

A maior tragédia da depressão é o suicídio – a última expressão da falta de esperança. E quando um paciente está em risco de suicídio, preveni-lo é a tarefa mais urgente do tratamento.

Muitas pessoas deprimidas têm pensamentos suicidas, mas dizem que nunca colocariam em prática. Seu terapeuta pode ajudá-lo a identificar se o suicídio é um risco para você. Os preditores de risco importantes incluem ter feito uma tentativa anterior; sentir desejo de morrer durante uma tentativa anterior (às vezes, as tentativas não têm a intenção de ser letais); comportamento de automutilação, como se cortar ou se bater; acesso a arma de fogo; acumular comprimidos; escrever um bilhete de suicídio; ameaçar cometer suicídio; abuso de drogas ou álcool; falta de suporte social; sentimentos de desesperança; e sentir falta de motivos para viver.

Pessoas com pensamentos suicidas podem falar sobre razões para morrer – como escapar da dor, porque a vida é muito difícil ou para deixar de ser um "fardo" para os demais. Mas eu peço aos meus pacientes que considerem as suas razões para viver e peço que você faça o mesmo. As razões deles às vezes incluem culpa por magoar pessoas amadas, esperança de que a terapia e o medicamento possam ajudar, esperança de que a situação possa mudar, possibilidade de que seu pensamento deprimido não seja realista, medo da vida após a morte, escrúpulos morais, medo de executar mal a tentativa de suicídio e perder as oportunidades que poderiam ter se a depressão melhorasse. Se a sua depressão dificulta que você realize esse exercício, tente se perguntar: *Se eu não estivesse deprimido, quais seriam as razões para viver?* Isso é importante, já que suas razões para viver podem melhorar substancialmente após sua depressão melhorar.

Tirar sua vida é a decisão mais importante que você tomará. Faz sentido tomar essa decisão em um momento em que o seu pensamento pode estar drasticamente distorcido de forma negativa? Faz sentido decidir quando você não buscou todas as opções disponíveis? Neste livro, você vai ler sobre pessoas cujas vidas pareciam completamente perdidas. Eu me sinto maravilhosamente bem hoje em saber que elas estão vivas, bem – e felizes. Você não pode melhorar a menos que esteja vivo para trabalhar esses problemas.

Contudo, se a sua depressão é tão opressora que você se torna um perigo para si mesmo, esse é um momento importante para se voltar aos membros da família, aos amigos e ao seu terapeuta, buscando o apoio de que precisa. Seria útil considerar uma breve "pausa" em um ambiente hospitalar onde você pode ser protegido, receber medicamento e "dar um tempo" nas pressões da rotina diária.

Sam havia tentado suicídio antes e estava começando a se sentir sem esperança e suicida novamente. Providenciamos que ele fosse hospitalizado por duas semanas, pois no hospital tratamentos mais agressivos poderiam ser administrados. Nesse caso, uma combinação de um medicamento mais potente e ECT reverteu o problema. Quando eu o vi, depois da alta do hospital, foi como encontrar uma pessoa totalmente diferente. Ele tratou sua depressão naquele momento como a emergência que era, e hoje está vivo. Sei que sua esposa, seus dois filhos e seus vários amigos estão felizes por ele ter tomado essa decisão.

Leve a sério seus pensamentos sobre suicídio e discuta-os com seu terapeuta ou alguém próximo a você. Essa é uma decisão que você precisa analisar, receber o melhor conselho e encontrar maneiras de abordar. Muitos dos meus pacientes que superaram a depressão alguma vez já tiveram pensamentos suicidas. Às vezes, fazemos juntos uma retrospectiva daqueles momentos terríveis de desesperança e sentimos alívio por eles terem escolhido o tratamento em vez de acabar com a sua vida.

Esperança nem sempre é fácil. Ela requer trabalho, envolve frustração e se trata de um futuro que você ainda não conhece, mas é real – não uma fantasia –, e eu posso lhe dizer que já vi muitos exemplos de esperança que se tornaram realidade devido à perseverança e à abertura para receber ajuda.

Como diz o ditado: "Você salva o mundo salvando um homem de cada vez". Eu acredito nisso, e acredito que você pode se salvar. Mas você precisa dar a si mesmo a chance de fazer isso.

O momento presente não tem esperança?

A falta de esperança sempre se refere ao futuro: "Eu nunca vou ser feliz", "Eu nunca vou ter o relacionamento que desejo", "Eu sempre vou ser um fracasso". Você está predizendo o futuro, portanto, por definição, não está vivendo no momento presente.

A pergunta para você é: "O momento presente não tem esperança?".

Do que você tem consciência atualmente? Talvez esteja sentado no seu quarto lendo este livro e esteja sozinho. Mas enquanto lê as minhas palavras nesta página, nós dois estamos focando no que você está pensando e experimentando neste momento. Então vejamos o que podemos fazer com este momento presente. Primeiramente, foque na sua respiração. Observe que ela flui como ondas de ar, para dentro e para fora. Recue e observe a sua respiração como se estivesse olhando de longe. Não tente controlá-la, não a julgue, não tente torná-la mais lenta ou mais profunda, melhor ou pior. Simplesmente a observe indo e vindo. Agora se detenha em sua respiração por alguns minutos. Quando outros pensamentos vierem à sua mente, apenas os deixe ir e gentilmente volte a atenção para a sua respiração.

Agora eu quero que você pegue algo que cheire bem – uma laranja, uma pinha ou um perfume. Se for uma laranja, descasque-a e cheire. Observe a sutileza da sua fragrância. Talvez você nunca tenha reservado um momento como esse para simplesmente observar o seu aroma. Como o aroma estimula o seu prazer em comer a laranja? Se estiver segurando uma pinha, passe a ponta dos dedos sobre ela. Toque cada escama. Existe seiva nela? Se escolher um perfume, coloque um pouco no pulso ou no pescoço. Agora cheire suavemente. Fique por um momento assim e observe como a fragrância parece ir e vir.

Agora deixe isso de lado por enquanto. Vamos experimentar outra coisa. Quero que você feche os olhos e imagine uma floresta ao luar. Há neve sobre o chão e ela está caindo suavemente, um floco de cada vez. Você observa cada floco em câmera lenta, acariciando a noite enquanto cai, sempre suavemente, até se juntar à neve que se acumula no chão. Enquanto a neve cai, você também sente o ar frio. Observa a forma de um floco em câmera lenta caindo até o chão.

Imagine agora que você é a neve que cai. Está caindo como um floco, repetindo-se mais e mais. Você é um floco de neve caindo no ar da noite, é a neve que está caindo, uma pequena partícula de neve em cada momento, repetidamente. Está caindo durante a noite enquanto ao luar reluz, e à sua volta tudo está em silêncio, quieto e em paz. Você e a neve continuam caindo, incansavelmente.

Fique assim por um momento. Silencioso, suave, natural, à luz em que a neve está caindo. Em paz.

Se conseguiu fazer esses exercícios – observando a sua respiração, sentindo a fragrância e vendo a neve cair na sua imaginação –, você se afastou um pouco da falta de esperança, veio para o momento presente e viveu completamente nesse momento.

Não existe falta de esperança no momento presente. Ele simplesmente existe. Ele não é o futuro – é agora, no presente, um momento no tempo. Nesse momento, você simplesmente é. Momento após momento, floco de neve após floco de neve, respiração após respiração. Repetindo e voltando. Fique aqui e depois deixe estar, e outro momento acontece.

E você renasce repetidamente.

Enquanto vive o momento presente – experimentando, ouvindo, sentindo, degustando, percebendo –, você reconhece que pode encontrar nesse exato momento algo que o faz se sentir vivo. Estar vivo é estar consciente. É estar inteiramente consciente. Abandone seu julgamento, deixe de lado sua necessidade de controle e o futuro e fique aqui, no momento presente. Nele não existe falta de esperança – e não existe algo chamado esperança. Existe apenas a experiência do agora.

Conclusão

Uma das coisas mais difíceis de fazer é sentir falta de esperança *e ainda assim prosseguir*. O fato de você estar lendo este livro significa que acredita que existe esperança. Tem esperança de ter esperança nestas páginas. Todos os dias eu converso com pacientes que se sentem assim em relação à sua depressão ou à ansiedade, mas isso não é desencorajador para mim, pois tenho muita confiança de que trabalhando juntos iremos reverter essa situação. Precisamos ter em mente que predições não são fatos; nada está terminado até que se tenha tentado de *tudo*; você pode fazer algo positivo todos os dias; e se pode fazer coisas positivas acontecerem, então não há falta de esperança. Você precisa repetir o positivo para obter recompensas; e, mesmo que algumas coisas não funcionem, outras podem trazer resultados. Pense nisso como ser suficientemente flexível para progredir.

Ao longo deste livro, irei sugerir incontáveis técnicas e pontos de vista que você pode experimentar – repetidamente – para mudar a forma como se sente. Depois que estiver se sentindo melhor, volte e examine suas predições negativas – então poderá ter em mente que fez mudanças que nunca imaginou que pudesse fazer.

Questionando sua falta de esperança

- Perceba que a falta de esperança não é uma resposta realista à sua realidade – ela é um sintoma da sua depressão.
- Pergunte-se se existe alguma vantagem em se sentir sem esperança. Isso o está protegendo contra a decepção ou ajudando de alguma outra maneira?
- Por que você acha que as coisas não têm solução? Anote as suas razões e depois as examine.
- A sua falta de esperança é uma profecia autorrealizada? Veja se consegue cultivar um pouco de dúvida de que as coisas não tenham solução. Depois, imagine o que aconteceria se agisse como se elas tivessem.
- Pergunte-se o que precisaria mudar para que você se sentisse melhor. Talvez seja um objetivo possível de atingir.
- Quais objetivos *não* são sem esperança na sua vida? Foque neles e não naqueles que você não pode esperar alcançar.
- Perceba que nenhuma pessoa ou experiência específicas são necessárias para a sua felicidade.
- Pergunte-se se já se sentiu sem esperança antes. As coisas mudaram?
- Talvez você ache que os obstáculos que está enfrentando são grandes demais. Mas quais você já ultrapassou no passado?
- Existem técnicas e medicamentos que ainda não experimentou para combater sua depressão? Não é possível dizer que não existe esperança se você ainda não tentou *tudo*.
- Experimente um exercício de consciência plena. Você verá que não pode ter falta de esperança em relação ao momento presente – e que pode retornar ao momento presente a qualquer hora.

"Eu sou um perdedor": como lidar com a sua autocrítica 4

Tom estava desempregado há dois meses e vinha se sentindo deprimido desde então. Ele trabalhava em um banco e estava se saindo relativamente bem, mas o banco precisou fazer uma redução no quadro de funcionários devido a perdas ocorridas. Na verdade, cerca de 15% dos funcionários foram demitidos, mas Tom achava que tinha fracassado. "Afinal de contas, eles mantiveram 85% dos empregados", disse ele. "Como vou encarar meus amigos? Quer dizer, eles vão sentir pena de mim – e isso me torna patético."

Ele me disse que se sentava em seu apartamento sozinho, à noite, pensando ser um perdedor, que ninguém iria querê-lo e que havia fracassado em todas as áreas da sua vida. Abatido, sentindo-se inferior e um pária porque ninguém nunca se importaria com ele, Tom achava difícil seguir em frente. Embora fosse um homem jovem e de boa aparência, desde que ficou deprimido também não se sentia atraente.

Autocrítica e depressão

A autocrítica é a característica central da depressão para muitas pessoas. Ela assume a forma de autoacusação (*É tudo minha culpa*), rotulando-se (*Não posso acreditar no quanto sou estúpido*), odiando a si mesmo (*Às vezes não me suporto*), duvidando de si mesmo (*Não consigo tomar as decisões certas*) e ignorando os seus aspectos positivos (*Oh, qualquer um poderia fazer isso – não é difícil*). E quando você é autocrítico, o menor erro ou a mais leve imperfeição se torna um alvo para seu sentimento de inferioridade. Se derramar uma xícara de café, você é um imbecil.

O problema com a autocrítica é que ela está ligada a muitos outros sintomas da sua depressão. Por exemplo, sua ruminação pode se concentrar em pensamentos autocríticos sobre algo que fez de errado ou algo que está errado com você. Dê uma olhada na lista a seguir e veja se a autocrítica está fazendo alguma dessas conexões para você.

- *Ruminação:* Fico pensando repetidamente sobre como estraguei as coisas.
- *Comparações injustas:* Fico me comparando às pessoas que têm mais sucesso e não me sinto à sua altura.
- *Não consegue desfrutar das atividades:* Quando faço algo, não consigo me divertir porque estou pensando constantemente no quanto estou indo mal.
- *Indecisão:* Não consigo tomar decisões porque não tenho confiança em mim.
- *Medo de arrependimento:* Não consigo fazer mudanças na minha vida porque, se não derem certo, vou me arrepender.
- *Impotência:* É difícil fazer qualquer coisa porque eu simplesmente não acho que algo que faça vá mudar a situação.
- *Isolamento:* Tenho muita dificuldade em ficar perto das pessoas porque acho que não tenho nada a oferecer.
- *Medo de intimidade:* Tenho medo de me envolver em um relacionamento porque depois de realmente me conhecer, as pessoas irão me rejeitar.
- *Tristeza:* Estou triste e abatido porque não me sinto bem comigo mesmo.

No entanto, existe o outro lado da moeda: superar a sua autocrítica também pode afetar quase todos os outros sintomas da sua depressão. Se a derrotarmos, poderemos derrotar a falta de esperança, a indecisão, o isolamento e a ruminação, portanto, esse é um bom alvo para o qual apontar. Vamos começar.

Dando voz à sua crítica

Foi bem simples fazer Tom identificar os pensamentos negativos sobre si mesmo. "Me sinto um perdedor. Trabalhei duro para conseguir esse emprego e achava que estava me saindo bem, mas me cortaram. Aqui estou eu, aos 28 anos, sem emprego. Todas as outras pessoas que conheço estão tendo sucesso, mas olhe para mim. Sem emprego, sem nada."

Seus pensamentos negativos sobre si mesmo podem assumir muitas formas. Por exemplo, você pode se rotular como chato, estúpido, feio, inferior ou difícil de ser amado. Pode acabar criticando quase tudo o que faz: *Não posso acreditar no quanto sou estúpido. Aí vou eu de novo!*

Uma forma de reconhecer como a autocrítica afeta sua depressão é rastrear algum pensamento autocrítico que tem. Você pode pegar um pedaço de papel e simplesmente anotar exemplos dos seus pensamentos negativos

Capítulo 4 "Eu sou um perdedor": como lidar com a sua autocrítica 67

quando eles ocorrerem. Com isso, você poderá descobrir que se critica desde o momento em que se levanta pela manhã até quando vai para a cama à noite. Ou poderá descobrir que faz isso mais frequentemente em certas situações – por exemplo, quando conhece pessoas novas, quando está interagindo com alguém no trabalho, ou quando não faz algo da primeira vez. Uma mulher que rastreou os próprios pensamentos autocríticos decidiu chamar a atenção para eles dizendo, para cada pensamento negativo: "Aí vou eu de novo".

Definindo os seus termos

Antes de se condenar para sempre com a sua autocrítica, poderia ser útil definir o que você está realmente dizendo sobre si mesmo. O que quer dizer com "perdedor" ou "um fracasso"? Pedi que Tom me dissesse o que esses termos significavam para ele. Ele respondeu: "Um perdedor é alguém que nunca vence e que não consegue fazer nada direito. É o mesmo que ser um fracasso. Você não consegue ter sucesso em nada. Nada dá certo para você".

"Qual é o oposto de um perdedor?", perguntei.

"Alguém que consegue realmente fazer as coisas – fazê-las direito. Alguém que se sente confiante. Alguém diferente de mim."

"Certo, Tom. Você, na verdade, deu duas definições diferentes do *oposto* de um perdedor – a primeira definição foi de alguém que consegue fazer as coisas direito e a segunda foi de alguém que se sente confiante."

"Sim, é isso mesmo."

"É possível fazer algo certo, mas não se sentir confiante acerca de outras coisas?"

"Acho que sim."

"Se você baseia a sua autocrítica em não se sentir confiante, então está preso em um círculo vicioso. Você está dizendo a si mesmo: *Sou autocrítico porque não me sinto confiante, e não tenho confiança porque sou autocrítico.* É como se estivesse se criticando porque não tem confiança. Não parece que você, na verdade, está se criticando por se criticar?"

"Agora que você coloca dessa forma, eu acho que sim."

Assim, agora tínhamos as definições de Tom:

- *Perdedor* = Alguém que nunca vence e que não consegue fazer nada direito.
- *Fracasso* = Não consegue ter sucesso em nada. Nada dá certo.
- *Oposto de perdedor* = Alguém que consegue fazer algo e fazer direito.

Examinando as evidências

Decidi trazer Tom de volta à questão da confiança que mencionamos quando definimos seus termos. "Sabe, quando você baseia a sua autoestima em 'ser confiante', está usando uma distorção do pensamento que denominamos *raciocínio emocional*", expliquei. "É como dizer que me sinto mal porque me sinto mal. Não há saída. Você pode se sentir mal, mas ainda fazer algumas coisas que valem a pena. Isso não é possível?"

Tom concordou. "Mas como mudo a forma como me sinto?"

Respondi: "Bem, isso pode dar algum trabalho, mas a primeira coisa que devemos fazer é examinar se você está encarando os fatos. Quando os encaramos, podemos ver que você fez muitas coisas positivas, mas também é verdade que não está se dando o crédito por elas. Talvez possamos examinar por que isso é assim".

Decidimos examinar as evidências de que Tom era um perdedor. Ele trouxe o seguinte: "Estou deprimido, perdi meu emprego, não tenho muito dinheiro e não sou casado". Depois, examinamos as evidências de que ele não era um perdedor (que era "alguém que consegue fazer algo e faz direito"): "Eu entrei na universidade, me formei, tenho muitos amigos e, na verdade, fiz um bom trabalho no meu emprego, viajei, estudei, fiz trabalho espiritual e tenho uma aparência razoável".

Então, o que você acha das evidências de que Tom é um perdedor e um fracasso? Elas são convincentes? Você acha que ele conseguiria convencer um júri de que é um perdedor ou um fracasso? Quando está deprimido, você se concentra no exemplo de um aspecto negativo – "Eu perdi o meu emprego" –, mas não considera todos os aspectos positivos a seu respeito. Sua visão é tendenciosa e não considera o quanto as evidências são válidas. Por exemplo, você consideraria perdedores todos aqueles que perdem o emprego? Não existem muitas pessoas que perdem seus empregos por causa de alterações nas condições do mercado, de redução de pessoal e de mudanças de administração? Elas não encontram novos empregos? São perdedoras no intervalo entre os empregos e vencedoras quando conseguem novos empregos?

Para que a autocrítica é boa?

No capítulo anterior, vimos como a falta de esperança pode estar lhe ajudando e examinamos para que a depressão pode ser boa. Dessa forma, faz sentido perguntarmos se existem vantagens na autocrítica. O que você poderia estar ganhando ao se criticar?

Capítulo 4   "Eu sou um perdedor": como lidar com a sua autocrítica

Podemos pensar que, se nos criticarmos, isso ajudará a nos motivarmos, a não sermos preguiçosos e a nos esforçarmos mais. Perguntei a Tom que vantagem ele via em se criticar. Tentando me dar uma resposta que eu quisesse ouvir, ele disse: "Oh, eu sei. Isso é irracional. Não existe vantagem". "Sendo racionais ou não, geralmente achamos que nossas crenças vão nos ajudar de alguma maneira", eu disse. "O que você acha que esperaria ganhar por se criticar?"

"Eu acho que acredito que isso irá me motivar. Talvez eu consiga me assustar para que me esforce mais. Se me sentir suficientemente mal, talvez eu saia e consiga outro emprego."

"Então você acha que a autocrítica é uma boa maneira de desenvolver motivação?"

"Sei que isso parece loucura, mas sim, às vezes."

"Você consegue imaginar um livro de autoajuda com o título *Dez coisas para odiar em você para que se torne um sucesso*?"

Tom riu. "Não, mas você provavelmente poderia se dar bem na televisão no fim de noite com isso."

"Ou que tal um livro motivacional intitulado *Como achar que eu era um perdedor me ajudou a vencer*?"

"Certo, certo. Já entendi."

"O que você entendeu?"

"A questão é que não existe uma vantagem real em me criticar."

Mas você pode pensar que existe. Pode achar que a sua autocrítica acenderá um fogo abaixo de você e o levará para o alto. Às vezes, uma crítica pode motivá-lo a se esforçar mais – alguns treinadores no esporte pensam assim. Porém, a menos que você ache que tem condições de vencer no Superbowl (e como você já está deprimido mesmo), a autocrítica só vai derrubá-lo. Em vez de se transformar no treinador crítico que está sempre gritando, você pode tentar se tornar o seu melhor líder de torcida.

Ou pode pensar que está simplesmente sendo realista: "Mas eu de fato *sou* um perdedor". No entanto, verificar todos os fatos, pesar os prós e os contras, perguntar-se sobre o conselho que você daria a um amigo com problema semelhante não são formas de ser irrealista. Você precisa olhar para *todos* os fatos, não simplesmente para os negativos. Na verdade, pode até mesmo concluir que a sua autocrítica é irrealista.

Ou pode ter medo de que, se não mantiver a crítica, vai baixar a guarda, se tornar autoconfiante demais e se transformar em um tolo ainda maior. Essas crenças sobre a autocrítica podem mantê-lo deprimido. Se elas estivessem funcionando tão bem, você estaria se sentindo ótimo, não é? Se a sua crítica é tão útil, então por que se sente tão mal?

Estabelecendo os seus padrões

O fato é que existe um fundo de verdade nessas crenças. Você não quer se tornar tão complacente que simplesmente respirar se torne o seu padrão de excelência. Mas qual seria um padrão razoável para você? Aqui estão alguns critérios a considerar.

Estabeleça metas exequíveis

Quando estabelece um padrão para si, as metas devem ser coisas que você pode alcançar diariamente. Você vai querer ter oportunidades de sucesso todos os dias. Por exemplo, quando eu tiver um prazo pesando sobre a minha cabeça, vou dizer a mim mesmo: *Escreva um pouco por uma hora*. Essa é uma meta que eu geralmente posso alcançar. Eu não digo: *Escreva um livro hoje*. Isso não é realista.

Substitua a autocrítica pela autogratificação

Quando você está se sentindo bem, não é difícil dizer coisas positivas a si mesmo, como *Esse foi um bom trabalho* ou *Estou feliz por ter me esforçado*. Quando está deprimido, porém, esse comportamento autogratificador pode cair por terra, deixando espaço somente para seu pensamento autocrítico. Portanto, ao atingir o seu objetivo do dia – ou do momento –, faça questão de dizer algo positivo a si mesmo. Faça uma lista mental de declarações autogratificadoras de que pode lançar mão a qualquer momento quando precisar delas. Aqui estão alguns bons exemplos: *Que bom para mim. Eu tentei. Estou fazendo progresso. Fiz alguma coisa. Eu estou avançando em direção aos meus objetivos, estou me saindo melhor do que antes. Eu me esforcei muito, e isso é bom.* Um dos meus pacientes se imaginava dando os parabéns a si mesmo, outro se imaginava defendendo uma bola na linha do gol e outro se imaginava se inclinando diante de uma plateia calorosa.

Você também pode criar algumas autogratificações concretas. Por exemplo, diga a si mesmo: *Se eu terminar de escrever estas cartas, vou dar um passeio*. Liste algumas atividades de que realmente goste e transforme-as em recompensas por fazer coisas que são menos divertidas.

Use a autocorreção

Tom queria acabar com sua autocrítica severa, mas sabia que não iria funcionar se, em vez disso, simplesmente tentasse dizer a si mesmo que tudo o que fazia era maravilhoso. Imagine-se sentado em frente a um espelho dizendo a si mesmo que tudo está ótimo, que você é o melhor no mundo e que ninguém pode detê-lo. Você até pode se sentir melhor por alguns minutos, mas não vai acreditar em uma palavra do seu discurso animador a menos que ele realmente esteja baseado em fatos. Você não consegue se iludir.

Portanto, decidimos experimentar uma alternativa – a autocorreção. Isso significa apenas ser honesto quanto aos seus erros. Por exemplo, Tom percebeu que estava cometendo um erro ao pensar que um emprego em um banco duraria para sempre. Em vez de isolar-se, ficando em seu apartamento coberto de vergonha e ruminando por "ser um fracasso", ele poderia ser proativo e planejar como desenvolver uma rede para procurar outro emprego. Discutimos sobre algumas pessoas que ele poderia contatar para fazê-las saber que estava no mercado de trabalho. Poderia submeter seu nome a alguns recrutadores, poderia ligar para os amigos, almoçar, conversar sobre as perspectivas, poderia trabalhar para corrigir a passividade e o isolamento que a sua autocrítica estava alimentando.

Como outro exemplo, tomemos Sally, que estava passando por uma separação. Quando ela examinou o que deu errado, duas coisas lhe ocorreram – que ele não era realmente o homem certo para ela e que ela se queixava muito. Em vez de rotular-se como um fracasso, sugeri que aprendesse com seus erros e se perguntasse como poderia fazer uma escolha melhor no futuro. Sally se deu conta de que o homem com quem havia rompido tinha problemas com compromisso e com raiva e que tinha dificuldades em lidar com as emoções dela. Essas eram informações que ela poderia usar na próxima vez.

Sally também pôde aprender que a queixa contínua pode ser um problema – e, em vez de julgar-se severamente por isso, poderia explorar algumas alternativas. Discutimos sobre afirmação razoável ("Dizer o que faz você se sentir melhor e recompensar a outra pessoa quando ela faz isso"), solução de problemas mútuos em um relacionamento ("Apresentar um problema como algo que vocês dois podem resolver – e depois gerar possíveis soluções juntos") e saber quando desistir ("Às vezes é melhor aceitar uma perda do que persistir em encontrar uma solução").

Aí está por que a autocorreção funciona melhor do que a autocrítica. Quando está aprendendo a jogar tênis, seu instrutor vai corrigir o seu movimento e mostrar como você deve bater na bola corretamente. Mas como seria se ele batesse na sua cabeça com a raquete e o chamasse de idiota? Você aprenderia a jogar tênis bem?

Em vez de criticar-se, pergunte-se o seguinte:

- Existe uma maneira melhor de fazer isso?
- O que eu posso aprender?
- Quem faz isso melhor – e como eu posso aprender?

Use a técnica dos dois pesos e duas medidas

Procure se ouvir e se imagine sendo crítico assim com os outros. Você seria tão duro com eles como é consigo mesmo?

A técnica dos dois pesos e duas medidas pede que você aplique aos outros os mesmos padrões de exigência que aplicaria a si mesmo ou que seja tão condescendente consigo quanto seria com os outros. Essa é uma das minhas técnicas favoritas porque realmente pede que você seja justo consigo mesmo. Gosto de usar dramatizações com os meus pacientes para que eles possam ouvir como soa o que dizem.

"Tom, quero que você faça de conta que sou um amigo seu que perdeu o emprego e quero que você seja o mais crítico que puder comigo – me chame de perdedor, de fracassado e de todas as coisas terríveis que chama a si mesmo. Eu gostaria que você escutasse como isso soa. Vou ficar no papel da pessoa que está sendo criticada. Então me acompanhe. Vamos começar comigo dizendo: 'Tom, acabei de perder o emprego'."

TOM, *cético*: Está bem, você deve ter feito algo errado para perder seu emprego.

BOB: Como o quê?

TOM: Oh, você não era tão inteligente quanto as outras pessoas lá. O chefe não gostava de você.

BOB: Parece que você está sendo muito crítico comigo.

TOM: Sim. Você não consegue fazer nada direito. É um perdedor.

BOB: Eu realmente me sinto muito mal em ouvir isso. Estava contando com o seu apoio.

TOM: Como eu posso apoiá-lo? Você não consegue fazer nada direito.

Saindo um pouco do meu papel, perguntei: "Como você se sentiria dizendo a alguém que ele é um perdedor porque perdeu o emprego?"

Capítulo 4   "Eu sou um perdedor": como lidar com a sua autocrítica   73

"Eu não consigo me imaginar dizendo isso para alguém", respondeu Tom. "É tão cruel."
"Mas não é assim que você é consigo mesmo todos os dias?", questionei. Qual é a sua justificativa para ser mais gentil com os outros do que consigo mesmo? Você pode achar que ser duro consigo irá motivá-lo, porém, muito provavelmente, isso irá paralisá-lo e deprimi-lo. Você pode achar que é "superior" a outras pessoas – como um homem disse: "Não me comparo com a média; eu me comparo com os melhores". Mas esse é um grande problema porque agora você acha que só pode ser gentil consigo mesmo se ganhar uma medalha de ouro. Por que você *tem de ser o melhor*? Muitas das exigências que fazemos a nós mesmos provêm desse tipo de perfeccionismo. Qual é a consequência por exigir de si mais do que exige dos outros? Isso o deixa infeliz?
E se você decidisse ser tão condescendente consigo quanto é com os outros? "Eu conheço uma série de pessoas que foram demitidas", disse Tom. "É difícil para elas e precisam de todo o apoio possível dos seus amigos. A última coisa que eu faria seria criticá-las." Então, e se Tom decidisse ser o seu melhor amigo dessa vez? O que diria a si mesmo? Ele percebeu que se sentiria muito melhor consigo mesmo e quanto à sua vida.

Avalie a sua avaliação

Até onde temos conhecimento, nós, humanos, somos os únicos animais que "se distanciam" e avaliam a si mesmos – para tentarmos compreender como nos comparamos. Os camundongos não ficam por aí se comparando com outros camundongos, mas nós frequentemente nos avaliamos fazendo comparações com outras pessoas – e, se somos propensos à depressão, nos comparamos com pessoas que têm mais sucesso do que nós e nos avaliamos usando padrões de perfeição impossíveis.
Mas por que temos de nos avaliar?
Imaginemos que eu esteja, neste momento, completamente envolvido na experiência de observar uma borboleta. Eu aprecio a beleza das suas asas multicoloridas, estou admirando a sua delicadeza e adoro observá-la pairar acima dos lírios. Estou vivendo a experiência da borboleta no momento presente e estou fora da minha cabeça e dentro da borboleta. No momento presente, não estou me avaliando nem estou comparando a borboleta a todas as outras borboletas. Estou observando, deixando acontecer, apreciando, neste momento. Eu me sinto ótimo.
Imagine que estou sentado na minha cadeira e decido experimentar a respiração atenta. Nesse exercício, eu simplesmente observo minha respi-

ração – inspirando e expirando. Sinto o fluxo do ar entrando no meu peito e depois saindo. Mas logo começo a me perceber avaliando como estou fazendo isso: Estou respirando muito rápido? Estou fazendo isso direito? Essa autoavaliação não tem fim.

Então eu posso tentar o exercício respiratório novamente e ficar alerta a pensamentos que possam interferir em simplesmente respirar e observar. Quando noto que está aparecendo o pensamento de avaliação, posso observá-lo e decidir que vou deixá-lo ir. Posso formar uma imagem desse pensamento como uma corrente de ar flutuando e se afastando. Posso retornar e posso deixá-lo ir novamente. O fluxo de pensamentos vem e vai. Quando surge outro pensamento, ele flutua na onda de ar que entra e sai juntamente com o ar. Não preciso responder a esses pensamentos, apenas observá-los irem e virem. Estou me sentindo mais relaxado enquanto meus pensamentos de avaliação vêm e vão. Eles também irão passar.

Tom estava se avaliando constantemente. Tinha pensamentos de avaliação no minuto em que acordava – *Provavelmente hoje vou estragar tudo de novo*. Mesmo a sugestão de que poderia observar seus pensamentos de avaliação se tornou uma ocasião para se avaliar – *Não tenho certeza se vou fazer isso da maneira correta* e *Sou tão atrapalhado que provavelmente vou ficar me avaliando o tempo todo*.

Procure observar como você se avalia. Não se preocupe sobre o quanto faz isso bem. Apenas tome conhecimento da frequência com que se envolve na autoavaliação.

Agora vejamos o que você pode fazer com os pensamentos que identifica.

Observando e aceitando

Se você sair à rua e olhar para o céu, poderá observar algumas nuvens flutuando suave e lentamente a distância. Recue e observe-as. Note as suas formas e movimentos. Observe como elas flutuam em diferentes velocidades, dependendo do vento. Algumas são mais escuras, algumas mais leves, algumas maiores. Imagine que você está tentando pintar as nuvens, portanto está tentando observar, neste momento, as várias tonalidades de branco e cinza.

Agora imagine que faz parte das nuvens, é mais leve que o ar. Você se transformou em uma nuvem neste momento e está flutuando junto com as outras nuvens. Você se vê, uma nuvem acima da Terra. Está flutuando com as nuvens, suave e lentamente, atravessando a atmosfera para se tornar parte da massa de nuvens que vai e vem ao longo do dia.

Capítulo 4   "Eu sou um perdedor": como lidar com a sua autocrítica

Você pode fechar os olhos por alguns minutos em silêncio e imaginar a flutuação das nuvens, a Terra e o ir e vir dessa experiência.

Você acabou de praticar a consciência atenta, simplesmente estando presente com as nuvens e o momento. Não teve de avaliar a si mesmo ou as nuvens, nem teve de controlar nada. Simplesmente observou as coisas como elas eram no momento – e as aceitou.

Você pode fazer isso todos os dias, sempre que notar que está se avaliando. Digamos que está andando e começa a pensar: *Eu não me sinto muito atraente*. Você observa que sua mente está agora se voltando para sua aparência e para como as outras pessoas podem vê-lo. Está novamente se avaliando.

Você pode, então, passar para a observação e a aceitação.

O que vai observar e aceitar?

Pode começar simplesmente observando que tem um pensamento negativo. Ele está lá neste momento. Em vez de tentar se livrar desse pensamento – ou ficar irritado com ele –, você pode dizer: "Aí está você de novo". Pode acolher o pensamento e convidá-lo para vir junto para uma caminhada.

Imaginemos que esse pensamento negativo vem com você.

Enquanto caminham juntos, com o pensamento negativo tagarelando e o criticando, você pode decidir aceitar que ele está lá e até mesmo convidá-lo a se unir a você na observação. Pode dizer: "Vamos dar uma olhada no que está à nossa frente nesta caminhada". Você observa, enquanto caminha, que há uma mãe empurrando um carrinho de bebê. A criança está envolvida por uma roupa azul clara. A mãe lhe sorri enquanto você olha para o bebê. Ela parece feliz.

Seu pensamento negativo ainda pode estar lá, mas você está caminhando no momento presente, observando e aceitando a realidade à sua frente.

Talvez você ache que não está na sua melhor forma, talvez pense que não está fazendo o melhor trabalho em seu emprego e talvez tenha certeza de que a sua vida poderia ser melhor. Em vez de se criticar porque as coisas não estão como gostaria que estivessem, você pode apenas observar que é assim que elas são neste momento. *As coisas não são como poderiam ser. Elas poderiam ser melhores.* Mas você reconhece que agora tem uma escolha. *Eu posso me criticar ou observar e aceitar as coisas como elas são.*

Se você se aceitar como é, acabará conseguindo se voltar a uma nova direção. Mas caso se critique e se odeie, estará parando no meio do caminho. Em vez de se comparar com algum padrão, diga a si mesmo: *Sou quem eu sou.*

Um novo livro de regras

Muitos de nós temos certas regras sobre como *deveríamos ser e como deveríamos pensar*. Esse livro de regras pode nos deixar preocupados, arrependidos, autocríticos, ansiosos e deprimidos. Ele pode incluir algumas das atitudes mal-adaptativas que você endossou na Escala de Atitudes Disfuncionais no Capítulo 2. Veja se o livro de regras mal-adaptativas apresentado a seguir parece ser o que você está seguindo.

Tom tinha várias dessas regras em sua cabeça, e isso alimentava a sua autocrítica. Ele as seguia com diligência, o que garantia que permanecesse deprimido. Mas e se você substituísse essas regras autocríticas por regras autoafirmadoras – regras que lhe permitissem se sentir melhor consigo mesmo? E se tivesse novas regras que lhe permitissem ser humano, aprender com a experiência, crescer a partir dos seus erros e dos reveses, sentir autocompaixão e viver uma vida de imperfeição bem-sucedida? E se tivesse um livro de regras que estivesse baseado não em se punir, mas em se amar? Como seriam essas novas regras? Vamos dar uma olhada:

- Se cometo um erro, me dou conta de que é porque sou humano.
- Posso aprender com os erros.
- Eu deveria me tratar tão bem quanto trato os outros.
- Eu deveria me dar crédito por tudo de positivo que faço.

Se seguisse essas novas regras, o que acha que poderia mudar para você? Reserve um tempo para pensar sobre quais regras está usando e qual o efeito delas sobre você.

QUADRO 4.1 Livro de regras mal-adaptativas

- Devo ter sucesso em tudo o que experimento.
- Se não tenho sucesso, sou um fracasso.
- Se falho, não tenho valor (não sou digno de ser amado; a vida não vale a pena ser vivida).
- O fracasso é intolerável e inaceitável.
- Devo receber a aprovação de todos.
- Se não sou aprovado, não sou digno de ser amado (feio, sem valor, sem esperança, sozinho).

- Devo ter certeza antes de tentar algo.
- Se eu não tiver certeza, o resultado será negativo.
- Nunca devo ser ansioso (deprimido, egoísta, confuso, inseguro, infeliz com o meu parceiro).
- Devo sempre estar atento a qualquer sinal de ansiedade.
- Se eu baixar a guarda, algo ruim acontecerá.
- Se eu cometer um erro, devo me criticar.
- Devo me manter nos mais altos padrões o tempo todo.
- Não devo me enaltecer a não ser que eu seja perfeito.
- Devo examinar os meus erros para que possa evitar repeti-los.
- Se as pessoas perceberem que estou ansioso, irão me menosprezar (rejeitar, humilhar).
- A minha vida sexual (sentimentos, comportamentos, relacionamentos, etc.) deve ser maravilhosa e fácil em todos os momentos.

O quanto seu pensamento é distorcido?

Em terapia cognitiva, pedimos que os pacientes anotem seus pensamentos negativos e vejam se existe um padrão na forma como veem a si mesmos e às suas vidas. Chamamos essas distorções do pensamento de "pensamentos negativos automáticos" porque estão associados a sentir-se deprimido ou ansioso, e ficam aparecendo na sua mente sem o seu controle. Eles se enquadram em diversas categorias, as quais examinamos no Capítulo 2. Aquelas que se vinculam mais diretamente à sua autocrítica são: desvalorizar os aspectos positivos (sua tendência a achar que as coisas boas não contam), filtrar o negativo (você foca em um aspecto negativo e não vê os positivos), pensamento do tipo tudo-ou-nada (você está em 0 ou 100%, não entre ambos), rotular (você se rotula baseado em informações limitadas) e supergeneralizar (você toma um incidente e o extrapola para a sua vida inteira).

Às vezes, é claro, seus pensamentos negativos podem ser verdadeiros – por exemplo, você pode pensar: *Ela não gosta de mim*, e de fato ela pode não gostar. Mas, se estiver constantemente distorcendo a sua visão da vida, poderá dar alguns passos para mudar o seu pensamento.

Qual é a sua crença central sobre si mesmo?

Cada um de nós tem uma crença central sobre si mesmo. Quando você está deprimido, ela é excessivamente negativa. Essa crença pode ser de que você não é atraente, é chato, incompetente, indefeso, ou não merecedor de ser amado, ou que tem algum outro traço indesejável. Sua crença central é como uma lente embaçada através da qual você vê o mundo, e ela o leva a usar distorções de pensamento específicas que apoiam a sua perspectiva negativa.

Além da sua crença central e das distorções do seu pensamento negativo, você também tem um conjunto de regras exigentes e negativas para si mesmo, as quais discutimos no livro de regras mal-adaptativas. Suas crenças centrais negativas, distorções do pensamento e regras mal-adaptativas trabalham em conjunto para apoiar e reforçar sua perspectiva negativa sobre si mesmo. Por exemplo, se sua crença é a de que é incompetente, você pode acabar pensando que estraga tudo e que tudo o que faz de positivo é trivial. É ainda mais provável que pense dessa forma se estiver seguindo regras que requerem perfeição e autopunição.

Examine a Figura 4.1 e observe a relação entre as suas crenças centrais, os pensamentos negativos distorcidos e as regras mal-adaptativas. De imediato fica claro como sua depressão é reforçada por seu sistema de crenças e como ela o reforça – um círculo vicioso, de fato. Do mesmo modo, podemos quebrar esse círculo vicioso modificando suas crenças em todos os níveis – mas o nível mais importante é o das crenças centrais. Eis por quê. Imaginemos que você, na verdade, acredite ser competente e desejável. Essa crença central irá direcioná-lo a pensar de forma mais positiva e realista. Portanto, quando comete um erro, em vez de pensar *Eu não consigo fazer nada direito*, sua crença central de que é competente permite que você tenha um ponto de vista mais positivo de si mesmo, o que se traduz em pensamentos mais positivos e realistas para substituir as distorções negativas. Em consequência, você pode acumular mais força pessoal pensando: *Mesmo que eu não tenha me saído bem nessa única coisa, há muitas outras que faço bem. Afinal de contas, sou basicamente competente*. Ou pensa: *A separação foi inteiramente minha culpa*, mas então apela para a sua autoimagem positiva e percebe que tem muita coisa a seu favor. Você é merecedor de ser amado e tem amigos. Além disso, são necessárias duas pessoas para que haja um rompimento. E, afinal de contas, em longo prazo você poderá estar melhor que agora.

Capítulo 4 "Eu sou um perdedor": como lidar com a sua autocrítica

Distorções do Pensamento
Desvalorizar os aspectos positivos: Qualquer um pode fazer isso.
Pensamento do tipo tudo-ou-nada: Eu não consigo fazer nada direito.
Filtro negativo: Olhe como eu fiz isso mal.
Rotular: Só um perdedor se sai tão mal quanto eu.
Supergeneralizar: Sempre estou estragando tudo.

Crenças Centrais
Sou um perdedor.
Sou inferior.

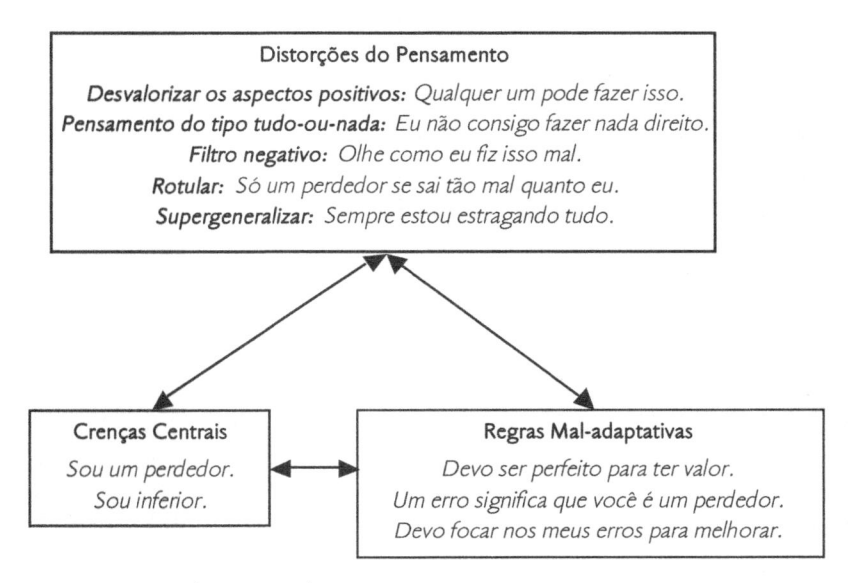

Regras Mal-adaptativas
Devo ser perfeito para ter valor.
Um erro significa que você é um perdedor.
Devo focar nos meus erros para melhorar.

FIGURA 4.1 O círculo vicioso do pensamento negativo.

Então você poderia dizer: "Mas esse é exatamente o problema. Minha crença central sobre mim mesmo é a de que sou um perdedor. Como mudo isso?". Uma forma de mudar sua crença central é fazer um experimento mental. Simplesmente assuma – para fins de experimento – que você *é* uma pessoa de valor e competente. Depois imagine como alguém com essa crença central positiva responderia. Desse modo, você pode experimentar uma "mente" diferente. Experimente ser positivo consigo mesmo. Você pode se surpreender ao constatar que pode mudar seus pensamentos negativos distorcidos, suas crenças e suas regras ao longo do caminho.

Olhe para você ao longo de um *continuum*

Quando nos criticamos, geralmente estamos usando os padrões mais altos para nos julgar. Achamos que, a menos que sejamos perfeitos, somos perdedores. Lembro-me de quando tinha 9 anos de idade e minha professora ficou brava comigo porque não me saí 100% bem em um teste. "Você pode se sair melhor!", ela disse. Embora tenha me sentido intimidado, eu disse: "Estou tentando fazer o melhor que posso", e ela me deu um tapa no rosto.

Ainda posso recordar do meu choque com isso – uma criança apanhando por não ser perfeita.

Imagine se você fizesse isso consigo mesmo – se toda vez que fizesse menos do que o perfeito desse um tapa no próprio rosto. Imagine como se sentiria terrível. Se a perfeição é uma das exigências no seu livro de regras, você *está* se punindo de forma muito parecida.

Eu tive sorte aos 9 anos. Não me critiquei porque minha mãe foi suficientemente forte para ir até a escola e, então, a professora foi demitida. Não tive chance de transformar a experiência dolorosa em uma autocrítica ou uma crença central negativa sobre mim porque a ação da minha mãe mostrou-me que a professora estava errada, e não eu. Talvez você possa retirar da sua cabeça a crítica que fica lhe exigindo a perfeição.

Não preciso ser perfeito para ser suficientemente bom. Uma alternativa útil é pensar em si mesmo ao longo de um *continuum* que vai de 0 a 100. Agora, nenhum de nós está em 100, e ninguém que está em 0 poderia ler este livro. Você está em algum ponto entre esses parâmetros. Colocando-se nessa escala em termos de realizações, saúde, aparência, personalidade, valores, cordialidade ou aceitação dos outros – e considerando uma pessoa média como 50 –, onde você estaria localizado?

Consideremos Tom. Aqui está como ele se comparou a uma pessoa média: realizações (85), saúde (75), aparência (80), valores (90), cordialidade (90), aceitação dos outros (95). Antes que começássemos a desconstruir a sua visão negativa de si, Tom estava pensando: *Sou um completo perdedor*. Isso o colocaria próximo a 0, mas, quando separamos isso nas várias qualidades que ele tem, Tom está no alto, entre os 20% superiores.

Não interprete as coisas de forma pessoal

Todos tendemos a pensar em nós mesmos como o centro do universo. Portanto, quando você se critica, pensa: *Eu fiz isso* e *Foi minha culpa*. É como se o resultado dependesse inteiramente de você fazer ou falhar ao fazer alguma coisa. Tom é um bom exemplo disso – achando que a perda do emprego dependeu completamente dele. É como se o banco estivesse reduzindo o quadro de funcionários porque ele tinha falhado. Na verdade, não "dependeu" de Tom absolutamente, porque a redução de funcionários foi resultado de muitos outros fatores que não o envolviam.

O mesmo pode ser dito sobre rompimentos em relacionamentos. Você pode se culpar: *Se eu fosse mais desejável, nós ainda estaríamos juntos*, mas essa pode não ser a verdadeira razão. Pode haver inúmeras razões para que o relacionamento tenha terminado. Pode ser que o seu ex-parceiro tenha um conjunto de valores diferentes, ou que tenha tido uma infância que o levou a ter certas preferências, ou que o momento não seja o melhor, ou que, na verdade, ele esteja lhe fazendo um favor. Pode ser que vocês dois sejam incompatíveis – e não seria melhor saber disso agora do que mais tarde?

Humanize seus erros

Foi o grande poeta inglês Alexander Pope quem disse: "Errar é humano, perdoar é divino".

Imagine se você aplicasse isso a si mesmo.

Todos nós cometemos erros e continuaremos a cometê-los no futuro. Cometemos erros porque não somos deuses, somos humanos. Ainda estamos aprendendo. Mas quando você se critica por cometer erros, está agindo como se devesse ser maior e melhor do que todo o resto de nós. Está dizendo que você, dentre bilhões do resto de nós, nunca deve cometer um erro.

Quem você pensa que é?

Se todos nós cometemos erros, então você deveria se juntar a nós e cometer alguns erros também.

Use uma curva de aprendizagem

Às vezes falhamos. Às vezes tomamos a decisão errada, fazemos algo que é realmente estúpido, ou dizemos algo que a outra pessoa considera inadequada. Sei que cometi erros – e suspeito que você tenha cometido erros similares –, mas o que você faz com essa informação? Parece que pensamos que cometer um erro é uma completa perda de tempo, porém, cada vez que fazemos isso, aprendemos algo. Aprendemos o que não dá certo.

Henry Petroski é professor de engenharia e história na Duke University, na Carolina do Norte (Estados Unidos). Seu livro *Success through Failure: The Paradox of Design* (*O sucesso através do fracasso: o paradoxo do projeto*) é uma história e um exame fascinante da "análise da falha proativa" (como esse projeto vai falhar?) e sobre como a falha no projeto prepara o caminho para a inovação. Em 2000, uma ampla análise de falhas nos cuidados médicos levou à publicação de *To Err Is Human: Building a Safer Health System* (*Errar é humano: montando um sistema de saúde mais seguro*).[1] Essa avaliação honesta e detalhada foi muito útil na redução de erros e infecções no tratamento hospitalar nos Estados Unidos.

Vou lhe dar um exemplo de minha própria experiência. Anos atrás, quando comecei a trabalhar com terapia cognitiva, notei que alguns dos meus pacientes simplesmente não respondiam bem – alguns até ficavam irritados. Eu ficava frustrado e me perguntava: *O que há de errado com eles?*

ou *O que há de errado comigo?*. Obviamente, culpá-los ou me culpar apenas piorou as coisas. Então me ocorreu que talvez eu estivesse atrelado às minhas técnicas – talvez eu pudesse aprender com meus pacientes. Então me interessei em como a resistência deles à mudança realmente fazia sentido. Comecei a fazer anotações, a escrever alguns trabalhos, a dar algumas palestras. Por fim, escrevi um livro sobre o tema: *Superando a resistência em terapia cognitiva*. Dediquei o livro aos meus pacientes, pois eles me ensinaram o valor de aprender sobre as áreas onde eu havia falhado.

Imaginemos que você pensou nos erros como informações e oportunidades. Os erros são informações porque lhe dizem que algo não funciona, e é importante saber isso. Por exemplo, envolver-se com alguém que não quer o mesmo que você é um erro, e é ótimo aprender com isso. Ou não estudar para um exame e tirar uma nota baixa – bem, esse é um erro. Aprenda com isso. Estude da próxima vez. A questão real não é se você está cometendo erros; é se você aprende com eles.

E os erros são oportunidades. Eles lhe dizem quando renunciar a uma causa perdida. Por exemplo, renunciar a beber em excesso, renunciar a estar com alguém que não lhe apoia e renunciar a bater sua cabeça contra a parede. Os erros criam oportunidades porque o ajudam a fechar uma porta – a porta errada – para abrir novas portas para novos objetivos e novo comportamento.

A Tabela 4.1 mostra algumas distorções comuns do pensamento autocrítico e exemplos de pensamentos mais realistas para colocar sua crítica interna em seu lugar.

TABELA 4.1 Corrigindo a crítica	
Pensamento distorcido	**Pensamento mais realista**
Ignorando seus aspectos positivos: Qualquer um pode fazer isso.	Mesmo? Mas nem todos estão fazendo as coisas positivas que você consegue fazer. Se você conta os aspectos negativos, também deve contar os positivos. Isso não é justo? Você não daria a outa pessoa o crédito por seus aspectos positivos?
Pensamento do tipo tudo-ou-nada: Eu não consigo fazer nada direito.	Nada? É claro que você fez muitas coisas direito. Você não deve ser perfeito para se dar crédito pelos seus aspectos positivos.

Filtro negativo: Olhe como eu me saí mal nisso.	Talvez você não tenha obtido sucesso especificamente nisso, mas você realmente fez algumas coisas direito e aprendeu algo.
Rotular: Só um perdedor se sai tão mal quanto me saí.	Todos cometemos erros, o que significa – segundo o seu modo de pensar – que somos todos perdedores. Pessoas muito inteligentes, de sucesso e com méritos, cometem muitos erros. Pergunte sobre as pessoas de sucesso que você admira, e aposto que vai descobrir que elas cometeram erros. A diferença é que elas aprendem com seus erros, enquanto você está ocupado se criticando.
Supergeneralização: Sempre estou estragando tudo.	Mais uma vez, você está indo muito além da verdade. Você pode ou não ter cometido um erro aqui, isso, porém, dificilmente vai significar que está sempre estragando tudo. Você nunca fez nada de positivo? O que o seu melhor amigo diria em sua defesa?

Conclusão

Muitas pessoas deprimidas ficam aprisionadas em um círculo vicioso de autocrítica. Na verdade, algumas primeiro se criticam por serem deprimidas e depois se sentem deprimidas porque se criticaram.

Neste capítulo, examinamos inúmeras técnicas que você pode começar a utilizar hoje para reverter sua autocrítica. Boa parte do seu pensamento autocrítico está baseada no pensamento negativo distorcido que tem sobre si. Não quero dizer com isso que você deve dizer a si mesmo que tudo o que faz é fantástico. Você sabe que isso seria um absurdo. Mas é provável que esteja olhando para poucos aspectos negativos (se houver algum) e ampliando-os até serem a única coisa que vê.

Você pode começar colocando-se em perspectiva, pesando os aspectos positivos e negativos, dando-se crédito pelas coisas que faz e pensando em si como pensaria em um amigo. Você provavelmente é muito mais benevolente com um total estranho do que é consigo mesmo. Para variar, se coloque ao seu lado e veja se consegue se sentir melhor. Experimente ter uma visão compassiva dos seus erros.

Desafiando a sua autocrítica

- Identifique seus pensamentos negativos. Por exemplo, sua autocrítica está vinculada à ruminação ou à indecisão?
- Defina seus termos. Se você está se dizendo que é um fracasso, o que, na sua opinião, constitui um "fracasso"?
- Examine as evidências. Sua autocrítica está baseada em fatos?
- Pergunte-se qual é a vantagem de se criticar. O que você espera ganhar?
- Estabeleça objetivos que você possa alcançar. Em vez de ambicionar escrever um livro hoje, planeje escrever durante uma hora.
- Presenteie-se quanto atingir um objetivo.
- Em vez de se criticar, corrija seus erros.
- Use a técnica de dois pesos, duas medidas. Você seria tão severo com outra pessoa como é consigo mesmo?
- Observe-se avaliando a si mesmo. Você realmente precisa fazer isso?
- Substitua a avaliação pela observação e a aceitação.
- Muitos temos regras sobre como deveríamos pensar e ser. Você tem um livro de regras autocrítico?
- Como é o seu pensamento distorcido? Você está rotulando ou supergeneralizando? Como poderia combater esses pensamentos automáticos?
- Qual a sua crença central acerca de si mesmo? Imagine que ela fosse diferente. Como o seu pensamento mudaria?
- Olhe para você ao longo de um *continuum*. Você não precisa ser perfeito para ser suficientemente bom.
- Não interprete as coisas de forma pessoal. A maioria delas não depende inteiramente de você.
- Humanize seus erros. Todos cometemos erros, inclusive você.
- Utilize uma curva de aprendizagem. Veja os erros como informação e oportunidades.

"Não suporto cometer erros": como sentir-se "suficientemente bom" 5

Allen estava tendo muitas dificuldades em realizar as tarefas no trabalho. Ele sentia medo de cometer um erro e depois se arrepender. "Ou passo uma quantidade incrível de tempo trabalhando em algo para fazê-lo satisfatoriamente", disse-me ele, "ou o evito completamente. Não existe um meio-termo". Trabalhando para uma empresa de *marketing*, Allen redigia relatórios regularmente, e seu medo de cometer erros o levava a procurar todos os ângulos antes de concluir um relatório, pedindo conselhos e reasseguramentos a todos os colegas. Em vez de passar oito horas no trabalho, ele ficava no escritório até tarde da noite e depois levava mais trabalho para casa, o que ocupava as suas noites e fins de semana. Quando não estava absorvido em tentar fazer as tarefas corretamente, estava se preocupando se havia cometido algum erro em um relatório e se isso voltaria para assombrá-lo.

Allen vivia em pavor constante. Pressionava-se para dizer a coisa certa, escrever a coisa certa e sempre parecer estar "por cima". Ironicamente, esse desejo de fazer tudo certo fazia com que parecesse inseguro para seus colegas. Ele dizia a Lisa, sua colega: "Não estou certo se abrangi tudo neste relatório. Você acha que eu deveria revisar esses números de novo? E se a chefe não gostar? Você acha que ela está de mau-humor hoje?". Lisa se afastava, perguntando-se por que Allen era tão inseguro, e pensava: *Talvez ele esteja certo. Talvez não esteja fazendo um trabalho suficientemente bom.*

Allen acreditava, equivocadamente, que agir como perfeccionista era um sinal de seu mérito e de sua seriedade profissional – não de sua insegurança. Mas a sua busca constante de confirmação se tornou desagradável para seus colegas. "Quantas vezes preciso lhe dizer que isso vai ficar bom? Pare de me enlouquecer com essas perguntas constantes", Lisa finalmente lhe disse. "Tenho o meu próprio trabalho para me preocupar."

Perfeccionismo e depressão

Quando você está deprimido, personaliza os erros; pensa que, se cometeu um erro, a culpa é inteiramente sua – mais ninguém deve ser culpado. Você acha que deveria conhecer o futuro antes de ele acontecer e acha que um erro não é uma inconveniência ou um obstáculo no caminho, é uma catástrofe. Quando comete um erro, você se rotula nos termos mais severos: *Sou um idiota. Sou burro. Não consigo fazer nada direito.*

Você teme cometer erros – e a autocrítica, a ruminação e o lamento que o acompanham o deixam infeliz. Isso o deixa indeciso, o isola e o impede de correr riscos. Como você pode experimentar algo novo? Você pode cometer um erro. Está imobilizado pelo seu medo.

Mas não precisa ser assim. Veremos neste capítulo que os erros fazem parte do pacote. Fazem parte do jogo. Fazem parte de viver a vida. O objetivo não é eliminá-los; é aprender a conviver com eles, aceitá-los e até mesmo usá-los para crescer. A capacidade de cometer erros – e seguir em frente – nos dá liberdade para tomar decisões e aprender com nossas experiências. Aqueles que tomam boas decisões entendem que os erros fazem parte do "jogo" e têm mais facilidade para aceitar um erro, recuperam-se e avançam para a próxima decisão. Você precisa pagar para jogar, eles dizem.

Quando cometemos um erro, podemos focar exclusivamente no resultado, filtrando e excluindo todos os outros aspectos positivos em nossas vidas. Essa é a mesma distorção do pensamento com filtro negativo que vimos no Capítulo 4. Você está tão focado em um erro que não percebe que existem centenas de coisas que estão correndo bem, só consegue ver aquele erro. Ele se destaca porque você não enxerga nada mais.

E você acha que, se comete um erro, precisa lamentá-lo, esmiuçá-lo repetidamente e criticar-se infindavelmente (e vimos no último capítulo como isso pode ser prejudicial). Não é de admirar que evite erros a todo custo. Você acha que não consegue suportar ter de lamentar um erro, não percebe que o arrependimento é universal (todos temos arrependimentos) e que os arrependimentos podem ser temporários. Não precisamos ficar presos aos nossos lamentos, apenas reconhecê-los e avançar até o próximo aspecto positivo disponível; mas, para você, o pesar é uma condição permanente. Não é de admirar que se sinta imobilizado.

Você é perfeccionista?

Muitos de nós temos altos padrões e trabalhamos arduamente para garantir que façamos um bom trabalho. Ser diligente pode ser gratificante, mas,

Capítulo 5 "Não suporto cometer erros": como sentir-se "suficientemente bom"

quando seus altos padrões se tornam irrealistas, eles podem levá-lo aos extremos da Terra para conseguir ficar à altura das suas expectativas ou do que acha que os outros esperam de você. O autoteste na Tabela 5.1 pode ajudá-lo a avaliar se os seus padrões são razoáveis ou exagerados. Reserve alguns minutos para fazer o teste e depois veremos o que suas respostas podem significar.

TABELA 5.1 Escala Multidimensional de Perfeccionismo					
Por favor, circule o número que melhor corresponde à sua concordância com cada afirmação a seguir. 1 = Discordo completamente; 5 = Concordo plenamente					
1. Meus pais estabelecem padrões muito altos para mim.	1	2	3	4	5
2. Organização é muito importante para mim.	1	2	3	4	5
3. Quando criança, eu era punido por não fazer as coisas perfeitamente.	1	2	3	4	5
4. Se eu não estabelecer os mais altos padrões para mim, provavelmente vou acabar sendo uma pessoa de segunda classe.	1	2	3	4	5
5. Meus pais nunca tentaram compreender os meus erros.	1	2	3	4	5
6. É importante para mim que eu seja totalmente competente em tudo o que faço.	1	2	3	4	5
7. Sou uma pessoa bem cuidada.	1	2	3	4	5
8. Procuro ser uma pessoa organizada.	1	2	3	4	5
9. Se fracasso no trabalho/escola, sou um fracasso como pessoa.	1	2	3	4	5
10. Eu deveria me sentir mal se cometo um erro.	1	2	3	4	5

(continua)

TABELA 5.1 Escala Multidimensional de Perfeccionismo *(continuação)*					
Por favor, circule o número que melhor corresponde à sua concordância com cada afirmação a seguir. 1 = Discordo completamente; 5 = Concordo plenamente					
11. Meus pais queriam que eu fosse o melhor em tudo.	1	2	3	4	5
12. Estabeleço para mim metas mais altas do que a maioria das pessoas.	1	2	3	4	5
13. Se alguém faz uma tarefa no trabalho/escola melhor do que eu, sinto como se tivesse fracassado.	1	2	3	4	5
14. Se eu fracassar parcialmente, será tão ruim quanto fracassar totalmente.	1	2	3	4	5
15. Apenas um desempenho excepcional é suficientemente bom na minha família.	1	2	3	4	5
16. Consigo focar muito bem nos meus esforços para alcançar uma meta.	1	2	3	4	5
17. Mesmo quando faço algo com muito cuidado, frequentemente acho que não está bem feito.	1	2	3	4	5
18. Detesto não ser o melhor.	1	2	3	4	5
19. Tenho metas extremamente altas.	1	2	3	4	5
20. Meus pais esperam excelência de mim.	1	2	3	4	5
21. As pessoas provavelmente vão me desvalorizar se eu cometer um erro.	1	2	3	4	5
22. Nunca me senti capaz de corresponder às expectativas dos meus pais.	1	2	3	4	5

23. Se eu não fizer as coisas tão bem quanto os demais, significa que sou um ser humano inferior.	1	2	3	4	5
24. Os outros parecem aceitar padrões mais baixos para si do que eu.	1	2	3	4	5
25. Se não faço bem as coisas sempre, não serei respeitado.	1	2	3	4	5
26. Meus pais sempre tiveram expectativas mais altas sobre o meu futuro do que eu.	1	2	3	4	5
27. Procuro ser uma pessoa bem cuidada.	1	2	3	4	5
28. Geralmente tenho dúvidas sobre as pequenas coisas que faço todos os dias.	1	2	3	4	5
29. O cuidado é muito importante para mim.	1	2	3	4	5
30. Espero um desempenho muito melhor em minhas tarefas diárias do que a maioria das pessoas.	1	2	3	4	5
31. Sou uma pessoa organizada.	1	2	3	4	5
32. Tendo a me atrasar no trabalho porque repito as ações várias vezes.	1	2	3	4	5
33. Levo muito tempo para fazer algo "direito".	1	2	3	4	5
34. Quanto menos erros eu cometer, mais pessoas gostarão de mim.	1	2	3	4	5
35. Nunca me senti capaz de corresponder aos padrões dos meus pais.	1	2	3	4	5

Agora, não sendo perfeccionista ao avaliar sua resposta ao teste, examine o quanto você endossou determinados itens. Você pode estar preocupado quanto a cometer erros, ou focado em padrões pessoais de excelência, ou tentando estar à altura das expectativas dos seus pais, ou pode ser alguém que está sempre duvidando do que faz, ou alguém excessivamente focado em organização. Ver como você estrutura seus padrões pode ajudá-lo a compreender como o seu perfeccionismo atrapalha sua autoaceitação.

A Escala Multidimensional de Perfeccionismo apresenta várias subescalas, as quais podem ser encontradas no Apêndice B.

Que tipo de perfeccionista você é?

Os psicólogos costumavam acreditar que o perfeccionismo era sempre ruim. Todos estamos familiarizados com o tipo autodestrutivo de perfeccionismo – aquele em que seus padrões são totalmente irrealistas, você não suporta cometer nenhum erro e se critica o tempo inteiro. Também existem, porém, qualidades adaptativas para um pouco de perfeccionismo.[1] Por exemplo, você pode estabelecer para si altos padrões, trabalhar arduamente e sentir muita satisfação com as suas conquistas.[2] O perfeccionismo adaptativo pode ajudá-lo a persistir, a ter orgulho do que faz e o auxilia a atingir metas valorizadas. Você não precisa se criticar ou atingir o impossível se tiver esse tipo de perfeccionismo saudável e proativo. Por exemplo, vejamos Bill, que trabalha arduamente em seu emprego e faz horas extras. Ele procura dar o melhor de si, mas aceita que não será perfeito. Quando faz algo realmente bem, ele se dá um tapinha nas costas, mas, quando não se sai bem, não pensa: *Não tenho valor, sou incompetente*. Pensa: *Preciso me esforçar mais nisso* ou *Isso vai ser um desafio*.

Bill tem altos padrões saudáveis e é um pouco perfeccionista – mas isso é adaptativo para ele. Ele consegue fazer as coisas e, em geral, se sente bem em relação ao seu trabalho. Seu perfeccionismo se torna mal-adaptativo quando seus padrões são irrealisticamente altos e quando você é excessivamente preocupado em ser avaliado de maneira negativa e não consegue obter muita satisfação com o que faz. Nesse perfeccionismo mal-adaptativo, você foca em suas "falhas" e as amplia em sua mente até serem absolutamente insustentáveis.[3] Esse tipo de perfeccionismo o deixa ansioso, preocupado, deprimido – e isso pode levá-lo à procrastinação por pensar que não fará um trabalho bom o suficiente.

Linda, que conhecemos no Capítulo 1, tem um perfeccionismo mal-adaptativo. Ela não aceita de si (e às vezes nem dos outros) nada que seja menos do que 100%, e exige tanto de si que não consegue dormir o suficiente. Linda não aceita "suficientemente bom" como resposta e está sempre preocupada que sua chefe vá pensar que ela é preguiçosa se não fizer um trabalho perfeito. Não gosta de receber sequer um *feedback* positivo porque acha que ele é gratuito e até mesmo condescendente. *Sei que eu poderia fazer melhor do que isso. A quem ela pensa que engana com esses elogios?* Como você pode imaginar, Linda está em constante estresse devido a seu perfeccionismo.

Dê uma olhada na tabela a seguir e veja que tipo de perfeccionismo você tem.

TABELA 5.2   Perfeccionismo mal-adaptativo *versus* adaptativo

Mal-adaptativo	Adaptativo
1. Minhas metas são tão altas que quase nunca consigo atingi-las.	1. Minhas metas são altas – mas realistas.
2. Não suporto cometer erros.	2. Não gosto de erros, mas posso aceitá-los.
3. Foco em meus aspectos negativos em vez de nos positivos.	3. Equilibro meus aspectos negativos com os positivos.
4. Nada do que faço parece ser suficientemente bom.	4. Consigo obter satisfação com meu trabalho.

Podemos aprimorar ainda mais a compreensão de nosso perfeccionismo examinando onde ele está focado – em como (você pensa que) os outros o avaliam ou em como você se avalia. Denominamos esses dois tipos como perfeccionismo "social" e perfeccionismo "pessoal".[4] O perfeccionismo pessoal reflete como você se avalia – seus padrões excessivamente elevados, suas dúvidas, seu foco nos erros e sua preocupação obsessiva em ter certeza de que tudo está organizado.[5] Seu "perfeccionismo social" está focado nos padrões que acha que os outros têm para você – o que seus pais devem pensar, o que seus amigos podem dizer – e no seu medo de críticas. Você tenta ser perfeito para evitar essas avaliações dos outros. Você pode, é claro, ter ambos, perfeccionismo pessoal e social – o que só irá piorar as coisas, já que não há saída para você.

Existe uma terceira dimensão do perfeccionismo – seus padrões de como os outros devem se comportar. Você julga os outros, é intolerante com seus erros e geralmente fica frustrado e irritado com outras pessoas. Portanto, se seu colega, ou seu parceiro, não faz exatamente o que "deveria", você fica incomodado. Isso leva a mais discussões, maior insatisfação – e, para você, maior depressão.

Portanto, seu perfeccionismo pode ser adaptativo ou mal-adaptativo. Ele pode ser social, pessoal ou orientado para os outros. Ele nem sempre é ruim – e nem sempre é bom. Pense por um momento sobre seu perfeccionismo. Você é, em geral, mais preocupado com seus padrões ou com o que os outros pensam a seu respeito? Visa metas realistas ou está tentando atingir o impossível? Exige perfeição dos outros ou está disposto a aceitar que eles são humanos e falíveis?

As consequências do perfeccionismo

Se o seu perfeccionismo é mal-adaptativo, você está em risco para muitos problemas. Pesquisas mostram que o perfeccionismo está relacionado a depressão, ansiedade, transtornos alimentares, procrastinação e pensamentos suicidas.[6] Os perfeccionistas têm autoestima mais baixa e mais estresse psicológico, se preocupam mais e têm menos experiências prazerosas em suas vidas.[7] Seu perfeccionismo também pode ter um efeito sobre como você lida com suas emoções. Em um estudo, pesquisadores descobriram que os perfeccionistas tinham mais dificuldade em nomear suas emoções e lembrar-se delas.[8] Isso pode ocorrer porque têm medo de sentir emoções negativas e dependem do seu perfeccionismo para evitar se sentir mal. As pesquisas mostram que os preocupados – que também são perfeccionistas – têm dificuldade em nomear suas emoções e em tolerar sentimentos difíceis. As pessoas se preocupam para evitar as emoções, e os perfeccionistas tentam se superar para evitar se sentir decepcionados. Uma forma de pensar no perfeccionismo é que você está sempre tentando obter o máximo – o que os psicólogos chamam de "maximização". Pessoas que não são perfeccionistas são mais propensas a satisfação. Vários estudos demonstraram que os maximizadores são mais propensos à depressão e ao lamento, se sentem menos felizes, são menos satisfeitos com o que compram e continuamente se comparam com pessoas que têm mais posses ou mais sucesso.[9]

O perfeccionismo também pode afetar a sua vida íntima. Por exemplo, perfeccionistas relatam menor satisfação sexual em seus relacionamentos.[10] Eles têm menor probabilidade de melhorar na terapia porque geralmente não estão dispostos a "baixar seus padrões" para aceitar suas limitações.[11] O perfeccionismo se soma ao seu nível geral de estresse em todas as áreas, porque você nunca consegue estar satisfeito com nada do que faz. Você avalia quase todas as tarefas como intransponíveis e perde a confiança na sua capacidade de enfrentamento, e a sua autoestima desaba.[12]

Como os perfeccionistas se colocam sob pressão constante para atingir o impossível, eles se tornam impotentes – não importa o que façam, não é suficiente bom e, em consequência, se sentem sem esperança – nada nunca vai melhorar porque são seus próprios piores inimigos. Eles têm muito mais probabilidade de se criticarem e se rotularem em termos de tudo-ou-nada: *Sou um completo fracasso*. Finalmente, com frequência acham que os outros não vão tolerar nada que seja menos do que perfeito – que precisam corresponder às mais altas expectativas que as outras pessoas (supostamente) têm em relação a eles. Esses perfeccionistas infelizes estão repletos de vergonha e humilhação. Não surpreende que o perfeccionismo mal-adaptativo tenha um papel especial em deixar as pessoas mais vulneráveis ao suicídio.[13]

Superando seu medo dos erros

Sabemos que errar é humano. Todos cometemos erros. Agora vejamos por quê. Em primeiro lugar, nem sempre temos as informações de que precisamos para tomar a decisão "certa", então devemos tomar decisões com base em informações imperfeitas. Quando você se envolve com alguém, não sabe como essa pessoa realmente é. Quando compra alguma coisa, não sabe se vai gostar daquilo na semana seguinte, mas compra de qualquer forma. Obtemos mais informações *posteriormente* – e então descobrimos se aquilo foi ou não um erro. Não conhecemos o futuro até que ele aconteça.

Em segundo lugar, podemos tomar decisões com base em nossas emoções – digamos que estamos ansiosos por "enriquecer" no mercado de ações, então corremos um risco desnecessário. Às vezes dá certo, às vezes não. Ou então nos envolvemos com alguém porque ela é bonita ou ele é legal, e depois descobrimos que nossas emoções, às vezes, são um fraco indicador do que é bom para nós. Mas você não pode viver sem emoções, instintos ou intuições. Eles lhe permitem tomar decisões e encontrar significado na vida, e, sim, podem às vezes nos conduzir a erros. Eu tenho uma bússola no meu relógio de caminhadas. Às vezes me dirijo para o norte porque acho que é a direção certa, mas às vezes não é.

Em terceiro, frequentemente temos de escolher entre duas alternativas indesejáveis – então escolhemos uma. Mas a outra poderia ter sido *pior*. Você compra um carro e acaba tendo alguns problemas com ele – o modelo que rejeitou, porém, poderia ter sido pior. Ou você consegue um emprego e ele se revela bastante desagradável – mas, se não tivesse aceitado o emprego, poderia ter ficado desempregado por muito tempo. Quem sabe?

Não sei quanto a você, mas eu cometi muitos erros e planejo cometer mais. O motivo pelo qual "planejo" cometer mais erros é que pretendo viver a minha vida plenamente. Posso tomar uma decisão e talvez ela acabe mal, mas pelo menos poderei tomar decisões e viver a vida. Vou fazer parte da raça humana.

Qual é a pior coisa em relação a um erro?

Allen se preocupava tanto em não cometer erros em seus relatórios no trabalho que parecia que, para ele, qualquer coisa menos do que a perfeição era intolerável. "Não suporto cometer erros", afirmou enfaticamente. Sempre me perguntei o que significa dizer "Não suporto" algo. Afinal de contas, Allen reconhecia que cometia erros – e ainda estava ali para me contar – que aparentemente *conseguia* "suportar". É como dizer: "Não suporto essa água gelada", enquanto está nadando nela por horas. Talvez "Não suporto", na verdade, devesse ser "Não gosto disso". Mas o que importa se você não "gosta" de cometer erros? Você certamente tem conseguido conviver com eles.

Depois de desmanchar a falsa concepção de Allen de que não conseguia "suportar" erros, examinamos em mais profundidade o que significaria para ele se cometesse um. "Está bem, Allen", eu falei. "Digamos que você cometa um erro no trabalho. Isso o incomoda porque o faz pensar o quê?"

Ele olhou para mim e disse: "Significa que minha chefe vai ver, vai ficar brava e pode me demitir".

"Certo, isso parece muito ruim. O que mais significa para você cometer um erro?"

Ele continuou, sem perder o ritmo: "Significa que sou irresponsável, que não estou fazendo o meu trabalho".

Mas talvez a chefe de Allen seja como muitos outros chefes. Talvez ela não use um padrão de perfeição para decidir se mantém um empregado. Talvez reclame do erro e depois volte ao trabalho. Essas são as evidências: Todos que trabalham no escritório de Allen já cometeram erros e ainda estão lá. A chefe já cometeu erros e ainda está lá.

E cometer um erro não significa que você é irresponsável. É claro que depende do que você quer dizer com irresponsável, mas eu diria que alguém que é preguiçoso, não comparece ao trabalho, mente, engana, rouba e não se importa com os outros no trabalho se qualificaria para essa definição.

Capítulo 5 "Não suporto cometer erros": como sentir-se "suficientemente bom"

Duvido que isso o descreva. O fato de você estar lendo um livro sobre como tornar sua vida melhor já sugere responsabilidade. Erros são um sinal de tentativa e nem sempre de sucesso. Não são uma indicação de ser desonesto, preguiçoso ou negligente.

Todos cometem erros

Então agora tínhamos as equações de Allen para erros. Erros equivalem a ser demitido, ser irresponsável e não fazer o seu trabalho. Vejamos. Em 2008, o melhor rebatedor na liga principal de beisebol foi Chipper Jones, dos Atlanta Braves, time de beisebol da Geórgia, nos Estados Unidos. Jones rebateu uma média de 0,364, o que significa que duas em cada três vezes ele estava "*out*". Contemos os *outs* como "erros". Chipper Jones não estava fazendo o seu trabalho? Ele foi irresponsável?

Os erros fazem parte de ser um jogador – em qualquer jogo. Se você está no jogo, se está trabalhando, participando, se relacionando, vivendo a vida – então por que um erro ocasional seria tão terrível? As pessoas responsáveis não cometem erros às vezes?

Temos aqui algumas informações sobre responsabilidade e erros. Pense nas três pessoas mais responsáveis que você conhece. Talvez sua lista consista de um dos seus pais, um colega ou talvez um amigo. Agora, o que os torna responsáveis? Você vai dizer: "Eles dão o melhor de si para serem confiáveis, são honestos e se esforçam". Certo. Estou acompanhando seu raciocínio até aqui. Agora, é possível ser confiável, honesto, se esforçar e ainda assim cometer erros? Bem, pergunte a essas pessoas se elas já cometeram erros.

A maioria dos meus pacientes não se importa em questionar seus amigos ou colegas – eles sabem que a pergunta vai parecer ter uma resposta óbvia. "É claro que cometo erros. Sou humano". Essa é a resposta que você receberá quase o tempo todo, e, na verdade, sabe disso. Mas tente perguntar àqueles amigos ou colegas que você respeita. Pessoas responsáveis cometem erros. Na verdade, pessoas muito inteligentes às vezes têm atitudes bastante estúpidas. Se forem honestas, irão revelar algumas histórias ótimas. As pessoas cometem erros graves – como se envolver com alguém errado, comprar ações cujo valor despenca ou conseguir um emprego que não é apropriado. E todos já cometeram erros menores, como comprar casacos que nunca usaram, esquecer o caminho para algum lugar, dizer coisas das quais se arrependem ou usar gravatas que não combinam com as suas camisas. Quero que intencionalmente você reconheça que todos cometemos erros grandes, médios e pequenos. Somos humanos.

Vou lhe contar sobre um erro que cometi há mais de 20 anos. Comprei ações da Microsoft e, depois, me sentindo satisfeito com um aumento de 25% no valor delas, orgulhosamente as vendi. Isso foi em 1989, e eu tinha em torno de 10 mil dólares em ações. Elas valeriam cerca de 1 milhão de dólares hoje. Mas essa é a natureza dos investimentos. Você toma uma decisão com base nas informações disponíveis no momento. Fazendo uma retrospectiva, esse foi um erro incrível. Um erro com o qual eu posso conviver.

Mas o principal: é um erro ao *olhar para trás*. Eu não tinha conhecimento total nem o controle total em 1989 (não que eu tenha hoje). Como alguém poderia saber que durante os 20 anos seguintes as ações da Microsoft aumentariam em até 83 vezes o seu preço original? Quem tem uma bola de cristal?

Eu gostaria de ter, mas não tenho. E, da última vez que verificou, você também não tinha uma bola de cristal.

Um erro não é o fim do mundo

Alguns de nós tratamos cada erro como o fim da vida na forma como a conhecemos. *Não posso acreditar que perdi aquele prazo. Nunca mais o meu chefe vai confiar em mim. E se eu aceitar o emprego e não gostar dele? Eu me arrependeria pelo resto da vida.* Ellen, que conhecemos no Capítulo 2, tinha um belo apartamento, mas simplesmente não conseguia tomar a decisão sobre como decorá-lo ou mobiliá-lo. Ela passou vários anos com as paredes vazias e poucas peças de mobiliário. "E se eu comprar algo e não gostar? Eu não conseguiria suportar", ela disse.

"Por que você não conseguiria suportar?", perguntei com ar de dúvida.

"Porque faria eu me sentir muito mal", imaginando por que eu tinha dificuldade em entender o óbvio.

É como se Ellen estivesse enfrentando uma catástrofe. E é assim que você pensa quando tem medo de tolerar um erro. Você o transforma em um drama. Tudo é péssimo, terrível, insuportável – *você não consegue suportar.*

Parece muito dramático. Mas é de fato dramático?

Examinamos algumas decisões que Ellen havia tomado no passado e que envolveram alguns erros. Estes incluíam seu trabalho, alguns cursos que havia feito na universidade, algumas pessoas que haviam se tornado suas amigas – até mesmo o seu apartamento. Nenhuma dessas opções era perfeitamente correta para Ellen; ela poderia ter feito melhor. Se ao menos tivesse feito mais cursos práticos na universidade ou escolhido o outro apartamento que havia visitado, as coisas seriam diferentes. Mas seus erros também não eram 100% negativos. Havia *algumas* coisas boas em relação

Capítulo 5 "Não suporto cometer erros": como sentir-se "suficientemente bom"

ao seu apartamento – ficava em um bairro agradável, por exemplo –, mas ele poderia ter melhor iluminação. O mesmo valia para seu emprego – as coisas poderiam ter ido melhores. Seu salário não era excelente, mas ela podia ser criativa em seu trabalho e havia a possibilidade de uma promoção. Sua vida ainda prosseguia. Nada era essencial, nada era realmente terrível, o drama não era tão horrendo como ela pensava. "Eu me adaptei", confessou quando lhe perguntei como havia conseguido conviver com esses erros. "Eu me acostumei." Fiquei imaginando se ela poderia fazer isso com seu apartamento.

Depois que Ellen se deu conta de que os erros não eram o fim do mundo, começou a comprar algumas coisas – aqui e ali. Protestou, achou que poderia ser melhor, ficou um pouco incomodada – e então se acostumou. O que ocorria era que esperar anos para ter seu apartamento arrumado era o único erro real. "Eu perdi um tempo em que poderia ter as coisas mais concluídas. Mas acho que vou precisar conviver com isso."

Com quais erros *você* aprendeu a conviver?

Você não tem de lamentar os erros

Um dos motivos pelos quais é difícil para você tomar decisões – e uma das razões pelas quais se critica tão severamente – é que acha que *tem de lamentar* um erro. "Sei que eu iria lamentar se optasse pela coisa errada", disse Ellen. Mas por que você teria de lamentar um erro? Pense sobre isso. Talvez você pudesse simplesmente dizer: "Acho que isso foi um erro" – e depois seguir em frente. "Como eu poderia simplesmente seguir em frente se sei que cometi um erro?", disse Ellen enfaticamente. Bem, por que não? Por que não poderia dizer: "Eu cometi um erro, lamento por isso, mas já lamentei o suficiente e vou seguir em frente. Quero me focar nas coisas positivas que posso experimentar agora".

Imaginemos que você está dirigindo. Você pega um caminho errado, seu carro fica preso na lama e começa a patinar com as rodas. Você sai do carro, olha para a lama, se senta e diz: "Me arrependo muito de ter pego o caminho errado". Um grupo de especialistas se aproxima, e eles dizem: "Você realmente não deveria ter pego esse caminho. O que aconteceu com você? Como pode cometer um *erro estúpido* como esse?".

Uma criatura divina desce do céu – o anjo da infelicidade – e confirma que esse foi, de fato, um erro estúpido. Na verdade, foi um erro sobre o qual você tinha sido avisado. Ele bate as asas em agitação furiosa e diz: "Como alguém tão inteligente como você comete um erro tão estúpido? Vou lhe dizer, é difícil acreditar nisso. As suas rodas estão patinando naquela lama.

Não tinha de ser assim. Você poderia ter pego a estrada seca, mas *nãããoooo*, você sempre tem de fazer as coisas do seu jeito. Você, na verdade, não é tão inteligente quanto pensa que é".

Certo. Estou acompanhando seu raciocínio até agora. Erro estúpido, poderia ter visto que iria acontecer, fui avisado e minhas rodas estão patinando. E, droga, eu tenho lama por todo o corpo.

Mas – aí está a questão – quais são as minhas opções agora?

Tenho duas opções. Posso me sentar à beira da estrada e passar muito tempo – digamos seis meses – me lamentando por isso, ou posso conseguir um guincho para me rebocar. Mas, para tornar a vida interessante, *eu não posso fazer as duas coisas*. Ou posso continuar lamentando as coisas ou posso tornar a minha vida melhor saindo dessa vala, limpando a sujeira da minha bela jaqueta e seguindo o meu caminho.

Então decido que alguns minutos de arrependimento já me ensinaram a lição que eu precisava aprender. Já entendi. Cometi um erro. Agora vou seguindo pela estrada e deixando o erro na vala.

É sua a decisão.

Deixe que "suficientemente bom" seja suficientemente bom

Espero tê-lo convencido de que os erros fazem parte da vida e que você pode conviver com eles – e que se apegar a padrões impossíveis é ruim para a sua saúde. Agora você pode considerar uma alternativa para seu perfeccionismo. Chamo essa alternativa de "imperfeição bem-sucedida".[14] Quando você escuta esse termo pela primeira vez, pode ter a sensação de que estou me contradizendo. "Como se pode ter sucesso e ser imperfeito?" Esse é exatamente o ponto. É possível. Explico como eu sei.

Conheço muitas pessoas de sucesso: nas áreas acadêmica, de negócios, finanças, esportes, teatro – e pessoas com casamentos de sucesso. Cada uma delas é imperfeita. Cada uma cometeu erros, cada uma é capaz de persistir mesmo quando fracassa em algo. Todas elas têm altos padrões – mas padrões possíveis de atingir. Sabem que não são perfeitas – mas não compram a ideia de que ou se é um herói ou se é um zero à esquerda.

Imperfeição bem-sucedida significa que você abriu mão dos 100% e está disposto a se contentar com menos. Talvez seja 90 ou 80%. Talvez você esteja disposto a se contentar em simplesmente fazer melhor do que fez antes. Talvez esteja até mesmo disposto a se contentar com simplesmente tentar.

Vejamos Charlene, que está escrevendo um trabalho acadêmico. Ela fica pensando: *Eu poderia fazer um trabalho melhor, mas não vou ter tempo.* Ela se preocupa em finalizá-lo, acha que não receberá um A+ e tem muita dificuldade em tolerar qualquer coisa que seja menos do que perfeita. Examinemos as vantagens de ter como meta fazer um trabalho muito bom – porém menos do que perfeito. "Bem, se a minha meta for um trabalho muito bom, acho que eu teria, na verdade, uma chance de conseguir isso", Charlene diz.

"E você poderia se sentir bem consigo mesma fazendo algo no qual seja muito boa, mas não perfeita?"

"Isso é que é difícil. Eu sempre poderia ser melhor."

No entanto, tudo o que você faz sempre poderia ser melhor. Poderia escrever um trabalho melhor, ser melhor em seu emprego, ter melhor aparência, competir melhor, ser melhor em ser melhor, ser o melhor e então ultrapassar isso. Você poderia enlouquecer com essa exigência de ser cada vez melhor até que o melhor se transforme na única coisa com que se contenta. Ou você poderia ter como meta – todos os dias – a imperfeição bem-sucedida.

Por exemplo, hoje estou trabalhando em um nível de imperfeição bem-sucedida neste livro. Vou sair e fazer *ski cross-country* e posso lhe garantir absolutamente que isso não será perfeito – mas bem-sucedido, porque sei que vou me divertir. Posso preparar o jantar – e, embora seja um cozinheiro bem razoável, ele seria ofuscado em uma comparação com a comida de um *chef* profissional, mas a comida terá um sabor suficientemente bom e eu ficarei satisfeito. De fato, pense nisso, todos os sucessos que tive foram devidos à minha disposição para fazer coisas que são imperfeitas.

A chave para a imperfeição bem-sucedida é ter padrões razoavelmente altos, esforçar-se para fazer progressos, dar a si mesmo o crédito por tentar – e por melhorar – e persistir. A imperfeição bem-sucedida funciona melhor do que o perfeccionismo absoluto. Ela *é* melhor; ela é quase "a melhor".

Pergunte a si mesmo neste momento: *O que posso fazer hoje que será imperfeito, mas me fará avançar?*

Os padrões não são arbitrários?

Muitos de meus amigos em áreas acadêmicas procuram alcançar os mais altos padrões. Eles acreditam que existem padrões de excelência absolutos. Mas isso é verdade?

Um professor de Yale, anos atrás, enviou um artigo para um jornal. Ele recebeu de volta uma revisão do editor, o qual achou que aquele era um trabalho medíocre e inútil. Sem mudar uma única palavra no trabalho, ele o enviou a outro jornal, e o editor respondeu: "Este será um clássico no campo". Especialistas altamente eruditos não conseguiram concordar. Qual o padrão que eles estavam usando?

Ou então tomemos o padrão de beleza física. Notei que as pessoas têm uma ampla variação de padrões – algumas acham um rapaz atraente, outras não. Alguns homens gostam de uma aparência particular, outros não. E, para nosso espanto, descobrimos que as mulheres e os homens que a maioria de nós considera atraentes (seja lá o que isso signifique) parecem ser aqueles que têm um foco nas suas "imperfeições" menores. O padrão de beleza está nos olhos – ou na cabeça – de quem olha.

Não estou dizendo que não há realidade lá fora. Experimente desafiar a lei da gravidade. Contudo, muitos dos padrões que usamos são bastante arbitrários. Muitos são convenções sociais: "Essa gravata é ridícula" ou "Eu achei que este foi o melhor filme jamais feito". Você leva seus amigos de fora da cidade a um ótimo restaurante étnico – um que adora – e eles querem vomitar depois de comer. A antiga frase latina *De gustibus non est disputandum* significa "Gosto não se discute".

Em sua mente perfeccionista, existe um padrão absoluto para sua aparência, seu trabalho, seu estilo de vida, sua vida sexual e sua comida. Mas muitos dos nossos padrões são completamente arbitrários. Meus amigos europeus pegam o garfo de forma diferente dos meus amigos norte-americanos. Algumas pessoas gostam de prosa empolada e rígida; outros, de um estilo mais informal de escrita. Alguns gostam de roupas não convencionais; outros são mais sérios. Algumas pessoas gostam de cozinhar, outras não. Vai entender.

Mas se os padrões são arbitrários, então como é possível a perfeição? O verdadeiro objetivo não é ter uma vida mais feliz? Como o perfeccionismo se encaixa nesse objetivo? Não acho que se encaixe.

Não tenha orgulho da perfeição

Muitos perfeccionistas parecem ter orgulho dos seus altos padrões e da sua disposição para se comprometer com o que acreditam que é certo. Allen não era exceção em relação a esse orgulho oculto pelo perfeccionismo. "Outras pessoas não sabem tanto quanto eu, portanto podem não perceber que o que estão fazendo é um problema", ele me confidenciou, com um pouco de orgulho por seu conhecimento "superior". Quando lhe pedi que se comparasse a uma pessoa média em relação a cometer erros, protestou: "Não estou na média. Posiciono-me em um padrão mais alto". Esse era o maior

Capítulo 5 "Não suporto cometer erros": como sentir-se "suficientemente bom"

obstáculo para Allen – seu medo de ser "comum", por isso sua rejeição pela "média".

Esse é o paradoxo de temer o comum. Todos somos especiais em algum aspecto. Afinal de contas, estamos, em geral, mais interessados no nosso bem-estar e em nossos sentimentos. Estou certo de que você passa mais tempo pensando em si – seus pensamentos, sentimentos, apetites, desconfortos e frustrações – do que em qualquer outra pessoa. Portanto, você é especial para si mesmo e também para outras pessoas.

Mas se cada um de nós é especial em algum aspecto, somos todos comuns em outros aspectos. Todos temos nossa parcela nesses sentimentos e necessidades universais. Desejamos amor, aceitação, crescimento, conforto, segurança, uma sensação de realização e reconhecimento. Todos fracassamos em algo, todos cometemos erros que lamentamos e todos somos mortais. O comum entre nós é o que nos une.

Ter orgulho de tentar ser perfeito dificulta que você aceite suas limitações inevitáveis e aprenda com elas. Se você teme os erros, limitará seu crescimento. Não aprenderá com os erros porque se odiará por causa deles. É melhor usá-los como um degrau acima em uma escada para algo melhor. Sugeri que Allen experimentasse a abordagem dos "dois passos" para os erros: "Dê um passo para reconhecer que você é humano e um segundo passo para buscar o progresso".

Quando Allen pôde aceitar que todos somos seres humanos universalmente comuns, incluindo ele mesmo, conseguiu usar um erro como um passo em direção ao progresso – buscando aprender como fazer melhor as coisas. É como uma dança na vida – um passo para trás, outro para a frente.

Desenvolva a sua Carta de Direitos

Se você tem vivido a vida tentando obedecer a suas regras de perfeição, perdeu uma liberdade que jamais teve. É hora de se levantar, se rebelar e redigir a sua própria Carta de Direitos, de modo a usufruir a liberdade de ser um ser humano em vez de viver como escravo da perfeição. Você começa pela Declaração de Independência: "Defendo essa verdade como autoevidente – que todos os homens e mulheres são criados iguais, que lhes são conferidos pelo Criador certos direitos inalienáveis e que entre esses estão o direito de cometer erros, ser imperfeito e ser feliz".

Allen começou a sua Carta de Direitos da seguinte forma:

1. Tenho o direito de buscar a felicidade e a autoaceitação.
2. Tenho o direito de cometer erros.

3. Tenho o direito de não ter a aprovação de todos.
4. Tenho o direito de ser suficientemente bom.

Sugeri que essa Carta de Direitos poderia ser universal – poderia ser aplicada a todos, incluindo ele. Todos podem buscar a felicidade (conforme a interpretassem), todos podem cometer erros, todos podem viver uma vida que outros aprovem ou não, e todos podem se sentir suficientemente bons. Exercer seu direito de ser suficientemente bom é um primeiro passo para ser decisivo acerca da vida que você deseja viver. Uma forma de olhar para os "direitos" é perguntar: "As pessoas não estariam melhor se pensassem dessa maneira?". Portanto, nós não estaríamos melhor se tolerássemos, aceitássemos e perdoássemos os erros que os outros cometem? E essa não seria uma boa regra universal a ser aplicada a nós mesmos? Afinal de contas, não somos humanos também?

Faça seu perfeccionismo parecer idiotice

Há essa voz em sua mente que fica lhe dizendo: "Você não é suficientemente bom. Está sempre cometendo erros. Como pode ser tão estúpido?". Você tem ouvido essa voz, obedecendo-a, temendo-a e achando que tem de viver a vida como um prisioneiro da sua mente. Mas talvez seu perfeccionismo não seja tão inteligente, afinal de contas. Ele tem assumido essa posição superior, falando mal de você como se você fosse um imbecil, e você não consegue pensar por si mesmo. A sua voz perfeccionista não tem estado do seu lado; mesmo quando se sai bem, ela não lhe diz que você é suficientemente bom. Simplesmente estabelece metas mais altas ou desvaloriza o que você faz, dizendo: "Qualquer um poderia fazer isso" ou "Isso é o que esperávamos, de qualquer forma". Essa voz faz você se sentir mal consigo mesmo, o faz sentir-se envergonhado e evitar experimentar coisas novas.

Vamos contra-atacar.

"Está bem, Allen, já falamos sobre seu perfeccionismo, então agora vamos fazer uma dramatização. Você pode ser um ser humano racional e eu posso ser a terrível voz perfeccionista que tem martelado na sua cabeça com vergonha e culpa. Agora quero que você realmente me ataque, faça com que eu – o perfeccionista – perceba o quanto sou de fato burro."

BOB. Você nunca faz nada direito. Você está sempre cometendo erros.

ALLEN. Isso não é verdade. Esse é o seu pensamento do tipo tudo-ou-nada. Eu fiz muitas coisas direito. Me formei na faculdade, tenho um emprego, recebi um bom *feedback*. Eu não tenho de ser perfeito.

BOB. Sim, você tem de ser perfeito. Assim é a vida – ser sempre o melhor.

ALLEN. Por que eu tenho de ser perfeito?

BOB. Porque essa é a única forma de se sentir bem consigo mesmo – se sentir suficientemente bom.

ALLEN. Bem, isso não está funcionando para mim. Eu tenho tentado ser perfeito por toda a minha vida, e agora percebo que isso nunca fez eu me sentir suficientemente bom ou bem comigo mesmo. Está dando errado.

BOB. Você está me chamando de fracassado? Depois de todo o trabalho árduo que fiz para torná-lo melhor?

ALLEN. Sim, você fracassou comigo. Fez eu me sentir inferior – e eu não sou.

BOB. Mas se você não tentar ser perfeito, vai acabar sendo um medíocre.

ALLEN. Nem mesmo sei o que isso significa. Eu poderia acabar me aceitando como um ser humano em vez de ouvir você o tempo todo.

Quando critica a sua voz perfeccionista, você não está se criticando – está criticando a sua crítica. Está se defendendo, está derrotando o que lhe derrota. Enquanto eu ouvia Allen argumentando contra seu perfeccionismo, percebi que ele estava tomando distância, conseguia lutar contra ele e estava se dando conta de que o perfeccionismo é realmente algo estúpido. Ele se mascara como uma voz superior e condescendente – mas fracassa em muitos aspectos. Fracassa em fazer você se sentir bem, fracassa em seus relacionamentos, fracassa com a sua autoestima e fracassa em lhe dar qualquer satisfação.

Não é hora de demitir sua voz perfeccionista?

Faça as pazes com "suficientemente bom"

Valerie era uma mulher inteligente e sensata que realmente queria fazer o melhor que pudesse, mas tinha medo de cometer erros. Ela ruminava acerca de erros passados, lamentava-os e se criticava, estava presa a eles e tinha medo de experimentar qualquer coisa que representasse um risco. Seus pais haviam alimentado esse medo. Eles lhe deram duas mensagens conflitantes impossíveis enquanto ela crescia: "Valerie, você é tão inteligente. Tão mais inteligente do que as outras crianças. Nós esperamos grandes coisas de você" e "Valerie, como é que você conseguiu não se sair bem nesse curso? Nunca vai chegar a lugar algum se continuar assim". Eles a deixavam sem saída. Quando ela se saía bem, diziam: "Isso é o que esperávamos de você".

Não importa o que fizesse, sua mãe nunca dizia que aquilo era "suficientemente bom". Sempre podia ser melhor. Sua mãe estava sempre elevando os padrões e estabelecendo alguma nova meta que estava fora de alcance. E se Valerie não conseguisse alcançar essa meta mais elevada, todo o apoio emocional era retirado, sendo ela vista como preguiçosa, não correspondendo às expectativas e correndo risco de fracassar na vida.

Analisada dessa maneira, a depressão de Valerie fazia sentido. Já que nunca conseguiria ser suficientemente boa, ela também devia desistir. A falta de esperança era uma conclusão lógica. "Você não entende. Eu tenho de ser a melhor", disse enquanto as lágrimas escorriam por seu rosto. "Eu devo ser um fracasso aos olhos dos meus pais."

Considere os dois pressupostos que Valerie estava criando. Quais eram eles? Ela achava que tinha de ser a melhor (em vez de "suficientemente boa") e que tinha de corresponder às expectativas, irracionais e injustas, dos seus pais. Mas nós decidimos examinar esses pressupostos – e modificá-los.

"Por que você tem de ser a melhor?", perguntei. Ela pensou por algum tempo e depois disse: "Porque isso é o que eles sempre me disseram".

"Seus pais são realmente grandes modelos de paternidade carinhosa e saudável? Ou você diria que são bem intencionados, mas um tanto neuróticos?"

Valerie teve de admitir que eles eram neuróticos. "Eu nunca criaria meus filhos assim."

"Então você está vivendo a sua vida de acordo com as crenças neuróticas dos outros. E essas são crenças que não usaria nem em um milhão de anos com seus próprios filhos. Expressei isso corretamente?"

"Sim", ela admitiu. "Eu sei que parece loucura."

"Como você pode ser feliz se quer agradar pessoas que são intolerantes, críticas e autocontraditórias? Você não pode. Mas pode escolher aceitar que essas pessoas têm crenças neuróticas e que podem viver sozinhas com elas. Você não tem de dançar conforme a música delas." Valerie concordou que, se conseguisse aceitar ser suficientemente boa, se aceitaria melhor, seria menos depressiva, estaria mais disposta a experimentar coisas novas e provavelmente voltaria para a escola para terminar seus estudos. Ser *suficientemente boa* seria muito útil, mas ela também percebia que resistia a isso. "Eu me contentar em ser suficientemente boa é o mesmo que ser medíocre", disse. "Eu não quero ser medíocre."

Mas ser "suficientemente boa" é ser medíocre? Vamos imaginar que temos uma escala que vai da esquerda para a direita, com 0 na extremidade esquerda e 100 na extremidade direita. Onde a maioria das pessoas colocaria "suficientemente bom"? Valerie sugeriu que a maioria das pessoas aceitaria 85% como suficientemente bom. (Na verdade, acho que a maioria das pessoas aceitaria 50% – mas que sei eu?). O mais importante é que ela se deu conta de que só tinha dois pontos na sua escala, 0 e 100. Seu pensamento era do tipo tudo-ou-nada. Reconhecer que uma variação um pouco abaixo de 100 a qualificaria como "suficientemente boa" a ajudaria a se libertar.

Outra forma de questionar seu perfeccionismo é perguntar: "Suficientemente bom para quê?". Pense sobre o que está tentando alcançar. Por exemplo, Valerie era obcecada, temendo que sua aparência não fosse suficientemente boa – ela gastava um tempo excessivamente longo se arrumando pela manhã, mas era professora, e seus alunos tinham 12 anos. É improvável que esses garotos esperassem que ela usasse roupas de marca. Era obcecada por deixar em dia seus boletins, assegurando-se de que estivessem impecáveis. Mas eu me pergunto se as pessoas leem esses relatórios com tanto cuidado assim. Se a meta dela era ser perfeita, significava que ser suficientemente boa, bem, não era suficientemente bom. Mas se a sua meta fosse algo prático, então tudo o que ela precisava era corresponder a um padrão razoável.

Você tem equacionado "suficientemente bom" com ser um medíocre, um fracasso descuidado. Isso não é a mesma coisa. Não é fracassar, não é ser medíocre, não é ser um tolo. É simplesmente ser *suficientemente bom*.

Valerie chegou certo dia dizendo que havia conversado com duas amigas sobre seu perfeccionismo. Disse, com um sorriso – e alívio – "Eu não tenho de ser perfeita. Eu só tenho de ser suficientemente boa".

Isso foi suficientemente bom para mim.

Desenvolva uma voz de aceitação

Você tem andado de acordo com o som da sua voz perfeccionista. Ela tem cantado: "Você tem de ser perfeito" e "Você nunca será suficientemente bom". Ela o tornou infeliz.

Mas vamos convocar outra voz que está dentro de você – a voz da aceitação, do amor e da bondade. Imaginemos que essa voz é suave, um cochicho em seu ouvido. Imagine que, sempre que você se preocupa em não cometer um erro, ela coloca o braço no seu ombro e lhe diz: "Eu estou com você. Apenas continue assim, se puder". Essa voz é sua amiga, é leal, se importa com o que é melhor para você. "Sim", ela diz, "Eu sei que é difícil às vezes, mas adoro como você é, com as imperfeições que você tem, com o seu coração maravilhoso e a sua mente maravilhosa. Eu estou do seu lado".

Quando tento usar essa voz, imagino minha avó falando comigo. Ela era gentil e afetiva, segurava a minha mão, dizia que me amava, sorria diante das minhas tentativas de ser engraçado e preparava o meu prato favorito. Quando penso nela hoje, percebo que não era "perfeita" de acordo com algum padrão absoluto, mas eu a amava e ela me amava – e isso sempre foi suficientemente bom.

Abra espaço para os erros

Você tem organizado sua vida em torno da ideia de que tem de manter os erros a distância. Eles são visitantes inconvenientes que, você acha, irão destruir sua paz de espírito. Você espreita pelas janelas da sua mente, temendo que o erro irrompa pela sua porta e perturbe sua vida. Você fica a postos com as armas em punho, pronto para se defender.

E se, em vez disso, você abrisse a porta?

Imagine que você mora em uma cabana, sozinho com seus pensamentos. Imagine-se no poema *A casa de hóspedes*, do escritor sufi Rumi:

> Este ser humano é uma casa de hóspedes.
> Cada manhã uma nova chegada.
>
> Uma alegria, uma depressão, uma mesquinhez,
> uma consciência momentânea surge
> como um visitante inesperado.
>
> Receba-o bem e o acolha!
> .....
> Seja grato por quem quer que chegue
> porque cada um foi enviado
> como um guia vindo de longe.

Não é difícil pensar nos erros como guias – já sabemos que podemos aprender com eles. Podem nos guiar até a autoaceitação, para termos novos conhecimentos e uma aceitação compassiva de outros que também cometem erros.

E assim como ocasionalmente acolhe alguém que não é exatamente o "seu tipo de pessoa", você pode pensar em estender sua bondade e hospitalidade aos seus erros. Como anfitrião, cumprimenta o erro na porta, lhe dá as boas-vindas e diz: "Eu estava esperando por você". Convida o erro para entrar e o aquece com o calor que arde em seu coração.

Você e o erro se sentam e têm uma conversa imaginária. Ela poderia ser assim:

VOCÊ. Foi um caminho muito longo até você encontrar a minha casa aqui nas montanhas?

ERRO. Sim, eu me perdi muitas vezes. Estou sempre me atrapalhando. Não sei o que há de errado comigo.

VOCÊ. Todos cometemos erros. Mas o mais importante é que você está aqui comigo. E eu preparei o seu prato favorito. Espero que ele esteja a seu gosto.

Capítulo 5   "Não suporto cometer erros": como sentir-se "suficientemente bom"   **107**

ERRO. Ah, mas esse é o problema para mim. Nada jamais me satisfaz.
VOCÊ. Se você ficar por tempo suficiente e relaxar, poderá estar aqui quando a Satisfação chegar. Nunca se sabe quando ela pode aparecer. Chega quando eu menos espero.
ERRO. Toda a minha vida as pessoas me criticaram, zombaram de mim. Elas têm vergonha de serem vistas comigo.
VOCÊ. Na minha casa, sempre há lugar para você. Não tem de se preocupar comigo. Eu nunca sinto vergonha de você. Você faz parte da minha família – sempre esteve comigo – sempre foi meu companheiro.
ERRO. Mas você não acha que eu sou um fardo? Não lhe faço lembrar da sua imperfeição?
VOCÊ. Você me faz lembrar que sou humano. Mantém a humildade na minha mente e no meu coração. Preciso que você me mantenha conectado com a família dos homens e das mulheres que tanto amo.
ERRO. Me sinto em paz agora. Você se importaria se eu me deitasse nessa cama e descansasse? A viagem foi muito longa e finalmente encontrei alguém que me aceita.
VOCÊ. Minha casa é sua casa. Que a paz esteja com você.

Conclusão

Você tem estado deprimido e ansioso porque tem medo dos erros e se critica sempre que os comete. Subjacente ao seu medo se encontra o seu perfeccionismo, a exigência de corresponder a padrões absolutos para nunca lamentar nada. Você pode temer o julgamento dos outros – ou, mais provavelmente, seu próprio julgamento –, mas tem uma escolha. Pode escolher a imperfeição bem-sucedida.

Já vimos que, sejam quais forem seus padrões, eles são, na verdade, subjetivos e arbitrários. O seu perfeccionismo não o ajudou realmente – ele o deixou mais vulnerável à depressão, mais autocrítico e menos satisfeito com a vida. Agora você pode optar entre continuar se criticando por sua imperfeição ou se aceitar como suficientemente bom. Os erros às vezes são informação, às vezes são um sinal de progresso, o custo de fazer negócios, a evidência de que você é um jogador. Não há como escapar deles – e não é preciso escapar. Receba bem os seus erros em sua vida como visitantes e crie um espaço para si mesmo como ser humano. Ser suficientemente bom pode ajudá-lo a viver uma vida melhor.

Desafiando o seu medo dos erros

- Você é perfeccionista?
- Que tipo de perfeccionista você é?
- Quais são as consequências do perfeccionismo em sua vida?
- Pergunte-se: *Qual é a pior coisa quando se trata de um erro?*
- Perceba que todos cometem erros. Se não estiver convencido, pergunte às pessoas.
- Um erro não é o fim do mundo. Com que erros você aprendeu a conviver?
- Você não tem de lamentar os erros. Pode simplesmente reconhecê-los e seguir em frente.
- Se o perfeccionismo absoluto não está funcionando para você, pratique a imperfeição bem-sucedida.
- Pergunte-se que padrões está usando para se julgar. Não são padrões arbitrários?
- Pergunte-se se está secretamente orgulhoso de seu perfeccionismo.
- Declare a sua independência do perfeccionismo. Desenvolva sua própria Carta de Direitos.
- O seu perfeccionismo lhe diz que você não é suficientemente bom – até mesmo que é um estúpido? Tente fazer seu perfeccionismo parecer estúpido.
- Aceite que ser "suficientemente bom" é suficientemente bom.
- Desenvolva outra voz para combater seu perfeccionismo – uma voz interna de bondade, de aceitação e de amor.
- Abra espaço para os erros em sua vida. Receba-os bem pelos presentes que eles trazem.

"Eu não consigo fazer nada": como estimular a sua motivação   6

Jennifer sentava-se em casa, sozinha, e não conseguia se motivar para fazer nada. Desde que ficara deprimida, vinha passando cada vez mais tempo em seu apartamento, frequentemente deitada na cama por algumas horas depois de acordar. Não tinha energia nenhuma. Quando chegava em casa após o trabalho, só queria "hibernar", ficar em casa e saborear *junk food*. Nada parecia valer a pena. Antes de ficar deprimida, ela era mais ativa; ia à academia três vezes por semana, via os amigos, ia ao cinema e até andava de bicicleta na margem do rio. Mas nada disso lhe parecia atraente como antes.

Quando se sentou em meu consultório e contou o quanto se sentia abatida, até sua voz parecia derrotada. "Não consigo fazer nada", disse. "Não tenho nenhuma motivação." Ela olhava para o chão, triste e derrotada.

Quando você está deprimido, tem muita dificuldade em iniciar uma ação. Espera pela motivação, que parece nunca chegar. Você é como um urso em hibernação, conservando energia, sentado dentro de sua "caverna", aguardando dias melhores. Você pensa em diferentes coisas para fazer, mas nenhuma delas parece assim tão excitante. *É muito trabalhoso*, você pensa. Seu sentimento de que não consegue fazer nada o afasta ainda mais dos amigos e das atividades, e a sua inatividade se traduz em menos experiências gratificantes. Você começa a se sentir mais impotente, como se não conseguisse fazer absolutamente nada. Por fim, passa a se criticar porque não está fazendo nada, e isso o deixa ainda mais deprimido. É um círculo vicioso.

Está na hora de rompê-lo.

Certo. Vamos ao trabalho. Começaremos examinando melhor essa ideia de estar motivado.

O mito da motivação

Jennifer achava que não conseguiria fazer nada a menos que se sentisse motivada a fazê-lo. Quando se sentia deprimida, ela se isolava, ficava menos ativa e se detinha no quanto se sentia mal. Ficava aguardando que sua motivação voltasse – esperando que seu humor mudasse, que sua vida melhorasse.

Decidi sugerir uma alternativa. Eu disse: "E se você me visse caminhando na Rua 57; e eu estivesse indo e vindo pela rua muito nervoso, agindo como se estivesse procurando por alguém. Você se aproximaria e me diria: 'Bob, o que você está procurando?'. E eu diria: 'Estou esperando que a minha motivação apareça. Eu achei que ela estaria por aqui agora'. O que você pensaria?".

Jennifer disse: "Eu pensaria que você estava louco".

"Imaginemos que você parasse de esperar que sua motivação apareça. Digamos que decidiu ir à academia e se exercitar mesmo não se sentindo motivada. Apenas tomou a decisão e foi. O que aconteceria?"

Jennifer me olhou e disse: "Eu provavelmente me sentiria melhor porque, na verdade, estaria fazendo algo para me ajudar".

"Bem, talvez ficar melhor seja exatamente isso. Você pode fazer coisas produtivas mesmo que não esteja motivada – mesmo que se sinta cansada, desanimada ou chateada. Você pode fazer de qualquer modo."

"Você está certo", ela admitiu. "Já fui à academia mesmo quando não me sentia motivada."

"E talvez a sua motivação venha depois. Talvez você se sinta mais interessada em fazer as coisas depois de já ter feito outras. Talvez a ação crie motivação. Você já notou isso?"

"Acho que sim", disse Jennifer. "Algumas vezes, após me exercitar, notei que tinha mais energia para outras coisas."

"Vamos virar a motivação de cabeça para baixo. Imagine que você decidiu agora mesmo – hoje – que iria fazer coisas para as quais não estivesse motivada. Você faria uma lista das atividades que costumavam fazê-la se sentir melhor e as realizaria de qualquer modo, mesmo que não estivesse com motivação. Vamos ver o que acontece ao seu nível geral de motivação depois de fazer isso durante uma semana. Todos os dias você fará algo que não está motivada a fazer."

Se você é como Jennifer, tem dito a si mesmo: "Eu preciso gostar de fazer para que eu possa fazer". Mas isso é um mito. Você pode deixar de ser alguém cujo comportamento é "causado" pela "motivação" e tornar-se alguém cujo comportamento *cria* motivação – alguém que escolhe fazer o que precisa ser feito e que encontra motivação depois.

Esteja disposto a fazer o que você não quer fazer

Quando dizemos que não estamos motivados para fazer algo, estamos dizendo, na verdade: "Eu não quero fazer isso". Podemos expressar isso de forma diferente, dizendo a nós mesmos: *É muito difícil* ou *Eu não estou pronto*, mas o significado subjacente é o mesmo: nós não *queremos* fazer. E achamos que é impossível fazermos aquilo que não queremos.

Você já não fez muitas coisas no passado que não queria fazer? Como estudar para provas, ir ao trabalho, levar o lixo para a rua ou aguentar o comportamento de outra pessoa? A realidade é que você não tem de gostar de fazer algo para que possa fazê-lo. Você só precisa estar *disposto* a fazer. E isso é diferente de estar motivado, confortável ou pronto.

Então, como você dá o salto de *querer* para *estar disposto*?

Decidi explorar isso com Jennifer. "Você já pensou: *Fazer isso poderia ser algo bom, mas eu de fato não quero fazê-lo*"?

"Sim", ela disse. "Como fazer exercícios, dieta, ligar para os amigos, terminar minhas tarefas..."

"Então você sabe o que quero dizer. Todos temos esse problema. Simplesmente não queremos fazer as coisas que não queremos fazer. Podemos às vezes ouvir a nossa voz reclamando, como quando éramos crianças e nossos pais pediam para fazermos algo: 'Eu não quero fazer'. Essa é uma voz familiar. Mas e se decidíssemos não escutar essa voz – e decidíssemos estar *dispostos* a fazer o que não *queríamos* fazer? Como exercícios, dieta, estudar, terminar a tarefa ou fazer coisas desagradáveis. Nós simplesmente decidimos. Estávamos dispostos e fizemos."

"Já fiz isso algumas vezes", disse Jennifer. "Foi difícil."

"Está bem, Jennifer, vamos pensar nisso. Que coisas você fez no passado e que coisas faz atualmente que, na verdade, não queria fazer?"

"Bem, vejamos. Perdi 5 kg dois anos atrás. Simplesmente decidi que tinha de caber nas minhas roupas e não relaxei. E quando estava na faculdade, estudava para as provas – e muitas vezes fazia coisas que não achava que fosse capaz de concluir. E também decidi romper com meu namorado, embora parte de mim realmente não quisesse fazer isso."

"Foi útil para você fazer coisas que não queria?"

"Sim, foi realmente útil."

"Parece que você se sentiu melhor consigo mesma depois de fazer o que não queria."

Pense nisso dessa maneira. Como você conseguiu se dispor a fazer algo que não queria? Você decidiu que aquilo era suficientemente importante para ser feito. Não sabia necessariamente se iria funcionar, mas fez de qualquer modo. Fez mesmo estando cansado, com dor de cabeça ou sem estar preparado. Você optou por fazer. Calçou os seus "Nikes mentais" e Simplesmente Fez.*

E o que aconteceu quando fez coisas que não queria fazer? Você fez progresso, se sentiu forte e percebeu que sua falta de energia e motivação não poderiam impedi-lo de fazer o que tinha de ser feito. Convocou sua autodisciplina para fazer o que não queria fazer.

Pense em algumas coisas que seria bom que você fizesse, mas que, na verdade, não quer fazer. Pergunte-se: *Estou disposto a fazer isso?*

Use os espaços em branco a seguir para terminar esta frase: "Eu estou disposto a..."

- _____
- _____
- _____

Desconforto construtivo

Melhorar em todas as áreas de nossas vidas envolve certa quantidade de desconforto. Perder peso requer exercícios, construir um relacionamento melhor pode requerer paciência, e tolerar a frustração e tomar uma decisão requer o desconforto da incerteza. Enfrentar seus medos pode significar que você tem de ficar ansioso. O desconforto é inevitável. Acabamos de aprender que é importante fazer coisas que você não quer fazer, mas agora você pode se concentrar ainda mais na sua capacidade de tolerar o desconforto. Eu penso nisso como o problema do "desconforto construtivo".

Acabamos de examinar sua disposição para fazer o que é necessário para se sentir melhor – mas agora vamos nos concentrar em sua atitude em relação ao desconforto. Você pensa em desconforto como algo opressor, exaustivo, esgotante, muito frustrante e permanente? Ou o encara como uma inconveniência temporária, um desafio, algo que lhe proporciona um sentimento de que você está superando obstáculos e como uma parte ine-

---

* N. de T.: Alusão ao *slogan* da Nike, "Just Do It".

vitável de sua vida que vale a pena viver? Você pensa em desconforto como algo destrutivo ou construtivo?

O que é *desconforto construtivo*? É a capacidade de fazer o que é desconfortável para atingir seus objetivos. Pense no desconforto como um meio para um fim. Ele é uma ferramenta.

Apresentamos aqui alguns exercícios simples que você pode fazer para desenvolver a sua tolerância ao desconforto.

1. *Pegue o exemplo de uma história de desconforto:* Quais são algumas coisas que você fez que eram desconfortáveis, mas que fez *mesmo assim*?
2. *Relacione desconforto com orgulho:* Do que você sentiu orgulho? Teve algum desconforto envolvido?
3. *Designe algum desconforto a si mesmo:* Acompanhe coisas que você faz que são desconfortáveis. Veja se elas estão vinculadas a realizar coisas.
4. *Reconheça que o desconforto é temporário:* Todo desconforto é temporário. Ele não vai lhe matar. Na verdade, vai torná-lo mais forte. Os bailarinos dizem: "Foi um bom exercício. *Doeu bastante*".

Se você não está fazendo algo que seja desconfortável todos os dias, não está fazendo progresso.

Você pode usar seu desconforto como um investimento – fazer o que precisa ser feito para obter o que realmente quer.

Praticar o desconforto é como desenvolver um músculo mental. Isso é chamado de autodisciplina.

O desconforto é temporário. O orgulho é para sempre.

"Eu não deveria ter de fazer isso"

Outro bloqueio para fazer progresso são suas regras sobre o que você não deveria "ter" de fazer. Por exemplo, depois de acabar um relacionamento, você poderia pensar: *Eu não deveria ter de passar por isso. Eu não deveria ter de ficar sozinho.* Isso é difícil e frequentemente injusto. Algumas das piores coisas às vezes acontecem às melhores pessoas. E a injustiça parece se agravar quando você percebe que tem de lidar com o seu sofrimento realizando um trabalho extra.

Uma forma de encarar isso é perceber que você não tem opção em relação à situação. As únicas opções que você tem são (1) fazer algo para melhorar as coisas e (2) não fazer algo para melhorar as coisas. O que lhe aconteceu pode ser injusto – pode até mesmo ter sido traumático. Mas essa coisa terrível aconteceu antes de hoje. Hoje você só pode se perguntar se existe algo que possa fazer para se ajudar a enfrentar a experiência injusta e terrível que teve.

Imagine que sua casa foi danificada por um furacão. Você agora tem uma escolha: consertá-la ou focar sua atenção no quanto o furacão foi horrível. Onde você vai colocar suas energias e seus recursos?

Frequentemente nos pegamos fazendo escolhas inteligentes para fazer o que realmente não deveríamos ter de fazer. Por que fazemos isso?

Porque é em nosso interesse. É uma forma de tornarmos nossas vidas melhores.

Que tipo de pessoa você quer ser?

Quando atravessamos uma crise em nossas vidas, tendemos a nos concentrar na superação dos maus sentimentos que temos no momento. Isso é natural. Mas você também pode pensar na sua depressão como uma oportunidade de decidir que tipo de pessoa gostaria de ser. Você quer ser o tipo de pessoa que espera que as coisas aconteçam ou o que *faz* as coisas acontecerem? Esperar para se sentir melhor significa que ficará passivo. Fazer o que precisa ser feito significa que realizará mais. Que tipo de pessoa você quer ser? Um "esperador" ou um "fazedor"?

A tendência de Jennifer era esperar até se sentir melhor. Sugeri que ela tinha outra opção: "Você pode agir melhor agora e se sentir melhor depois".

Também podemos pensar nisso como ser proativo – "Eu faço as coisas acontecerem", ou "Eu foco nas minhas metas". Jennifer tinha alguns bons exemplos do passado sobre metas que traçou e alcançou. Ela havia feito cursos difíceis na faculdade, estudou muito e teve sucesso. Perdeu peso no passado, se mudou para Nova York – sem conhecer ninguém – e fez amigos. Quando foi proativa, ela se sentiu melhor. Quando foi passiva, sentiu-se impotente.

Os antigos gregos e romanos – voltando a Aristóteles e aos estoicos – sabiam o valor desse modo de pensar. Eles enfatizavam os hábitos de caráter que compõem a "boa vida" – virtudes como generosidade, coragem, autodisciplina e integridade. Você fez escolhas com base nessas virtudes.

O importante acerca de um hábito é que você o pratica regularmente sem ter de se sentir motivado e sem ser recompensado por ninguém. É apenas algo que faz – e tem algo em você que o leva a fazer isso. Você é o tipo de pessoa que faz essas coisas. Se desenvolver o "hábito" de colocar as coisas em prática, não estará dependendo dos seus sentimentos e não ficará sentado esperando a motivação aparecer. O seu hábito será persistir diante da fadiga e das dificuldades. Esse é o tipo de pessoa que você será.

A chave para a abordagem de Aristóteles era simplesmente essa – direcionar a mira para *o tipo de pessoa* que você queria ser. Você precisava saber quais eram seus propósitos. Jennifer reconheceu que desejava ser uma pessoa gentil, generosa e honesta, mas também percebeu que precisava desenvolver o hábito da *autodisciplina* – ser capaz de tomar uma atitude em face de humores negativos e fazer o que era difícil de fazer.

Você quer ser alguém que coloca as coisas em prática, que não procrastina, que consegue fazer coisas difíceis – mesmo quando não quer fazê-las? Ou quer ser alguém que espera até se sentir motivado e que só está disposto a fazer as coisas fáceis e confortáveis? Você quer ser uma pessoa que estabelece metas e consegue manter-se fazendo coisas difíceis por um longo período de tempo – por dias e semanas, se necessário – para alcançar o que almeja? Ou quer ser alguém que desiste no momento em que as coisas ficam frustrantes?

Você decide.

Complete a frase a seguir: "Eu quero ser o tipo de pessoa que..."

- _____
- _____
- _____

Um jovem que conheci se formou em West Point – a Academia Militar dos Estados Unidos. O treinamento lá é rigoroso e exigente. Pedi ao meu amigo que nomeasse a coisa mais importante que obteve desse treinamento em West Point. Sem hesitar, ele disse: "Aprendi que poderia fazer coisas que nunca pensei ser capaz".

Talvez você possa aprender a mesma coisa. Talvez transformemos isso em um hábito diário para você.

Examinemos os passos que você pode dar para chegar onde quer – e ser o tipo de pessoa que quer ser.

Planejando o seu objetivo

Imagine que está começando uma longa viagem. Você entra no seu carro, enche o tanque de gasolina e então lhe ocorre: *Não tenho ideia de onde quero chegar.*

Você pode ter uma dúzia de mapas, mas se não souber onde quer chegar, a viagem não começará. Você está empacado.

Você pode estar focado neste momento em como se sente – cansado, triste, impotente e sem esperança. Como você pode se reconectar com o maior objetivo de sua vida? Uma maneira é identificar algumas metas que quer atingir no curto prazo e no longo prazo. Você precisa refletir antecipadamente – pense sobre o que quer alcançar.

Pergunte-se como realmente gostaria que fosse sua vida. Jennifer quer melhorar sua vida social, exercitar-se mais, aprender novas habilidades e fazer mais atividades. Você, por exemplo, pode querer mudar de emprego, viajar mais ou encontrar um parceiro.

Tenha em mente que precisa *manter suas metas diante de você* – elas são guias essenciais quando você toma decisões sobre como usar sua energia e seu tempo. Uma boa ideia é subdividi-las em metas para cada dia, cada semana e em mais longo prazo – o próximo mês e até mesmo o próximo ano. As metas diárias de Jennifer eram sair da cama até 10 minutos depois de se acordar, tomar banho, tomar café da manhã, ir à academia (três vezes por semana) e chegar ao trabalho na hora. Suas metas semanais incluíam fazer planos para ver os amigos, retornar os telefonemas que vinha evitando e sair para assistir a um filme ou ir a um museu todas as semanas. No longo prazo, queria fazer um curso de cinema, sair de férias com uma de suas amigas e ter alguns encontros.

Use os espaços abaixo para anotar algumas das suas metas. Seja o mais específico que puder – "ir à academia duas vezes por semana" é mais útil do que uma declaração vaga do tipo "entrar em forma".

Liste algumas das metas que quer alcançar amanhã:

- _____
- _____
- _____

Liste algumas das metas que quer alcançar na próxima semana:

- _____
- _____
- _____

Liste algumas das metas que quer alcançar no próximo mês:

- _____

Capítulo 6   "Eu não consigo fazer nada": como estimular a sua motivação   117

- _____
- _____

Liste algumas das metas que quer alcançar no próximo ano:

- _____
- _____
- _____

Agora você tem um propósito todos os dias, semanas, meses e anos. Tem algo para almejar a cada passo. Agora, pode pegar seu mapa e dar início à viagem.

Minha experiência com o estabelecimento de metas

Se você está tendo problemas em se motivar – se acha que nada vai dar certo, que os obstáculos estão por todos os lados e o futuro é sem esperança – eu gostaria de lhe dar um exemplo tirado da minha própria vida. Sei como é lhe dizerem que você não consegue fazer algo, sei como é ter obstáculos à sua volta e sei como é se motivar.

Meus pais já estavam divorciados antes dos meus 2 anos de idade. Minha mãe se mudou comigo e meu irmão de volta para New Haven, em Connecticut, saindo da Virgínia, onde morávamos. Meu pai era um alcoolista que nunca nos enviou um centavo como sustento. Nós empobrecemos e vivíamos em um conjunto habitacional; durante alguns anos, dependemos da assistência social para não morrer de fome. Recordo que quando eu tinha cerca de 7 anos, minha mãe nos serviu cereais no jantar. Eu lhe perguntei por que não iríamos comer outra coisa, e ela disse: "Nós não temos dinheiro para comida". Quando eu tinha 13 anos, decidi que não queria ser pobre quando crescesse. Pensei: *A única forma de sair dessa pobreza será ter uma educação*. Meu irmão, Jim, e eu trabalhávamos como ajudantes em eventos esportivos na Yale University – futebol e natação –, e comecei a entregar jornais, pois aquela era a única forma de conseguir algum dinheiro. E, com ele, comprei livros sobre como desenvolver meu vocabulário. Fiz uma lista de livros a serem lidos que me ajudariam a entrar na faculdade e uma lista de quanto tempo eu passaria todos os dias lendo em várias áreas – história, literatura, ciências, vocabulário.

> Quando eu tinha 15 anos, minha mãe me disse: "Não faça planos de ir para a universidade. Eu não tenho dinheiro para pagar a mensalidade", e eu respondi: "Não se preocupe em pagar a minha mensalidade. Eu vou conseguir uma bolsa de estudos e vou para Yale". Foi o que fiz.
>
> Mas tudo tinha a ver com ter uma meta específica – sair da pobreza e ir para a universidade. Já naquela época eu estava usando terapia cognitivo-comportamental comigo mesmo – só não sabia disso. O que eu estava fazendo?
>
> Eu estava...
>
> - *Identificando minhas metas de longo prazo:* Sair da pobreza e ir para a universidade.
> - *Programando comportamentos específicos todos os dias:* Reservar um tempo para ler e aprender vocabulário.
> - *Acompanhando o que eu estava fazendo:* Monitorar a minha leitura e o desenvolvimento do vocabulário.
> - *Estando disposto a deixar outras coisas de lado para conseguir alcançar minha meta:* Disposto a passar um tempo longe dos amigos ou da televisão para fazer o meu trabalho.
> - *Estando disposto a adiar a gratificação:* Disposto a fazer coisas agora para que a minha vida fosse melhor no futuro.
>
> Você pode dizer que isso não vai funcionar para você – que não é capaz de ter a disciplina que uma pessoa que não está deprimida consegue desenvolver. Mas eu acredito que pode e que isso vai funcionar para você. Eu já vi acontecer.
>
> Desenvolver hábitos que criam motivação funcionou para mim. É por isso que acredito firmemente que pode dar certo também para você.

O que você fazia quando não estava deprimido?

Uma forma de romper sua depressão é fazer o que você faz quando *não* está deprimido. *Aja como se* não estivesse deprimido e assim poderá abrir caminho para sair da depressão. Jennifer sabia que era muito mais ativa quando não estava deprimida – indo à academia, acordando na hora, fazendo mais coisas no trabalho, não se distraindo com buscas na Internet, vendo seus amigos com mais frequência e frequentando eventos culturais. Então decidimos começar pelo passado para nos ajudar a avançar em direção ao momento atual.

Capítulo 6 "Eu não consigo fazer nada": como estimular a sua motivação 119

Trabalhamos na produção de uma breve história de todas as coisas que ela lembrava que a faziam se sentir bem no passado. Jennifer recordou que gostava de dançar, adorava ter um cachorro, achava muito importante ler para os cegos, adorava viajar, adorava a praia, caminhar, andar de bicicleta e brincar com seus amigos quando era criança.

Então ela começou a chorar. "Todas essas coisas estão no passado. Já se foram."

E eu disse: "Elas não têm de ir. Vamos pensar em algumas coisas que você pode planejar fazer agora".

Lembra-se do "cardápio de recompensas" do qual falamos no Capítulo 2? Voltemos a essa ideia por um minuto. Imagine que você está no seu restaurante favorito e há um cupom que lhe permite pedir o que quiser, e é gratuito. Vamos explorar o cardápio.

Nele estão todas as coisas que você gostava de fazer antes de ficar deprimido, além de algumas que queria fazer, mas nunca tentou. Agora você deve decidir o pedido que vai fazer. Depende inteiramente de você.

Jennifer decidiu pedir duas recompensas já familiares em seu cardápio – ir à academia e jantar com seus amigos. Mas também decidiu que iria alugar uma bicicleta e pedalar na ciclovia à beira do rio em torno de Manhattan. Nunca havia feito isso antes. Parecia ser um passeio absolutamente lindo. Então, agora, ela tinha boas coisas antigas para fazer e uma coisa nova que nunca havia experimentado.

Pedi a ela que fizesse um acompanhamento das novas e das antigas experiências que estava tendo. Eu queria que ela tivesse uma noção de como era experimentar o cardápio. Como em todo cardápio, é claro, alguns itens não seriam do seu gosto, mas isso não era problema. Sempre poderíamos acrescentar mais itens a ele.

O que você mais fazia quando estava menos deprimido? Anote algumas ideias que podem se tornar itens no *seu* cardápio:

- _____
- _____
- _____

Planeje e preveja o seu prazer e eficácia

Quando você está deprimido, seu pessimismo o leva a acreditar que não importa o que você faça, será uma perda de tempo – que não terá prazer algum com isso e que você não vai se sentir eficiente ou competente. Mas a única maneira de descobrir o que a vida tem reservado para você é realizar um experimento para testar seu pessimismo. Você pode usar a Tabela 6.2, no fim deste capítulo, para predizer o prazer e a eficácia que espera obter da atividade que planejou. Depois, quando a atividade estiver encerrada, volte e registre o que realmente vivenciou. Isso é muito parecido com o exercício que fizemos no Capítulo 2, no qual você faz um acompanhamento do seu prazer e eficácia para obter uma noção de como respondeu às diversas atividades. A diferença é que você vai fazer previsões e depois compará-las aos resultados reais.

Essa tarefa de autoajuda é boa por inúmeras razões. Ela o auxilia a planejar com antecedência para que tenha coisas pelas quais aspirar; o ajuda a se dar conta de que existem certas atividades associadas a pouco prazer e baixa eficácia – por exemplo, talvez se sentar em casa e assistir à televisão não seja gratificante; e o ajuda a reconhecer que existem outras atividades – ver os amigos, fazer exercícios, sair, telefonar para as pessoas – que são gratificantes e a fazem sentir-se eficiente. Você pode acrescentá-las ao seu cardápio de recompensas e começar a atribuí-las a si mesmo. Mais importante, pode descobrir se as suas previsões negativas ("Isso vai ser uma perda de tempo") são precisas. Por exemplo, Jennifer descobriu que em geral previa pouco prazer e baixa eficácia, mas na verdade experimentava mais prazer e eficácia. Isso a motivou a programar mais coisas para fazer. A forma de desafiar seu pessimismo é recolher fatos.

Eis como usar a tabela. Para cada hora da semana, preencha o que *planeja fazer* e quanto prazer (P) *acha que irá experimentar*, assim como fez no Capítulo 2, usando uma escala onde 0 é sem prazer e 10 é o máximo prazer que você pode imaginar. Anote o grau de eficácia (E) que espera sentir, usando a mesma escala. Por exemplo, se prediz que terá um prazer com classificação 3 e eficácia com valor 4 por fazer exercícios às 8h da manhã na segunda-feira, então escreva "exercício P3, E4" no quadro para segunda-feira às 8h. Então, depois de se exercitar, retorne e anote o que realmente vivenciou.

Se quiser, você pode experimentar uma variação desse experimento. Passe alguns dias fazendo as coisas que costumava fazer quando estava menos deprimido. Classifique cada experiência de acordo com a quantidade de prazer que obtém e o quanto se sente eficiente. Depois, faça o mesmo para os dias em que não faz quase nada. (Isso significa, essencialmente, que você está classificando o prazer e a eficácia de não fazer nada.) Então compare os dois.

Por exemplo, Jennifer pensou em ir à academia, porém, sentindo-se deprimida e muito cansada, decidiu permanecer em casa. Ficou sentada em seu apartamento pensando no quanto era solitária. A "atividade" era "sentar-me em casa pensando em como me sinto solitária", a classificação do seu prazer foi 1 e a classificação da sua eficácia foi 0. No dia seguinte, decidiu realizar o experimento de ir à academia. Ela descobriu que seu prazer era 4 e sua eficácia 5 – consideravelmente melhor do que ficar sentada em casa.

Examine os custos e os benefícios

Se você tem estado passivo e atirado, como Jennifer, sabe que é como se realmente não tivesse opção do que fazer. Não tem motivação e não quer fazer nada, mas ficar deitado é uma opção. Você pode optar por ficar deitado ou pode escolher fazer algo diferente.

Se está disposto a fazer uma escolha vinculada ao seu propósito e ao tipo de pessoa que deseja ser, e se está disposto a fazer o que não quer fazer, então você está pronto para examinar o que vai acontecer se realmente fizer alguma coisa. A primeira pergunta a se fazer é: *Quais são os custos de fazer isso e quais são os benefícios?* E a segunda: *Por quanto tempo estou disposto a fazer isso antes que os benefícios se concretizem?*

Comecemos pelos custos e benefícios de fazer algo. Vejamos os exercícios. Quais são os custos de se exercitar durante 30 minutos? Você pode sentir fadiga, transpirar e até ter algum desconforto, mas também não poderá simplesmente ficar deitado e assistir à televisão ou navegar na Internet sem objetivo. Você se convenceu de que essas são distrações agradáveis. Certo, agora pense nos benefícios do exercício. Os possíveis benefícios são: você pode se sentir melhor apenas tomando uma atitude, isso o distrai do seu pensamento negativo, você pode se sentir com mais energia depois e pode obter um benefício das endorfinas que são liberadas quando se exercita. Agora, e quanto aos benefícios de longo prazo? E se você se exercitasse cinco dias por semana durante seis meses? Quais seriam os benefícios? Você pode ver imediatamente que *investindo* com persistência no comportamento positivo as recompensas serão cada vez maiores.

Use a Tabela 6.1 para analisar os custos e os benefícios de uma opção que você esteja considerando.

TABELA 6.1 Análise do custo-benefício	
Custos	Benefícios

Você também deve levar em consideração qual a alternativa a fazer algo – isto é, não fazer nada. Quais são os custos e os benefícios de simplesmente não fazer nada? Bem, os custos são que você provavelmente vai se sentir ineficiente, não vai ter nada concluído e vai continuar deprimido; os benefícios são que você não vai "gastar" seu tempo e energia.

Conclusão

Uma razão pela qual com frequência não tentamos algo é que queremos nos sentir melhor imediatamente. Você pode sair, fazer algo que costumava fazer com que se sentisse bem quando não estava deprimido e ficar desapontado. Então fica tentado a simplesmente desistir e afundar de volta em sua passividade e letargia.

No entanto, os bons sentimentos que está almejando podem levar algum tempo para serem atingidos. Você deve se perguntar se está disposto a fazer coisas positivas com persistência – por algum período de tempo – para desenvolver o prazer e a eficácia que deseja. Os custos iniciais são: tolerar a dificuldade agora para tornar a vida mais fácil depois.

Você pode ficar deitado e esperar que a motivação surja – ou pode identificar seus objetivos, investir em autodisciplina como um novo hábito que quer nutrir, comprometer-se com a escolha e ver se a motivação surge depois que você toma a atitude. A atividade cria novas realidades – nova energia, novas experiências, até novos amigos. E, à medida que avança e faz o que precisa fazer, você, esteja ou não motivado ou tenha vontade de

Capítulo 6 "Eu não consigo fazer nada": como estimular a sua motivação

fazê-lo, estará se recompensando todos os dias com elogios por fazer o que é difícil. Só você sabe o quão difícil foi superar a si mesmo.

Desafiando a sua falta de motivação

- Não espere a motivação surgir. Ação cria motivação.
- Quando você diz que não está motivado para fazer algo, na verdade, está dizendo: "Eu não quero fazer isso". Esteja disposto a fazer o que não quer fazer.
- Decida que tipo de pessoa quer ser. Você quer ser alguém que espera que as coisas aconteçam ou alguém que faz com que elas aconteçam?
- Escolha o seu objetivo. Estabeleça metas específicas que quer atingir no dia seguinte, na próxima semana, mês e ano.
- O que você fazia quando não estava deprimido? Aja contra sua depressão fazendo algumas dessas coisas.
- Preveja o quanto de prazer e eficácia espera sentir a partir de determinada atividade. Depois, a experimente e acompanhe os resultados. Teste seu pessimismo.
- Prove do seu cardápio de recompensas. Acrescente as atividades que produzem mais prazer e eficácia e depois as coloque na sua programação.
- Examine os custos e os benefícios de fazer as coisas – em longo e em curto prazo.
- Não espere por uma recompensa imediata. Com o tempo, seus novos hábitos irão criar novas realidades. Você pode começar agora mesmo.

TABELA 6.2	Programação de atividades semanais		
Hora	Segunda-feira	Terça-feira	Quarta-feira
6			
7			
8			
9			
10			
11			
Meio-dia			
13			
14			
15			
16			
17			
18			
19			
20			
21			
22			
23			
Meia-noite			
1 às 6			

Capítulo 6 "Eu não consigo fazer nada": como estimular a sua motivação

Quinta-feira	Sexta-feira	Sábado	Domingo

"Eu não consigo me decidir": como superar a sua indecisão   7

Wendy sente-se paralisada. Levanta-se pela manhã e tem muita dificuldade em decidir o que vestir. Pondera sobre diferentes vestidos, assessórios e sapatos, pensando enquanto considera cada um: *Eu não tenho certeza se essa é a melhor opção.* Acaba saindo de casa tarde e vai correndo para o trabalho, onde nota que leva muito mais tempo para concluir as coisas. Ela não consegue decidir se um relatório está suficientemente bom para entregar ao seu chefe, pondera – às vezes por horas – sobre qual será o melhor curso de ação, e frequentemente está se esforçando para cumprir prazos. Sua indecisão tornou mais difícil decidir se deveria comprar um apartamento ou continuar alugando um. Existem bons argumentos para cada alternativa, é claro – mas ela vem pensando a respeito há meses. Quando pensa em telefonar para sua amiga Gail, não consegue se decidir a pegar o telefone: Wendy sabe que já faz muito tempo que falou com ela pela última vez, portanto, dar o telefonema parece difícil, mas também sabe que a amiga pode ser uma boa fonte de apoio para ela. Mesmo em restaurantes, é muito difícil para Wendy tomar uma decisão – fica comparando as diferentes entradas e, depois que seu pedido chega, se questiona se fez a escolha certa.

Quando estamos deprimidos, é comum que tenhamos dificuldade em tomar decisões. Talvez tenhamos tido dificuldades com isso por toda a nossa vida. Uma mulher se descreveu com seis anos de idade: "Lembro-me de atravessar a sala de estar e parar no meio dela sem conseguir me decidir para que lado seguir". Outra mulher era atormentada por dúvidas sobre se deveria ser voluntária em um local ou em outro; o resultado foi que levou mais de um ano para começar a fazer trabalho voluntário (o que, por fim, achou muito gratificante). Um homem que recentemente havia perdido o emprego sabia que exercícios geralmente faziam com que se sentisse melhor, mas não conseguia decidir se ia ou não à academia. Ele se debatia entre a vontade de ficar na cama e o seu reconhecimento de que o exercício – embora às vezes difícil para ele – poderia fazer com que se sentisse melhor. (E, é claro, ao não decidir se iria à academia, estava decidindo *não* ir.)

Quando está deprimido, você geralmente acha que qualquer decisão que tome poderá piorar as coisas. Foca principalmente no lado negativo, acha que não conseguirá lidar com um mau resultado que possa ocorrer e sabe que, com frequência, se culpa se as coisas não dão certo. Em consequência, você pode precisar cada vez mais de informações antes de se decidir, o que imobiliza seus passos, ou pode procurar a confirmação de outras pessoas antes de fazer qualquer coisa. Preso a uma batalha entre os prós e os contras de fazer uma mudança, você frequentemente procrastina, atrasa, se restringe ou simplesmente fica imóvel, e quando não consegue decidir que atitude tomar – ou se toma uma atitude ou não – isso pode fazer com que se sinta impotente, o convence de que nunca vai conseguir atingir os seus objetivos, contribui para seus sentimentos de falta de esperança e, por fim, piora ainda mais a sua depressão.

Vamos dar uma olhada em como você pode romper esse círculo vicioso e começar a tomar decisões mais fáceis e melhores, que o façam avançar, com base no que é mais importante para você.

Em que você baseia as decisões?

Estando ou não deprimidos, nossas decisões no dia a dia estão frequentemente baseadas em nossos sentimentos e desconfortos do momento. Wendy parece estar tomando decisões com base em como se sente no momento – ou como poderia sentir-se nos próximos 10 minutos. Se vai à academia e está tentando decidir qual exercício fazer, ela pensa: *Eu poderia me sentir cansada no transport*. Ou quando está considerando ligar para uma amiga, pensa: *Eu poderia me sentir desconfortável falando com Jenny*. Às vezes também sou assim. Levantei-me hoje pela manhã – é domingo – às 6h45min. Planejei escrever um pouco, mas estava me sentindo preguiçoso. Parte de mim queria voltar a dormir, outra parte queria assistir ao noticiário e outra queria navegar na Internet sem compromisso. Eu pensei: *Oh, escrever com indecisão vai ser desagradável. É domingo de manhã. Não mereço uma pausa?* Ironicamente, eu estava tendo dificuldade em tomar uma decisão – mas somente por uns 10 minutos.

Minhas metas e valores de longo prazo incluíam terminar este livro e fazer um bom trabalho ao lhe contar sobre o que aprendi ao longo dos anos – para que você possa fazer uso disso. Tomei a decisão de passar cerca de duas horas escrevendo em vez de ficar ocioso e esquivo. As minhas metas de mais longo prazo (Terminar o livro) e valores (Ser eficiente e produtivo) tiveram preferência em detrimento dos meus sentimentos imediatos (Eu preferia voltar a dormir).

Decida com um propósito

No capítulo anterior, conversamos sobre ficar motivado sem esperar pela motivação, fazendo o que é bom para nós, "querendo" ou não. Enfrentamos um desafio semelhante ao tomar decisões. Quando estamos deprimidos, tendemos a ignorar nossas metas de longo prazo e nossos valores e tomamos decisões que evitarão desconforto no curto prazo. Mas você pode mudar esse hábito, assim como qualquer outro, usando algumas das estratégias que já discutimos.

Quando estiver indeciso, você pode se perguntar: *Quais são as metas de longo prazo que estou almejando?* Você está tentando desenvolver as suas relações, ser mais eficiente no trabalho, entrar em forma, fazer mais coisas? Então tome decisões com base nessas metas. Quais são os seus valores – você quer se sentir produtivo, autodisciplinado, confiável e responsável? Então tome decisões que lhe permitirão desenvolver esses pontos fortes do caráter.

Para tornar seus valores mais claros, pense no antigo modelo grego. Há quase 2,4 mil anos, Aristóteles identificou valores eficazes para viver uma boa vida: pontos fortes do caráter que incluem honestidade, bondade, autocontrole e coragem. A "boa vida", de acordo com Aristóteles, é definida pela ação de acordo com esses valores – os quais são chamados de virtudes –, muito além da influência de sentimentos e desejos passageiros. Platão (que foi professor de Aristóteles) usou uma expressão para descrever como nos sentimos quando acontece algo ruim: "a vibração da alma". Podemos sentir isso quando somos "atingidos" emocionalmente por algo; e, de certo modo, nossas emoções tomam conta. Mas então o *movimento* seguinte para os antigos filósofos era se distanciar, examinar o que estava acontecendo e tomar uma decisão com base nos valores – ou, como diziam, *virtude*. A vida tem a ver com um propósito – não com prazer e dor.

Se as suas decisões forem orientadas pelos seus valores, elas com frequência serão mais claras. Aspirar pelos valores de autocontrole e de resistência pode ajudá-lo a sair da cama em vez de dormir, a ir à academia em vez de ficar isolado, a fazer o que precisa ser feito para ter boas relações e a optar por seguir em frente em vez de ficar atolado na indecisão.

Uma boa ideia é anotar os valores que você quer que orientem sua vida. Eles podem incluir coragem, autodisciplina, honestidade, gentileza, generosidade, paciência, amizade e outros traços de caráter. Concentrar-se nos valores e virtudes da sua vida dá significado às atividades diárias e o ajuda a tomar decisões. Portanto, se você quer praticar a virtude da autodisciplina, faça todos os dias coisas que requerem retardo da gratificação e faça o que é difícil de fazer. Se quer praticar a virtude da amizade, faça contato com os amigos, elogie, apoie e demonstre apreciação por eles.

Assim como os seus valores podem guiar a sua vida e as suas decisões, o mesmo vale para os objetivos importantes pelos quais você se esforça. Por exemplo, seus objetivos podem ser conseguir ter controle sobre o seu orçamento, desenvolver uma rede de apoio maior, resolver conflitos com amigos e família, aprofundar sua vida espiritual e limpar seu apartamento ou sua casa. Os objetivos estão relacionados aos seus valores, mas são mais específicos. Conforme discutimos no capítulo anterior, é recomendável fazer uma lista dos objetivos que deseja alcançar em curto e em longo prazo. Subdivida-os o mais possível em metas para o dia, a semana, o mês e o ano seguinte. Quando você tiver uma decisão a tomar, pense em como isso pode ajudar ou prejudicar o alcance de uma dessas metas.

Examine as vantagens

As suas decisões estão baseadas em sentir-se bem *neste momento*? Se estiverem, suspeito que você tomará decisões impensadas que custarão caro no futuro. Se quer se sentir melhor agora mesmo – neste *exato momento* – irá tomar decisões que evitem, procrastinem ou realizem apenas coisas triviais. Boas decisões estão baseadas em bons objetivos e valores que guiam suas ações e sua vida no longo prazo. Se sua perspectiva de tempo é muito curta – apenas os próximos minutos ou horas –, você não atingirá maiores objetivos em sua vida.

Vamos tomar como exemplo entrar em forma física. Como você faria isso? Tomaria a decisão de evitar exercícios porque os custos do exercício (desconforto) são maiores do que os benefícios (perder peso) *nos próximos 45 minutos*? Se for à academia e se exercitar por 45 minutos, provavelmente não perderá peso hoje, você pode mesmo se sentir desconfortável nesse momento. É possível que os custos do exercício sejam maiores do que os benefícios nos próximos 45 minutos. Mas e se você pensasse nos custos e nos benefícios de fazer exercícios por três meses – repetidamente? Quais seriam os benefícios de longo prazo? Você poderia ficar em boa forma, o que afetaria positivamente a sua depressão.

Frequentemente pergunto aos meus pacientes: "Você quer se sentir melhor pelos próximos cinco minutos ou pelos próximos cinco anos?". Se quiser se sentir melhor pelos próximos cinco minutos, provavelmente tomará decisões que o levam a evitar o desconforto, a comer em excesso, a não se exercitar, a recusar novos desafios, a adiar tarefas difíceis e a beber demais. No entanto, a vida não é apenas os próximos cinco minutos. Se quiser se sentir melhor pelos próximos cinco anos, você provavelmente terá de tomar decisões bem diferentes. Decidirá fazer o que é difícil agora para que seja mais fácil no futuro.

Não existem decisões perfeitas

Muitas pessoas indecisas sentem-se paralisadas pelo desejo de decidir *certo*. Elas querem tomar decisões perfeitas que tenham resultados perfeitos, sem incertezas vinculadas a eles e que não representem uma possibilidade de arrependimento. Estou aqui sentado pensando em qual decisão atenderia a esses critérios em algum momento de sua vida. Até mesmo fazer o pedido na hora do almoço poderia criar uma possibilidade de arrependimento: você poderia ter intoxicação alimentar. Decidir demonstrar afeição pelo seu cônjuge também poderia levar a um mau resultado: ele poderia estar mal-humorado. Quem sabe? A questão é: você não sabe.

Como você pode perceber se perfeccionismo é o seu problema ao tomar decisões? Bem, pergunte a si mesmo se tem dificuldades em aceitar a incerteza. "Parece que vai dar certo, mas ainda assim poderia fracassar" é um grau de risco com o qual você não consegue conviver? Ou talvez ache que precisa colher informações no limite do que é humanamente possível antes de tomar uma decisão. Mas quanto mais informações obtém, mais probabilidade terá de ver algum aspecto negativo. Ou você está procurando pela perfeição de um tipo diferente – a garantia de que nunca será possível se arrepender dessa decisão?

Examinemos como a busca pela perfeição pode desarticular a sua tomada de decisão – e algumas formas por meio das quais você pode amenizar a pressão.

Rejeite a certeza como um objetivo

Lembro-me de quando decidi ingressar na prática clínica, anos atrás. Eu era professor acadêmico em tempo integral e estava indo muito bem, mas havia decidido deixar a vida acadêmica para buscar treinamento clínico e, por fim, montar meu próprio consultório particular. Eu tinha muitas dúvidas, quase não havia economizado dinheiro (eu usara minhas economias para ter mais treinamento clínico) e tinha apenas alguns pacientes naquele momento. Eu estava em uma loja com um amigo comprando um sofá para o meu novo apartamento quando de repente sentei-me no sofá e comecei a tremer. Perguntei ao meu amigo: "Está frio aqui?", e ele disse: "Não". Então percebi que estava tendo um ataque de pânico.

Sendo um terapeuta cognitivo recém-formado, me perguntei: *Quais são os seus pensamentos negativos?*

Bem, fui inundado por pensamentos e imagens negativas. Eles soavam assim: *A quem você está enganando? Você nunca vai ter uma clínica de sucesso. Não pode pagar por este sofá. Vai acabar pobre, sem pacientes e com os credores lhe perseguindo. Você vai fracassar.* E depois vi a minha própria imagem, sentado naquele sofá em meu novo apartamento com o aquecimento desligado porque eu não conseguia sustentar aquele conforto – sentado no escuro com o vento soprando através de uma janela com o vidro quebrado.

Portanto, o meu primeiro paciente seria *eu mesmo*. Apelei para todo o meu treinamento em terapia cognitivo-comportamental. *Bob, você não precisa saber com certeza se terá sucesso. Tudo o que você precisa é ver dez pacientes por semana para pagar as suas contas. Você é bom no que faz – e existem outras pessoas por aí que têm pacientes e ganham a vida. Você terá de trabalhar duro, usar a sua terapia cognitiva em si mesmo e sempre poderá conseguir um emprego em algum lugar – voltar ao trabalho acadêmico ou trabalhar em um hospital – se isso não der certo.*

Percebi que eu não precisava da certeza perfeita ou de resultados perfeitos. Eu só precisava estar aberto para dar tempo ao tempo. Meu ataque de pânico diminuiu, mas minhas dúvidas continuaram. Na verdade, como muitos terapeutas que têm clínica particular, eu tinha uma torrente de dúvidas no verão, quando o meu número de casos diminuía. E foi então que li uma biografia de Freud. Não que eu seja freudiano – mas sua vida e suas contribuições foram fascinantes. E algo em sua biografia realmente me ajudou. Aparentemente, Freud se preocupava em perder a *sua* clínica a cada verão, quando tirava férias e seus pacientes estavam fora. Ter dúvidas, não ter perfeição, conviver com a incerteza – todos esses eram ingredientes da vida. *Não existe certeza em um mundo incerto.*

Eu me pergunto se Colombo teria embarcado em sua jornada até a América do Norte se houvesse a exigência de uma certeza. Provavelmente não.

Quanta informação é suficiente?

Quando você está indeciso, pode estar dizendo a si mesmo: "Preciso de mais informações". Mas quando começa a colher informações, você frequentemente se envolve em buscas tendenciosas e pessimistas.[1] Por exemplo, consideremos Maria, que está ambivalente quanto ao seu relacionamento com Larry. Ela acha que precisa colher cada vez mais informações sobre ele para decidir se continua ou não o relacionamento – mas faz isso focando nos pontos negativos dele. Com frequência, ela o interroga para descobrir quais são os seus "pontos fracos" – e isso leva a discussões que confirmam seu preconceito negativo e sua crença de que vai se magoar em um relacionamento.

Quando está deprimido, você é excessivamente pessimista, então procura informações que *confirmem seu pessimismo*.[2] Para lhe dar outro exemplo, Wendy, a quem conhecemos no início do capítulo, examinava seu rosto em um espelho de aumento para ver se precisava de mais maquiagem. Ninguém tem boa aparência com uma ampliação da imagem! É importante que você pese as informações positivas e as negativas.

É igualmente importante que você saiba quando informações suficientes são suficientes. Um conceito que os psicólogos usam para contornar a tendência por uma busca excessiva é "satisfatório" – como em "Essa alternativa satisfaz as exigências mínimas?".[3] Olhar à sua volta para observar as escolhas que outras pessoas fazem é uma maneira de compreender onde realmente residem as exigências mínimas. Focando na satisfação, em vez de na perfeição, você pode estabelecer objetivos razoáveis e usar o padrão "suficientemente bom" para atingi-los, semelhante ao que discutimos no Capítulo 5. Por exemplo, Wendy estava buscando a melhor aparência possível – então gastava muito tempo se vestindo, provando cada roupa e assessório antes de conseguir sair para o trabalho. Nós combinamos tentar uma experiência de uma semana com "satisfatório" – visando ter uma aparência que fosse "suficientemente boa, mas não a melhor possível". Ela disse que foi difícil, porque seu medo era de que, caso "se contentasse" com o satisfatório, se sentiria estranha, não atraente e comum, mas tentou mesmo assim. Por duas manhãs ainda passou mais tempo do que queria, mas duas manhãs depois conseguiu se contentar com o satisfatório. Isso foi uma ruptura para ela – reconhecer que "suficientemente bom" era apenas isso. "Eu não preciso ser a melhor", percebeu. "Eu não preciso encontrar o traje perfeito, só devo estar tão bem quanto os outros – *apenas suficientemente bem*." Ela só tinha de se vestir tão bem quanto os outros – não tinha de ser perfeita. Ninguém é.

Você também pode estabelecer um limite de tempo quanto à busca de informações. Um homem que estava preocupado com seu dinheiro ficava acordado até as 2 horas para buscar cada vez mais informações sobre ações e investimentos. Isso resultou em perda do sono, aumento da ansiedade, depressão no dia seguinte e – quase sempre – uma procura tendenciosa por razões para que as coisas ficassem ruins. Estabelecer um limite de tempo antes de começar a procurar pode ser útil para afastá-lo do foco obsessivo na informação. Por exemplo, para Wendy, o tempo limite eram cinco minutos – ao contrário de "o máximo de tempo que eu puder usar".

Estabelecer limites também é útil se você estiver usando um padrão emocional em vez de racional para decidir o quanto de informação é suficiente. O seu padrão de busca pode ser algo como: "Até que eu me sinta confortável", ou "Até que eu não tenha nenhuma dúvida". [4] Mas tomar decisões pode significar escolher fazer algo que *é* desconfortável, onde *existem* dúvidas, não importa o que você faça nem quanta informação consiga reunir. Estabelecer limites antes de começar sua busca é uma maneira de interromper a infindável coleta de informações.

Conforme mencionei, poderá ser útil perguntar: *Quanto de informação é suficiente para a maioria das pessoas?* ou *O que as pessoas sensatas fazem?* Por exemplo, uma mulher que precisava se submeter a uma biópsia estava considerando vários médicos e tinha uma lista de diversos clínicos de grande reputação para escolher. "Mas eu não tenho certeza de qual é o *melhor*", ela disse, indo e vindo entre os diferentes nomes. Eu lhe perguntei o que uma pessoa sensata faria – com o que a maioria das pessoas se sentiria satisfeita. Ela concordou que a maioria das pessoas ficaria satisfeita com qualquer um daqueles médicos, mas tinha uma história de tentar obter o maior número de informações possível. O problema com essa estratégia mental é que ela não tem fim. Sempre existem mais informações por aí. Mas colher mais informações só se somava às dúvidas dessa mulher e à sua incapacidade de tomar uma decisão. Decidimos estabelecer um limite de tempo, aceitar a informação imperfeita e seguir em frente como uma pessoa sensata faria. A propósito, a biópsia foi negativa.

Aceite as dúvidas, mas aja mesmo assim

Talvez você ache que não pode tomar uma decisão porque tem dúvidas.[5] "Não posso me oferecer como voluntária no centro comunitário porque não tenho certeza se isso vai dar certo para mim", você diz, ou "Não posso ligar para os meus amigos porque não tenho certeza se ficarão felizes em ter notícias minhas". Você senta, pondera e pensa: "Isso pode não dar certo – portanto, vou esperar até encontrar uma atividade sobre a qual eu não tenha dúvidas". Você acha que a regra que deve seguir é evitar dúvidas.

Mas decisões importantes na vida envolvem dúvidas. Por exemplo, Maria gostava muito de Larry, mas tinha algumas dúvidas sobre ele. Larry não tinha muito dinheiro e nunca havia sido casado. Pelo lado positivo, era carinhoso, atencioso, interessante e inteligente – e a amava. "Mas eu ainda tenho as minhas dúvidas", ela insistia.

Talvez sim. "Mas, Maria", perguntei, "já existiu alguém sobre quem você não tivera dúvidas?"

"Na verdade, não", ela teve de admitir.

Talvez as dúvidas façam parte da avaliação da complexidade dos relacionamentos. Nós temos dúvidas porque as pessoas têm qualidades variadas, e nós, às vezes, queremos traços conflitantes em alguém. Você pode querer alguém que seja decidido – mas não dominador; pode querer alguém que seja atraente – mas não tão atraente a ponto de outras pessoas flertarem com ele.

Agora, digamos que você pense: *Sim, mas eu ainda tenho as minhas dúvidas!* Bem, então há duas alternativas. Você pode esperar até que não haja dúvidas ou pode seguir em frente, levando suas dúvidas consigo, de uma forma muito parecida com o que fez ao convidar seus pensamentos negativos para dar um passeio com você. Digamos que você pense: *Talvez eu siga em frente mesmo tendo essas dúvidas.*

Diante dessa situação, você pode considerar seguir em frente como uma forma de colher informações – não informações excessivas, muito pesquisadas e perfeitas, mas fatos e sentimentos novos que podem surgir para colocar suas dúvidas em perspectiva. Pode tomar uma decisão – seguir em frente – enquanto ainda está *indeciso acerca das suas dúvidas*. "Você pode decidir ter um encontro com Larry e ver como é enquanto se conhecem", eu disse a Maria. "Então poderá ver se suas preocupações sobre suas dúvidas mudam em algum aspecto, e se duvida mais ou menos das suas dúvidas à medida que o tempo passa. Isso é o que eu chamo de ser 'indeciso acerca das suas dúvidas'." Essa ideia lhe pareceu atraente, já que significava que poderia decidir continuar saindo com Larry sem ter de derrubar todas as suas dúvidas. Elas não têm de determinar uma decisão. Você pode simplesmente decidir duvidar das suas dúvidas.

Encare as decisões como experimentos

Minha paciente Ruth encarava as decisões como exames finais em que poderia passar ou ser reprovada. Tomar decisões e tomar uma atitude quanto a elas acarretava o risco de fracasso, arrependimento e críticas a si mesma. Para Ruth, o fracasso era o resultado provável, e ele era final e fatal. Não suportava a ideia de que as coisas poderiam não dar certo. Como as decisões eram tão temidas, ela relutava em tomá-las; em vez disso, examinava todas as evidências, repetidamente, de forma obsessiva.

Mas e se você encarasse a tomada de decisão como um processo de experimentação? E se pensasse: *Deixe-me ver o que acontece quando experimento isso?* Quando realizamos um experimento, estamos simplesmente colhendo informações – apenas assistindo para ver o que acontece, como se estivéssemos misturando duas substâncias químicas em uma proveta.

Tomemos o experimento dos exercícios. Pensei há algum tempo: *Preciso me mexer um pouco – preciso de um tempo para me exercitar.* Então decidi realizar um experimento: *Deixe-me ver como me sinto se fizer esteira por 25 minutos enquanto assisto ao noticiário da manhã.* (Quero lhe assegurar que eu já havia atingido minha meta de escrever – portanto, podia permitir essa pequena pausa.) Realizei meu experimento e tenho a satisfação de lhe dizer que me sinto melhor. Mas e se eu me sentisse pior? E se me sentisse mais cansado, mais mal-humorado ou mais desencorajado porque perdi 25 minutos de um tempo de trabalho? Então qual seria o resultado? Eu teria a informação de que nessa manhã de domingo, às 9h15min, fazer esteira fez com que eu me sentisse pior. Teria de incluir essa informação no meu banco de informações sobre todas as outras vezes em que fiz esteira. Teria de pesar essa informação, comparando-a com todas as outras informações. (O fato é que quase sempre me sinto melhor quando faço esteira. Isso é o que experimentos repetidos comprovaram.)

Voltemos a Ruth, que tende a afastar-se de seus amigos e depois acha difícil decidir voltar a entrar em contato. Se ela não fizer contato com eles, estará perdendo uma fonte de apoio, de recompensa e de significado em sua vida. Se fizer contato, poderá ser desagradável, já que eles podem estar magoados por ela ter ficado afastada. Bem, ela pode *experimentar* telefonar para eles: *Vamos ver como respondem.* Agora, seu pensamento inicial – o chamaremos de sua "hipótese", já que somos experimentadores – é que os amigos ficarão incomodados, irão criticá-la por demorar tanto a fazer contato ou irão simplesmente receber a sua aproximação com frieza. Certo, vamos descobrir.

Nesse momento, em seu modo indeciso e esquivo, Ruth está *presumindo* que seus amigos serão críticos ou frios, mas, na verdade, não sabemos. E se estiver errada – e eles ficarem felizes em ter notícias dela? E então? Então Ruth terá adquirido informações importantes – e terá voltado a ter contato com seus amigos, poderá receber o seu apoio e ser uma boa amiga para eles em retribuição.

Mas e se o seu experimento acabar tendo uma consequência negativa? Essa possibilidade não é uma boa razão para permanecer indeciso e esquivo? Na verdade, não. Digamos que Ruth ligue para seu amigo Richard e ele diz: "Você sabe que não retorna os telefonemas ou os *e-mails*. Eu acho que você não é confiável". E então? Bem, se quiser tentar reparar a amizade, ela pode se desculpar com Richard, lhe dar razão e lhe dizer que transformará em uma prioridade ser mais confiável. Ele pode aceitar isso, ou não. Mas qual é a alternativa? Se Ruth simplesmente evitar Richard para sempre, ela não o terá como amigo de qualquer forma. A melhor decisão é tentar o experimento, se arriscar e aprender com os resultados.

Esteja disposto a absorver algumas perdas

Quando você tem medo de tomar a decisão errada, pode pensar que um erro é algo de que nunca vai se recuperar. Segundo seu ponto de vista, um erro é definitivo e fatal. Você não consegue absorver a perda.

Se pensar nas "perdas" que você teme, notará que às vezes elas são de fato triviais, e não é difícil perceber que é possível absorvê-las. Você pode decidir se vai ou não fazer exercícios e pensar: *Eu poderia me sentir realmente exausto*. E daí? O que irá acontecer se ficar cansado? Você não consegue se recuperar disso? Ou poderia pensar em ser mais amigável com as pessoas, iniciar conversas e se aproximar. Qual é a perda potencial aí? Alguém pode ser hostil com você. O que vai acontecer, então? Sei que tento ser amigável com as pessoas, mas às vezes elas não são assim comigo. Como isso torna a minha vida pior? Prefiro ser amigável com 10 pessoas e receber uma resposta negativa do que ser recluso e hostil. Eu posso lidar com a "perda" da grosseria de alguém.

Ou você pode temer ser rejeitado pelos amigos. Essa seria uma perda genuína. Por exemplo, ligar para seus amigos após uma longa ausência poderia levar ao reconhecimento de que um deles já não está mais interessado em ser seu amigo. (Eu me perguntaria que tipo de amigo era aquele, mas tenho certeza de que isso poderia acontecer.) Mas se não fizer contato com seus amigos, você os perde de qualquer modo. Portanto, é mais provável que essa perda ocorra evitando-os do que se aproximando deles. Se você perde um amigo para o qual não teria mesmo ligado – bem, isso é como dizer que eu não consegui lugar no *show* ao qual não iria de qualquer forma. Você não perde algo a menos que o tenha e o utilize.

Maria estava emperrada em sua indecisão sobre Larry em parte porque achava que não conseguiria absorver a perda se a sua decisão se revelasse errada. *E se não der certo?*, ela pensou. *Terei de passar pelo sofrimento de um rompimento*. Em consequência de seu medo, manteve distância por algum tempo e continuou procurando sinais de que Larry era a pessoa errada para ela. Isso, é claro, acabaria *garantindo* um rompimento, a não ser que ela estivesse disposta a assumir algum risco.

"Se você abordar todas as relações assim – mantendo distância, testando o rapaz, procurando problemas –, qual será o resultado final?", perguntei a Maria.

"Nada dará certo", ela respondeu.

"Bem, esse é o dilema. Se você tentar dar o melhor de si para que funcione, poderá aumentar as chances de dar certo. Mas não há garantia. A questão é que você acha que não consegue se recuperar de um relacionamento que não deu certo, mas os seus testes e a sua abordagem negativa praticamente garantem que não dará certo."

Maria reconheceu que estava se colocando em uma posição que a deixava sem alternativas. Para seguir em frente com Larry, ela teria de enfrentar a possibilidade de haver um rompimento. Enquanto examinávamos as evidências, vimos que ela já havia passado por rompimentos antes. Foram difíceis, mas ela sobreviveu. Um dos motivos pelos quais os rompimentos foram tão difíceis era que ela frequentemente se culpava pelo fato de o relacionamento não ter dado certo. Culpava-se especialmente por sua própria negatividade e suas queixas. Eu queria lhe mostrar uma forma de tornar a perda potencial mais fácil de absorver. "Maria", eu disse, "você terá de correr o risco de que um relacionamento fracasse mesmo quando está investindo no seu melhor comportamento. Pelo menos poderá dizer: 'Fiz tudo o que podia para que desse certo'". Essa ideia lhe pareceu atraente. Ela poderia aceitar melhor a dificuldade de um rompimento potencial se soubesse que abordou o relacionamento de maneira positiva.

Não derrote a si mesmo buscando garantias

Às vezes lidamos com nossa indecisão buscando garantias com outras pessoas. Essa estratégia pode ser valiosa: você pode obter mais informações, seus amigos podem validá-lo e você se sentirá compreendido; assim, poderá ordenar suas ideias e ver as coisas sob um ângulo mais sensato. Mas, às vezes, a procura por garantias pode estimular sua busca obsessiva pela certeza.[6]

É compreensível que você queira conversar com seus amigos a respeito de suas decisões. Isso pode ser útil. Mas se a sua busca por garantias for constante, isso poderá acabar por afastá-los. Eles podem começar a pensar: *Ela só fala sobre como é difícil tomar uma decisão* – ou você pode *achar* que pensarão isso e que irão afastar-se. Consultar constantemente outras pessoas também pode reforçar a sua crença de que não consegue tomar decisões sozinho.

Capítulo 7 "Eu não consigo me decidir": como superar a sua indecisão

Mesmo que, na verdade, não obtenha nenhuma nova informação ou entendimento da situação – mesmo que já tenha pensado em tudo o que o seu amigo tem a dizer –, você pode começar a pensar que foi ele quem tomou a decisão, não você. E, em alguns casos, ao buscar garantias, você pode estar procurando outra pessoa a quem responsabilizar por um mau resultado: "Eu tomei essa decisão porque você me disse que era uma boa ideia".

Eu digo aos pacientes que as decisões deles são decisões deles. Devem estar dispostos a pesar as alternativas, a considerar suas metas de longo prazo, a tomar uma atitude e a absorver os custos. Uma paciente me telefonou entre as sessões e perguntou se a decisão que havia tomado era boa. Eu lhe disse que não poderia servir à função de reafirmar as suas decisões – ela tinha de aprender a fazer isso por conta própria. Só então se sentiria competente – e, em última análise, mais decidida. Eu a fiz lembrar que a forma de aprender a andar de bicicleta é, em algum momento, dispensar as rodinhas auxiliares.

Para avaliar se sua busca por garantias é problemática, pergunte-se se as seguintes afirmações são verdadeiras para você:

- As garantias só funcionam por um curto período de tempo – depois preciso de mais garantias.
- Fico em pânico se não obtenho garantias.
- Acho que a única maneira de lidar com minha ansiedade às vezes é obter garantias.
- Tenho medo de estar afastando as pessoas por ficar buscando garantias.
- Estou me expondo demais no trabalho por causa da minha necessidade de ter garantias.
- Parece que não sei como me tranquilizar.
- Se eu não tiver garantias, acho que não consigo tomar uma decisão.

Se observar as afirmações recém-listadas – especialmente as três primeiras –, você poderá ver que a busca por garantias alimenta crenças negativas sobre a tomada de decisão. Se essa busca lhe serve apenas por um curto período de tempo, você precisa reconhecer que é *você* quem deve aceitar a incerteza e o risco. Tem de aceitar os resultados potencialmente negativos para que possa buscar resultados positivos. Nada vai cair em suas mãos. Sua crença de que entrará em pânico se não obtiver garantias é proveniente do seu hábito de fazer as outras pessoas lhe dizerem o que fazer. Somente praticando suas próprias decisões é que poderá deixar o pânico de lado e perceber que tomou boas decisões sem outras pessoas. Você já não tomou decisões sobre inúmeras coisas em sua vida que foram suas decisões?

Sua crença de que a única maneira de lidar com a ansiedade é obter garantias alimenta ainda mais a indecisão. Na verdade, você pode manejar muito melhor sua ansiedade usando as técnicas de terapia cognitivo--comportamental descritas neste livro. Você pode examinar os custos e os benefícios, dar a si mesmo o crédito pelo progresso, reconhecer que consegue se recuperar de perdas potenciais, buscar evidências positivas, realizar experimentos para avaliar os resultados das decisões e reunir informações para o futuro. Pode praticar a meditação consciente para aliviar sua ansiedade (você vai encontrar algumas técnicas no Capítulo 12) e pode aceitar que a ansiedade faz parte da vida e que isso não vai lhe matar. Você pode tomar boas decisões mesmo *enquanto* está ansioso.

E, o mais importante, você pode se perguntar: *Que conselhos eu daria a um amigo?* É essa técnica do bom amigo que lhe permite dar a si mesmo as garantias de que precisa. Quando cuida de si dessa maneira, você não entra em pânico se não obtém garantias de uma fonte externa. Agora você pode depender de si mesmo – seu melhor amigo.

Considerando os custos

Já mencionei a importância de pesar os custos e os benefícios das decisões. Então vamos dar uma olhada em algumas maneiras específicas de avaliar o que uma decisão – ou indecisão – está lhe custando.

Uma das consequências de buscar informações é que isso requer tempo, e quando a busca é excessiva e exaustiva, o tempo necessário também é excessivo. Os psicólogos chamam isso de "custo da busca". Lembro-me de um amigo que era um tanto obsessivo. Quando nos encontrávamos para o almoço, ele passava longos minutos considerando todas as alternativas no cardápio. O problema era que eu tinha um tempo limitado para almoçar.

Em um caso diferente, o custo da busca poderia ser financeiro. Nesse caso, o custo foi pessoal. Qual foi o real custo da busca aqui – a consequência dessa necessidade de examinar e esgotar todas as alternativas? Nós demorávamos a fazer o pedido, nossa conversa era afetada (porque passávamos todo esse tempo com o cardápio quando poderíamos estar conversando) e eu acabei decidindo que, para mim, não valia a pena almoçar com ele.

Avalie os custos de oportunidade da indecisão

Se você está esperando para sentir-se melhor – e nesse meio-tempo está evitando as atividades de que gostava –, então pode achar que está empacado na indecisão. Na verdade, tomou uma decisão: ao não decidir, está decidindo. Está escolhendo não fazer nada em vez de fazer algo.[7]

Isso pode parecer óbvio – mas pense a respeito. Se você está se isolando em seu apartamento, está perdendo a oportunidade de conhecer alguém. Se fica deitado na cama até tarde de manhã, está perdendo a oportunidade de entrar em forma, de se sentir mais eficiente e de fazer progressos em sua vida. Podemos denominar isso o seu "custo de oportunidade". Quando Ruth e eu examinamos os custos de oportunidade da sua falta de ação, ela se deu conta de que poderia estar perdendo oportunidades de entrar em forma, se sentir melhor consigo mesma, desfrutar a companhia de seus amigos, conhecer novas pessoas, aprender novas habilidades e se sentir mais eficiente no trabalho.

O mesmo pode ser verdadeiro se você estiver empacado em um relacionamento ou emprego que parecem não ir a lugar nenhum. Se não estivesse empacado – se conseguisse sair e avançar –, novas oportunidades estariam disponíveis? Talvez sair de um mau relacionamento seja doloroso; talvez você se sinta solitário e triste por algum tempo. Mas será que isso não abrirá para você uma porta para novas oportunidades?

Rejeite os custos irrecuperáveis

Isso lhe parece familiar? Você comprou um casaco – pagou um bom dinheiro por ele – e depois o trouxe para casa, experimentou, achou que não estava adequado para aquele dia, o guardou no armário, tirou de lá várias vezes e tornou a guardá-lo. Você o vestiu uma ou duas vezes, e só. O seu parceiro diz: "Por que você não dá esse casaco para alguém? Você nunca o usa". Mas você diz: "Não posso. Eu paguei um bom dinheiro por ele". Na verdade, se não tivesse comprado o casaco, você não sairia e o compraria agora – porque sabe que ele não é adequado para você. Mas como já o tem, não consegue se livrar dele. Esse é um "custo irrecuperável". Você investiu tempo, dinheiro, energia e reputação em algo e acha que não pode voltar atrás. Não pode jogar fora, deixar para trás ou dar para outra pessoa.[8]

Pense em sua vida no momento atual. Comece pelos seus bens. Existem coisas que você tem conservado – talvez acumulado – que não consegue jogar fora porque pagou por elas ou simplesmente porque as tem? Você se sente empacado em um relacionamento que sabe que é autodestrutivo, mas não consegue rompê-lo porque investiu muito de si nele? Ou está empacado em um emprego que é inadequado para você, mas tem medo de que fazer uma mudança signifique "jogar tudo fora"?

A ironia de um custo irrecuperável é que, quanto mais investimos nele – quanto mais ele nos custa –, mais difícil é abandoná-lo. Permanecer com um custo irrecuperável também pode nos deixar mais deprimidos – mais impotentes, menos confiantes e mais pesarosos. Por exemplo, as pessoas frequentemente se mantêm em relacionamentos abusivos por um longo tempo porque esses relacionamentos fizeram com que elas se sentissem impotentes e inferiores – os próprios traços que as impedem de se afirmar. Os custos irrecuperáveis se transformam em profecias autorrealizadas.

Diane estava presa a um relacionamento sem perspectiva com Paul, que era casado e provavelmente não iria deixar sua esposa. Isso se estendeu por três anos, quando, então, Diane se tornou irritada, ansiosa e, por fim, deprimida. Ela se sentia empacada. "Sei que não faz sentido continuar, mas não consigo deixá-lo", ela disse. "Sinto-me empacada. Sinto que tenho sido um fardo para os meus amigos por causa disso há muito tempo – eles não aguentam mais ouvir a respeito. Mas eu simplesmente não consigo deixá-lo." A relação de Diane com Paul era um custo irrecuperável – ela havia investido tempo, esforço, emoção e até mesmo sua reputação perante os amigos. Era muito difícil se afastar.

Os custos irrecuperáveis estão em toda parte. Temos custos irrecuperáveis em relacionamentos que não conseguimos abandonar, empregos que já não sentimos mais como gratificantes, roupas que abarrotam nossos armários ou sótãos e lixo que colecionamos. Quando dizemos "Não consigo jogar fora porque paguei um bom dinheiro por isso", estamos reverenciando um custo irrecuperável e tomando uma decisão olhando para trás, com base no que pagamos por aquilo, em vez de olhar para a frente e ver o quanto aquilo nos será útil.

Boas decisões têm a ver com olhar para a frente, não para trás. As boas decisões estão baseadas na utilidade futura – ou seja, o que você vai obter com elas no *longo prazo* – e visam impulsioná-lo em direção aos objetivos futuros. Elas têm a ver com o futuro, não com o passado. Custos irrecuperáveis quase sempre têm a ver com resgatar erros passados e tentar fazê-los dar certo, como colocar um bom dinheiro em alguma coisa ruim.

Por que temos de reverenciar os custos irrecuperáveis? Existem muitos motivos. Em primeiro lugar, não queremos admitir que cometemos um erro. Enquanto estivermos apegados a um custo irrecuperável, também podemos nos apegar à esperança de redimi-lo. Talvez, finalmente, Paul vá deixar sua esposa e ficar com Diane, talvez aquele casaco no armário volte à moda ou talvez o seu emprego finalmente se torne gratificante. Em segundo lugar, achamos que desistir de um custo irrecuperável significa admitir que todo o tempo e o esforço foram desperdiçados. "Se eu for embora", disse

Diane, "significa que foi tudo em vão". Mas isso não é realmente a verdade. Quando examinamos sua relação com Paul, vimos que houve muitas coisas boas durante algum tempo – comunicação, intimidade, bons momentos. Portanto, não foi uma total perda de tempo. E mesmo que admitíssemos que um custo irrecuperável *foi* uma total perda de tempo e esforço, ainda assim não seria melhor cortar o mal pela raiz o quanto antes? Em terceiro lugar, encaramos abandonar um custo irrecuperável como uma admissão de fracasso. Dizemos: "Devo ter sido um idiota por ter ficado nisso por tanto tempo". Uma forma mais racional de analisar isso seria dizer: "Finalmente tomei a decisão de cortar o mal pela raiz". Mas pessoas deprimidas não veem a boa tomada de decisão dessa forma – elas veem uma má decisão como um sinal de ser estúpido, inferior e incapaz de tomar boas decisões. A realidade é que as más decisões podem, antes de mais nada, simplesmente ser um sinal de que você está tomando decisões.

Medidas de redução dos custos

Os custos irrecuperáveis também são custos de oportunidade. Conforme mencionei anteriormente, se você está emperrado em uma má situação, poderá estar perdendo novas oportunidades. Diane finalmente decidiu romper com Paul – e passou por um período de tristeza, perda e questionamentos –, mas depois começou a sentir-se melhor. Quando se sentiu melhor, interrompeu a terapia e, um ano depois, voltou para uma avaliação. Ela me disse que a única coisa que lamentava agora era que não tivesse rompido com Paul antes. Estava saindo com alguém que havia conhecido pela Internet e que parecia ser uma boa pessoa, embora provavelmente ele não viesse a ser um parceiro permanente. As coisas estavam menos confusas, e ela se sentia mais no controle da sua vida. Havia desistido do custo irrecuperável de Paul e cortado o custo de oportunidade de um beco sem saída.

Você pode se libertar dos custos irrecuperáveis perguntando a si mesmo: *Que decisão eu tomaria se tivesse de voltar ao começo – antes de tomar a decisão de entrar nisso?*[9] Por exemplo, se você não tivesse comprado o casaco ou nunca tivesse entrado naquele relacionamento sem perspectiva, faria tudo de novo? Se a resposta é não, então por que se manter preso a isso agora? Você também pode se perguntar: *Que conselho eu daria a um amigo?* Se a resposta for: "Saia dessa", então dê esse conselho a si mesmo. O único motivo pelo qual permanece nisso é para tentar provar que uma má decisão se transformará em uma boa decisão, e você pode reconhecer que desistir de um custo irrecuperável não significa que aquilo foi uma total perda de tempo. Você pode ter ganhado algo com isso – algum prazer. O problema é que os custos agora superam os benefícios.

Você pode estar emperrado em um custo irrecuperável porque não quer sentir a precipitação da dor que irá acarretar desistir dele. "Não quero sentir a tristeza de um rompimento", disse Diane enquanto começava a chorar. "Não quero me sentir sozinha." Mas o "golpe" repentino da desistência pode ser uma tristeza temporária, uma dor de menor duração do que continuar com a dor duradoura do custo irrecuperável. Na verdade, desistir de um custo irrecuperável pode levar a sentimentos variados – incluindo alívio – e também poderá permitir que foque em objetivos e comportamentos dentro do seu controle – novos relacionamentos, atividades e interesses – que você pode começar a buscar quase imediatamente. Você não pode controlar as decisões passadas que conduziram a um custo irrecuperável, mas pode controlar o que faz agora – e no futuro. Desistir de um custo irrecuperável abre novas portas.

Conclusão

Tomar decisões pode ajudá-lo a superar sua depressão, capacitando-o a partir para a ação, a atingir seus objetivos, a perseguir seus valores e a se sentir capaz e eficiente. Sua própria depressão, porém, se coloca no caminho – por inúmeras razões: você quer um resultado perfeito, subestima a sua capacidade de conviver com as dificuldades que podem surgir, teme a mudança e exige certeza.

Neste capítulo, aprendemos algumas regras para a boa tomada de decisão: focar nos resultados que se quer atingir, aceitar a ambivalência como parte natural do processo, dar a si mesmo o direito de decidir de forma imperfeita com informações imperfeitas, dar um fim às más escolhas, pesar os custos de decidir *não* decidir e encarar as decisões como experimentos – não escolhas do tipo tudo-ou-nada, mas oportunidades de aprender. Praticar a tomada de decisão pesando os custos de curto prazo em comparação com os benefícios de longo prazo o ajuda a decidir fazer o que é difícil agora para que a sua vida possa ser mais fácil no futuro.

Capítulo 7 "Eu não consigo me decidir": como superar a sua indecisão

---

Desafiando sua indecisão

- Tome decisões com base em seus objetivos e valores, não em como você se sente neste momento.
- Examine as compensações no longo prazo e no curto prazo. Você quer se sentir melhor pelos próximos cinco minutos ou pelos próximos cinco anos?
- A busca pela perfeição pode impedir a sua tomada de decisão. Não ambicione a certeza. Você não precisa dela.
- Saiba o quanto de informação é suficiente.
- Decisões importantes frequentemente envolvem dúvidas. Aceite suas dúvidas e aja mesmo assim.
- Encare as decisões como experimentos. O que vai acontecer se você experimentar isso ou aquilo?
- Reconheça que você pode absorver algumas perdas se sua decisão se mostrar equivocada.
- Não busque garantias excessivas dos outros. Isso pode impedir que você tome suas próprias decisões.
- Contabilize os "custos de procura" e os "custos de oportunidade" da indecisão. Que outras coisas você poderia estar fazendo durante o tempo que passou pesquisando para tomar uma decisão? Que oportunidades está perdendo?
- Rejeite os "custos irrecuperáveis" – o tempo, o dinheiro ou a energia que você investiu em uma decisão que já não lhe serve mais. Decida seguir em frente.

"Eu fico pensando repetidamente...": como superar a sua ruminação 8

Ann e Leon romperam o relacionamento e, quando ela veio me ver, disse que havia passado as últimas semanas sentada em seu apartamento, apenas pensando, repetidamente: *O que saiu errado?*

Eles estavam namorando há sete meses, as brigas eram frequentes, Leon recorrentemente estava muito ocupado com o trabalho, e ela não conseguia confiar nele. Inúmeras vezes Ann achou que Leon não era o homem certo para ela; mas, na época, não queria ficar sozinha. Depois da última briga, não se falaram por dois dias. Então ela recebeu um *e-mail* de Leon dizendo que as coisas não estavam dando certo e que eles não iriam mais se encontrar. "Eu fico pensando", disse Ann, "talvez eu não tenha entendido alguma coisa. Nós tínhamos algumas coisas boas juntos. Não consigo entender como ele pôde terminar comigo via *e-mail*".

A mente de Ann estava girando sem chegar a lugar algum. Ela não conseguia superar a situação do rompimento e ficava repetindo mentalmente diferentes cenas do seu relacionamento. "Eu fico voltando às discussões e me pergunto se poderia ter lidado com as coisas de modo diferente." Ou então procurava indícios de que Leon era egoísta e cruel: "Fico lembrando que havia alguns sinais de que ele era autocentrado, mas por que eu não enxerguei?". Ann tinha dificuldades em aceitar a ideia de que Leon poderia ter boas qualidades ("Ele era engraçado e me levava a lugares legais") e também ser egoísta. "Eu não consigo juntar as duas coisas", insistia.

Ann estava sofrendo de um dos problemas mais comuns na depressão – a tendência a ruminar. A palavra *ruminar* é derivada da palavra latina *ruminari*, "mastigar repetidamente", como uma vaca ruminando (mastigando) seu alimento. Quando ruminamos, ficamos repetindo um pensamento ou uma lembrança negativa. Podemos dizer a nós mesmos:

- Não consigo tirar isso da minha mente.
- Não consigo entender por que isso aconteceu.
- Eu me pergunto por que isso aconteceu comigo.

- Me sinto tão mal – não consigo deixar de pensar no quanto isso é terrível.
- Isso é tão injusto. Por que eu?

Pesquisas mostram que as pessoas que ruminam têm, quando surgem problemas, probabilidade muito maior de ficar e se manter deprimidas. As mulheres têm maior probabilidade de ruminar do que os homens.[1] Na verdade, existem algumas pesquisas recentes mostrando que pode até mesmo haver um "gene da ruminação" – ou seja, podemos ser predispostos à ruminação.[2] A boa notícia, no entanto, é que você pode fazer algo a respeito.[3]

Ruminação e depressão

Quando está ruminando, você está se concentrando em si mesmo – especialmente na sua tristeza, nos seus pensamentos negativos, nas suas dores e no seu passado. Fica se queixando para si mesmo – e, eventualmente, para os outros – sobre o quanto foi maltratado e o quanto a vida é injusta ou o quanto se sente inútil ou inferior. Uma paciente sentou-se em meu consultório e passava de uma ruminação para outra – queixas sobre seu marido, seu chefe, seus amigos, sua infância e sua depressão. Outro ruminava durante nossos encontros acerca de suas dores físicas, indo de uma área do seu corpo para outra – e depois ruminava sobre o quanto sua esposa era injusta com ele.

Existem vários motivos para que a ruminação seja um elemento-chave na depressão.[4] Em primeiro lugar, quando você rumina, está focando exclusivamente nos aspectos negativos. Está dragando cada má experiência, sentimento e sensação que a sua mente consegue sugar. Em segundo, está fazendo perguntas que não têm respostas – como "O que há de errado comigo?" ou "Por que eu?". Focando em perguntas que não podem ser respondidas, você se sente confuso e impotente – o que o deixa mais deprimido. Em terceiro, está se queixando de algo que não busca resolver, como: "Não posso acreditar que isso está acontecendo". Isso só lhe deixa mais frustrado e deprimido. Em quarto, quando rumina, não está envolvido no mundo real que está fora de você, não está tomando uma atitude e não está resolvendo os problemas ou obtendo recompensas. Está encurralado em sua mente. Em quinto, está enfatizando seus sentimentos de impotência em vez de seu sentimento de capacidade. Você está afastando o seu sentimento de que na verdade pode fazer algo que fará a diferença. Todos esses efeitos nocivos da ruminação podem fazê-lo pensar: *Por que estou fazendo isso comigo se me faz tanto mal?* A resposta é que, na verdade, você acha que a ruminação está lhe *ajudando*.

Como a ruminação faz sentido para você?

Quando ruminamos, achamos que podemos examinar o passado e finalmente compreendê-lo. Achamos que iremos descobrir por que algo aconteceu; e, em consequência, nos sentiremos melhor sobre o que quer que tenha nos causado dor – e seremos capazes de evitar que isso se repita.[5] Ann pensava: *Se eu descobrir por que Leon terminou comigo, posso seguir em frente* ou *Posso evitar esse problema em outro relacionamento*. Alguns de nós ruminamos porque não confiamos em nossas lembranças; achamos que poderemos finalmente reconhecer um detalhe crucial que deixamos passar e que dará sentido ao ocorrido, e somente então poderemos encerrar o caso no passado. "Talvez eu não tenha entendido alguma coisa", Ann dizia. Portanto, a ruminação é a sua estratégia para compreender as coisas, preparando-se, ao entender o passado e ao dar sentido às suas experiências, para resolver problemas que possam surgir.

O que há de errado com esses objetivos? Antes de tudo, você não tem todas as informações de que precisa para alcançá-los. Mesmo que rumine por semanas, não irá saber o que outras pessoas estão pensando ou o que deixaram de lhe dizer. Quase nunca sabemos com certeza por que alguém fez algo. Além disso, a ruminação não o ajuda a encerrar o caso e seguir em frente – ela o mantém preso ao passado. Você está repassando um filme antigo, em vez de criar novas experiências.

Em que a ruminação é diferente de simplesmente refletir sobre o passado? Não queremos pensar sobre o que aconteceu, compreender um pouco a nossa vida e aprender com os erros que nós – ou os outros – podemos ter cometido? A reflexão não nos ajuda? É claro que a reflexão ajuda, e somos sensatos em refletir e aprender com as nossas experiências. Ela nos ajuda a aguçar nosso julgamento sobre o futuro e a nos autocorrigirmos para não repetirmos nossos erros, mas vai além da reflexão. Quando ruminamos, ficamos emperrados, repetindo, fazendo esforços sem resultado – e não chegamos a lugar nenhum.

Dê uma olhada na Figura 8.1 e veja se consegue se reconhecer nela. Você pressupõe que "Tudo deveria fazer sentido", "As pessoas deveriam agir apenas de certa maneira", "A vida deveria ser justa" ou "Eu preciso entender"? Então você pode achar que a ruminação é uma ferramenta mental útil para obter clareza, compreensão e certeza – mas isso não funcionará.

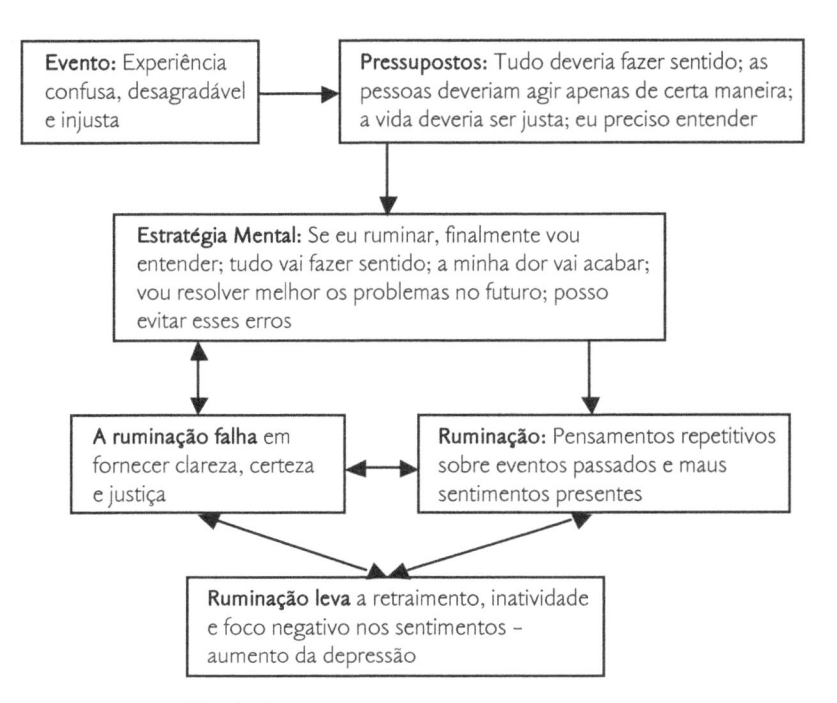

```
┌─────────────────────────┐     ┌──────────────────────────────────────────┐
│ Evento: Experiência     │     │ Pressupostos: Tudo deveria fazer sentido;│
│ confusa, desagradável   │────▶│ as pessoas deveriam agir apenas de certa │
│ e injusta               │     │ maneira; a vida deveria ser justa; eu    │
│                         │     │ preciso entender                         │
└─────────────────────────┘     └──────────────────────────────────────────┘
                                                    │
                                                    ▼
                    ┌──────────────────────────────────────────┐
                    │ Estratégia Mental: Se eu ruminar, final- │
                    │ mente vou entender; tudo vai fazer sen-  │
                    │ tido; a minha dor vai acabar; vou resol- │
                    │ ver melhor os problemas no futuro; posso │
                    │ evitar esses erros                       │
                    └──────────────────────────────────────────┘
                           │                           │
                           ▼                           ▼
        ┌─────────────────────────┐     ┌──────────────────────────────────┐
        │ A ruminação falha em    │◀───▶│ Ruminação: Pensamentos repetiti- │
        │ fornecer clareza,       │     │ vos sobre eventos passados e maus│
        │ certeza e justiça       │     │ sentimentos presentes            │
        └─────────────────────────┘     └──────────────────────────────────┘
                           │                           │
                           ▼                           ▼
                    ┌──────────────────────────────────────────┐
                    │ Ruminação leva a retraimento, inativida- │
                    │ de e foco negativo nos sentimentos –     │
                    │ aumento da depressão                     │
                    └──────────────────────────────────────────┘
```

FIGURA 8.1 A armadilhada da ruminação.

Examinemos um exemplo de um evento que pode prendê-lo na armadilha da ruminação. Algo desagradável – digamos, o término de um relacionamento. Esse evento causa uma confusão dolorosa, o que o leva a pensar: *Tudo deveria fazer sentido – por que isso não?* Essa pergunta surge do seu pressuposto sobre como o mundo deveria funcionar: as coisas deveriam fazer sentido, deveriam ser justas, as pessoas não deveriam se sentir ambivalentes. Como você pode fazer com que as coisas façam sentido novamente? Você decide usar a sua estratégia mental da ruminação. Talvez, se examinar as coisas com frequência e de forma suficientemente cuidadosa, elas se encaixarão e aliviarão a sua confusão e a sua dor.

Você está com sua mente em funcionamento, mas, não importa o quanto rumine, ainda não obtém certeza ou esclarecimento; ainda está confuso. Então rumina cada vez mais. Agora você está realmente emperrado em sua mente, isolado e inativo – e, por fim, deprimido. A armadilha da ruminação é um dos maiores sinais previsíveis de ficar e permanecer deprimido.

A ruminação está funcionando para você?

Já falamos sobre o que você espera ganhar com a sua ruminação. Você também pode se perguntar quais são as desvantagens dela. Para Ann, as desvantagens eram que estava presa ao passado, sentia-se deprimida, irritada e ansiosa quando ruminava, e tinha dificuldade em aproveitar a vida. Para outras pessoas, as desvantagens incluem aumento da autocrítica, pesar, incapacidade de aproveitar o momento presente e irritabilidade. Para mim, a ruminação é como se você estivesse batendo na própria cabeça repetidamente – em vão.

Pergunte-se se as desvantagens prevalecem sobre as vantagens. Na próxima vez em que pegar-se ruminando, veja se você se sente melhor com ela. Pergunte-se: *Isso realmente irá me ajudar? Ficarei melhor ou pior se continuar com essa ruminação?*

Se concluir que vai se sentir pior, então você pode começar a usar as técnicas contidas neste capítulo para romper esse ciclo.

Aprendendo a relaxar

O que o mantém ruminando é que você acha que precisa ter certeza e clareza (e acredita que essas coisas são realmente possíveis de atingir). Você acha que precisa saber com certeza exatamente o que aconteceu. "Existem tantas perguntas não respondidas", Ann dizia sobre Leon. "Por que ele dizia uma coisa, mas fazia outra?"

Por que é tão ruim não saber com certeza por que as coisas aconteceram – ou até mesmo o que aconteceu? Pare e pense nisso. Que bem faria a Ann saber exatamente por que Leon fez o que fez? Mesmo que pudesse descobrir com certeza, a realidade atual é que ele se foi, acabou, e ela precisa seguir em frente na sua vida. Obter uma resposta do passado não vai ajudá-la a viver melhor a vida hoje.

Olhar pelo espelho retrovisor não o ajuda a chegar onde quer.

Tolere a incerteza

Pense em todas as incertezas que você já aceita. Você aceita a incerteza quando está dirigindo pela estrada – não sabe se alguém vai bater no seu carro. Aceita a incerteza quando tem uma conversa – não sabe o que a outra pessoa vai dizer. E aceita a incerteza em seu trabalho todos os dias. Você aceita porque tem de viver no mundo real.

A maioria dos ruminadores equaciona incerteza com um *mau resultado*, mas a incerteza é neutra. Não sei se haverá um furacão amanhã, mas isso não quer dizer que preciso me abrigar no porão. E os ruminadores, às vezes, acham que ter certeza é um sinal de responsabilidade – "Preciso saber por que as coisas aconteceram para que eu possa cuidar melhor de mim". Mas isso não é totalmente verdadeiro. A melhor maneira de cuidar de si é ser claro quanto aos seus valores e praticar os hábitos de uma vida de qualidade – que é o que este livro está lhe ajudando a fazer.

Da mesma forma que é difícil tolerar a incerteza acerca de alguns eventos e suas causas, também temos dificuldade em tolerar a ambivalência. Ann sempre dizia: "Não consigo entender como ele podia ser gentil em um momento e frio em outro". Na verdade, ela estava dizendo que era difícil aceitar que Leon fosse ambivalente – ele sentia coisas diferentes em momentos diferentes. A ambivalência, porém, faz parte da natureza humana. Somos seres complexos, mudando continuamente nossa perspectiva, experimentando novos motivos e possibilidades e vendo as coisas de formas diferentes. Ann queria ver as coisas apenas de uma maneira – "Ou Leon me ama ou não me ama" – mas isso era irrealista. As pessoas têm uma mistura de sentimentos, e ruminar sobre isso não vai mudar esse fato.

Aceite sua própria ambivalência

A verdade é que a própria Ann tinha uma mistura de sentimentos em relação a Leon durante o relacionamento e depois. Quando estavam namorando, ela se sentia atraída por ele, às vezes gostava da sua companhia e o achava muito inteligente. No entanto, em outros momentos, achava-o não confiável, egocêntrico e irritável. Ela já estava ambivalente em relação a ele há algum tempo. Quando romperam, sua ambivalência apenas assumiu uma forma diferente – ela sentia falta dele, sentia-se confusa, estava até certo ponto aliviada por terem terminado e estava zangada. Tinha dificuldades com as informações conflitantes porque pensava: *Na verdade, quero me sentir somente de uma maneira.*

O problema com essa intolerância em relação a própria ambivalência é que ela lhe diz que *você precisa se livrar de um sentimento* – tem de se forçar a sentir-se só de uma maneira. Mas você pode ter sentimentos conflitantes sobre alguém porque a relação era mais complicada que isso. Pense

Capítulo 8 "Eu fico pensando repetidamente...": como superar a sua ruminação

em alguma amizade ou relacionamento de longa data. Você não tem uma mistura de sentimentos por seu melhor amigo, seus pais ou seus colegas de trabalho? Não tem uma mistura de sentimentos em relação a si mesmo e a algumas coisas de que não gosta? Talvez a mistura de sentimentos seja um sinal de que você reconhece a complexidade das relações e das pessoas. Talvez ela seja realista.

Qual seria o problema em simplesmente *aceitar* a mistura de sentimentos? Ann começou a se dar conta de que, não importava o quanto ruminasse sobre Leon, continuaria a ter uma mistura de sentimentos – tanto em relação a si mesma como em relação a ele. No entanto, se conseguisse aceitar a ambivalência como um sinal de que as coisas eram complicadas e de que havia prós e contras na relação, reconheceria que a mistura de sentimentos pode ser aceita. E – já que um dos motivos por trás da sua ruminação era livrar-se da mistura de sentimentos –, como consequência da aceitação dessa mistura, ela poderia escapar da ruminação.

Você se sentiria melhor tomando a realidade como um "fato"?

Frequentemente ruminamos porque não conseguimos aceitar a realidade como ela é. Somos como a vaca que rumina, mastiga o seu alimento, mascando-o repetidamente. Quanto mais mastiga, pior você se sente e será menos provável que faça coisas positivas. Ficamos mastigando alguma coisa repetidamente porque não podemos aceitá-la. Mas o que significaria "aceitá-la" tal como é?

Vejamos o caso de Ann. Havia inúmeras coisas que tinha dificuldade em aceitar. Não conseguia aceitar não saber o porquê do rompimento do seu relacionamento ou que Leon tivesse qualidades conflitantes. Não conseguia aceitar não saber com certeza ou o fato de que as coisas pareciam "surgir do nada". Aceitar essas coisas seria difícil para ela – pelo menos, era nisso que acreditava. Mas o que significa aceitar a realidade?

Se você aceita a realidade, só está dizendo: "Eu vejo o que é – vejo as coisas como elas são". Reconhece o que é "um fato". Não está dizendo que é justo, ou que gosta disso, ou que isso não o magoa. Eu quebrei o dedo no ano passado prendendo-o em uma janela. Doeu muito. Eu poderia ter me sentado e ficado resmungando: "Não acredito em como sou idiota por ter prendido o dedo na janela", mas isso não teria ajudado. Ou poderia ficar repetindo: "Por que eu?", mas isso também não teria ajudado. Em vez de ruminar, eu tinha de aceitar que sentia dor, que tinha de ir para o pronto-

-socorro, colocar uma tala no dedo e aprender a digitar com uma mão enquanto trabalhava em meu livro. Eu poderia ruminar ou enfrentar. Decidi enfrentar. Estava, na verdade, tentando penosamente escrever o livro com um dedo quebrado, mas isso me deu a oportunidade de provar do meu próprio "remédio" e usar o desconforto construtivo e a imperfeição bem-sucedida.

Se você decidir aceitar a realidade tal como é, já tem por onde começar. Pode dizer: "Certo, eu estou aqui. Aonde quero ir?". Ann poderia aceitar que Leon tinha feito o que fez, que fazia sentido estar magoada, triste e enraivecida, que não tinha um namorado no momento e que tinha trabalho a fazer.

Pense em algo sobre o qual você costumava ruminar no passado, mas que não o leva a ruminar agora. O que mudou? Você simplesmente aceitou essa realidade e depois decidiu criar uma nova realidade, vivendo no mundo real, e prosseguir com a sua vida.

Por que o passado deve fazer sentido?

A ruminação de Ann era sua busca para "dar sentido" ao que aconteceu. "Existem algumas coisas que eu não consigo entender", ela disse. Mas por que tudo tem de fazer sentido em nossas vidas? Tomemos um exemplo trivial. Imaginemos que você está dirigindo pela estrada e está atrasado para um compromisso muito importante. Alguém o ultrapassa e está dirigindo de forma errática. Ele está sacudindo o braço pela janela, gritando com você e com as outras pessoas. Seu primeiro pensamento é que ele pode estar bêbado – ou louco –, mas, nesse momento, o que é mais importante para você – descobrir por que ele está agindo assim ou chegar ao seu compromisso? Quando ruminamos, com frequência estamos tentando compreender o que aconteceu conosco.

Mas por que seria tão ruim se algumas coisas que aconteceram com você na verdade não fizessem sentido? E se Ann nunca conseguisse entender por que Leon agiu daquela forma? Isso a impediria de ter amigos, de ser produtiva no trabalho ou de ter outro relacionamento que fosse mais satisfatório? O quanto o fato de algo no passado não ter feito sentido tem relevância para a sua vida?

Muitas coisas não fazem sentido – e não paramos para pensar sobre elas; ou, se paramos, não nos importamos. Os ruminadores parecem pressupor que precisam encontrar um sentido para as coisas que lhes aconteceram. Acham que isso lhes dará um *encerramento*.

Mas existe outra maneira de obter um encerramento. Você pode dizer a si mesmo: *O que aconteceu não faz sentido – e foi infeliz –, mas preciso seguir em frente com a minha vida e deixar isso no passado.* Você pode fazer o encerramento fechando o capítulo do passado e seguir para o próximo estágio de sua vida. Viver a vida agora encerra o passado.

Na verdade, quanto mais você vive a sua vida agora e se concentra em atingir seus objetivos, menos relevante será o passado. Nunca conheci alguém que tenha dito: "Eu tenho um relacionamento maravilhoso agora, estou muito feliz com a minha vida, meu trabalho está indo bem – mas preciso entender por que algo aconteceu há 10 anos". Se você está vivendo uma vida gratificante agora, entender o passado é irrelevante.

A ruminação resolverá o seu problema?

Uma vez que Ann tinha a crença de que a ruminação seria uma forma de resolver os problemas e obter informações, eu lhe perguntei: "Que problemas você já resolveu com a sua ruminação?". O problema, é claro, era compreender o passado. Ela sentou-se em silêncio por um momento e depois admitiu: "Não vou chegar a lugar nenhum com isso". Sugeri que dar um sentido ao passado poderia não ter relevância para construir uma vida melhor agora. Havia outros problemas em sua vida no momento atual que ela *poderia* resolver? "O que tornaria sua vida melhor?", perguntei. "Acho que se eu me sentisse melhor acerca da minha vida pessoal. Talvez se eu me encontrasse mais com os meus amigos ou conhecesse outra pessoa."

Uma forma de libertar-se da ruminação é redefinir o problema que você está tentando resolver. Em vez de colocá-lo no passado, podemos focar no problema que está à nossa frente hoje. Aqui estão algumas metas comuns a serem buscadas hoje:

- Ver mais os meus amigos
- Conhecer pessoas novas para namorar
- Tornar-se mais atraente – ir a academia, concertos, encontros
- Focar mais no trabalho

O mais importante acerca das metas que Ann listou é que ela realmente poderia fazer algo a respeito – e poderia começar hoje mesmo. Poderia ligar para seus amigos ou acessar um *site* de relacionamentos na Internet e voltar ao jogo, e poderia ir à academia e fazer exercícios. Quando você se concentra na ruminação sobre problemas insolúveis, sente-se frustrado e impotente. Quando sai da ruminação e parte para a solução do verdadeiro problema no mundo real, imediatamente deixa de se sentir impotente para sentir-se capaz de realizar as coisas.

"Eu estava pensando se você poderia fazer um experimento na próxima semana, Ann. Quando se pegar ruminando, poderia fazer uma checagem do seu humor e classificar como se sente? E quando estiver envolvida na solução de problemas que acabou de listar, classifique o seu humor. O que acha que vai encontrar?"

Ann sorriu um pouco e disse: "Você sabe a resposta".

"Vamos descobrir."

Ann se decidiu sobre um plano de ação: iria à academia três vezes por semana, começando naquela noite. Faria contato com cinco amigos e começaria a fazer planos para um jantar e outras atividades. Redigiria uma lista de coisas a fazer no trabalho e começaria a enfrentar a sua procrastinação, resolvendo coisas que vinha evitando. Só de saber que, em vez de ruminar de maneira interminável em sua mente, iria começar a tomar uma atitude no mundo real, ela já se sentiu melhor.

Estabeleça um limite de tempo

É claro que o ideal seria desistir da ruminação completamente, mas isso pode ser impossível para você neste momento. Você pode se sentir sobrecarregado, como se os seus pensamentos intrusivos sobre o passado não pudessem ser interrompidos. No entanto, mesmo que não consiga calar a sua mente ruminante, pode fazer algo a respeito. Uma estratégia útil é estabelecer um limite de tempo – digamos, cinco minutos. Você pode dizer a si mesmo: *Vou me permitir cinco minutos para passar por essa ruminação (inútil) – e depois vou desviar dela.*

Também pode ser revelador anotar a sua ruminação. Você vai descobrir que ela é o mesmo conjunto de pensamentos repetidamente. Essa é uma compreensão essencial para você – que não está realmente fazendo nada novo. Liste essas ruminações. Faça uma retrospectiva e questione se existe algo que você não entendeu. (Alguns ruminadores não confiam em sua memória – acreditam que existe algo que deixaram passar.)[6] Sou capaz de apostar que você vai se pegar repetindo os mesmos pensamentos e lembranças interminavelmente. Nada de novo. Apenas as mesmas velhas coisas. Perdendo tempo com seus pensamentos e surpreendendo-se por não estar avançando.

Capítulo 8   "Eu fico pensando repetidamente...": como superar a sua ruminação

Desviando a sua atenção

Você tem se concentrado na sua ruminação e só se sente pior. Sua mente pode estar em um lugar de cada vez – mas apenas um lugar. Portanto, agora quero que pense em outra coisa além da ruminação. Desvie sua atenção para outro lugar.

Você pode estar pensando: "Como eu desvio da ruminação depois de cinco minutos? Isso é impossível!". Sugeri a Ann que, uma vez que sua mente só iria focar em uma coisa por vez, ela poderia simplesmente redirecionar sua atenção para algum outro objeto ou experiência imediata. Começamos com objetos comuns do meu escritório – muitos livros, algumas pinturas, mobília e abajures. "Ann, olhe em volta pelo consultório e tente observar todas as cores e formas diferentes. Agora me diga as cores diferentes que você vê e onde as vê." Ela começou a descrever os diferentes objetos que eram verdes, azuis, marrons, etc. Então lhe pedi que descrevesse as pinturas do meu consultório, as quais acho muito bonitas. Ela descreveu as diferentes cores e formas e o conteúdo das pinturas. Então perguntei: "Você se deu conta de que nos últimos minutos não ruminou nada?".

Você com frequência acha que a sua mente é literalmente sequestrada pela ruminação porque, depois que ela começa, não consegue se livrar dela e está preso em uma armadilha. Mas isso não precisa ser assim. Você pode desviar a sua atenção tomando consciência das imagens, dos sons e até mesmo dos odores à sua volta. Pode até pegar objetos com diferentes fragrâncias e cheirá-los e tentar descrever a delicadeza e a complexidade dos odores. Desviar deliberadamente da ruminação lhe ajuda a estabelecer um limite para ela.

O que você está perdendo quando rumina?

Imaginemos que você passe cada minuto durante os próximos dois dias só focado em sua mente – seus pensamentos, suas ruminações, seus pesares e sentimentos. Eu lhe garanto duas coisas – você ficaria muito deprimido e muito entediado. Cada momento seria focado internamente. Você estaria sentado em uma cadeira observando cada pensamento que viesse à sua mente e se perguntando: *O que isso significa?* Sua tarefa seria encontrar um sentido para cada coisa ruim que aconteceu em sua vida. Isso significa que passaria todo seu tempo recordando apenas as coisas ruins, focando nelas, formando imagens das suas piores lembranças e revivendo os momentos mais infelizes – para que pudesse "compreender as coisas" – e perderia tudo que estivesse acontecendo à sua volta. Isso não parece ser uma fórmula para a infelicidade? Sim. E é exatamente o que você está fazendo quando rumina.[7]

Certo. Imaginemos que você já fez isso – ruminando –, portanto, não tem de sofrer pelos próximos dois dias. Pode pular esse passo. Em vez disso, imaginemos um experimento diferente, em que você está focado *externamente*. Por exemplo, neste momento estou sentado em meu estúdio em nossa casa na área rural de Connecticut. Estou olhando para a rua e observando as folhas das árvores em mutação. Existe somente um leve matiz amarelo; a maioria das folhas ainda está verde. É fim de setembro, início do outono. Quando saio da casa, observo que o ar está fresco. Vejo os crisântemos no jardim e olho para o céu. Vejo um gavião voando alto, planando de um lado para outro, provavelmente à procura de uma presa. Existem folhas pelo chão. É um dia bonito. Estou feliz por estar vivo – e por me sentir vivo.

Olhar, observar e sentir o mundo real neste momento é uma alternativa para a ruminação – mesmo que o seu dia não esteja inserido em um ambiente idílico.[8] Quando se pega ruminando, você pode se perguntar: *O que está acontecendo exatamente neste momento? O que eu escuto, vejo e sinto?* Vamos examinar mais de perto como examinar mais de perto – vendo o que a atenção plena pode nos ensinar.

Distancie-se da sua mente

Sente-se agora mesmo e comece a ruminar. Volte até uma lembrança ou experiência desagradável e permaneça nela. Observe como a sua mente fica girando, remoendo pensamentos e questões negativas e como você está tentando dar um sentido, compreender e chegar ao fundo das coisas.

Sua mente luta contra o passado e o presente, buscando respostas. *Como a minha irmã pôde dizer aquilo?* – e depois você rumina a respeito. Você coleciona lembranças de outros danos emocionais. Detém-se nesses pensamentos e imagens – eles são inaceitáveis, injustos, terríveis. Você está perdendo tempo com seus pensamentos, e atola e naufraga.

Observe o que a sua mente estava fazendo. Estava muito ativa perseguindo esses pensamentos e lembranças e tentando encontrar um sentido. Ela julgou, lutou, protestou, reivindicou – respostas, justiça. Você gostaria de deixar sua mente para lá, mas não consegue relaxar, e esse pesadelo mental o acompanha todos os dias. Sempre que rumina, você está perdido em sua mente, é controlado por ela, a está obedecendo, respondendo a ela, agindo e julgando com ela e não vivendo no mundo real – neste momento no tempo.

Eis uma alternativa. Ela é chamada de atenção plena.⁹ Quando estamos atentos e conscientes, simplesmente olhamos e observamos. Não tentamos controlar, não julgamos e deixamos as coisas irem e virem.

Vejamos a sua respiração. Permita-se sentar em silêncio por um momento. Observe a sua respiração. Deixe-a ir e vir. Observe onde ela se encontra. Mantenha a sua consciência na respiração e se deixe recuar e observá-la. Talvez você note que sua mente está à deriva, se voltando para outras sensações e pensamentos. Gentilmente, traga a consciência de volta para a sua respiração, observando o seu movimento e onde ela está. Pare de tentar controlá-la e julgá-la. Ela não é uma respiração boa ou ruim – é apenas uma respiração. Indo e vindo. Onde você a observa e para onde ela está indo?

Fique atento à sua respiração – indo e vindo – por 10 minutos. Você não está tentando atingir nada, está apenas observando. Está recuando e observando. Está suavemente penetrando na sua respiração, momento a momento. Sua respiração é um momento – este momento – e já se foi, e o momento seguinte – que está aqui e já se foi. Você abandonou a luta e está simplesmente consciente do momento.

Quando se perceber começando a ruminar, distancie-se da sua mente, deixe que o pensamento flua e então pratique essa atenção plena à sua respiração. Por um momento, esqueça o passado e o esforço para entendê-lo. Deixe que ele se vá e se volte para a sua respiração. Sua ruminação se intrometerá na sua consciência e irá distraí-lo da sua respiração. Suavemente, deixe de lado a ruminação e retorne à sua respiração, a este momento, aqui e agora. Em algum momento a ruminação irá intrometer-se novamente. Então faça tudo de novo, quantas vezes for necessário.

Quando o passado retrocede e vai embora, o momento presente está aqui. E então, no momento seguinte, ele também passa, como as ondas na praia indo e vindo tranquilamente, momento a momento.

Aceite o pensamento intrusivo

Quando rumina, o que acontece é que um pensamento negativo sobre o passado ou o presente invade a sua mente e você acha que precisa prestar atenção a ele. Para Ann, o pensamento *Não consigo entender por que Leon me tratou daquela maneira* aparece em sua mente e ela acha que tem de deixar todo o resto de lado para resolver o problema. O pensamento está dizendo: "Preste atenção em mim. Eu estou aqui. Você não pode fazer nada até que eu esteja satisfeito". Ela é uma escrava do pensamento, disposta e obediente.

E se, em vez disso, você simplesmente aceitasse o pensamento intrusivo como um companheiro? E se aceitasse a sua presença com a mesma consciência plena que acabou de trazer para a sua respiração – não indo para onde ele quer conduzi-lo, mas também não lutando contra ele? Imagine que apenas diz para o pensamento: "Está bem, eu sei que você está aí, mas estou ocupado com a minha vida agora, portanto, sente-se, faça o que deve fazer, e, depois, eu volto a lhe dar atenção – se eu quiser". Você pode não se livrar dos pensamentos, as perguntas ainda podem vir à sua mente, mas é possível dizer calma e polidamente: "Eu posso lhe ouvir, no entanto, agora estou ocupado vivendo a minha vida".

Isso foi uma revelação para Ann. Não havia lhe ocorrido que ainda poderia fazer planos com amigos, ir à academia, sair com outros rapazes e trabalhar produtivamente – ao mesmo tempo em que o pensamento negativo nadava pelas correntes do seu cérebro. Ela achava que tinha de deixar sua vida em suspenso até que a ruminação finalmente estivesse satisfeita. Em vez disso, aprendeu que poderia levar o pensamento consigo – dar um espaço para ele – enquanto continuava vivendo sua vida real no mundo real.

Conclusão

Uma característica de sua depressão pode ser a tendência a focar em um pensamento ou em uma experiência negativos e insistir neles repetidamente. Essa ruminação só prolonga e aprofunda a depressão. Já vimos o que você espera ganhar com a ruminação e o que sacrifica na vida real ao se manter ruminando. Você pensa: *Preciso saber por que, não consigo aceitar isso* e *Se eu continuar pensando, vou encontrar uma resposta* – mas a ruminação não irá levá-lo à resposta. Na verdade, aceitar a incerteza, a ambivalência e até mesmo a injustiça é o melhor que você pode fazer a si mesmo, uma forma de deixar para trás as batalhas que estão em sua mente sobre a sua vida para que possa realmente viver a sua vida.

Sugeri muitas maneiras de romper o ciclo da ruminação. Por exemplo, você pode estabelecer um limite de tempo para que o seu dia inteiro não seja permeado com ruminação. Pode considerar alguma atitude produtiva que possa tomar para resolver o problema – ou, se o problema não puder ser resolvido, pense em uma atitude produtiva que possa tomar em relação a outros problemas que *pode* resolver. Você pode usar um exercício de respiração consciente para desviar sua atenção da ruminação intrusiva para a simples consciência da sua respiração no momento presente e pode até mesmo expandir a sua consciência para incluir o pensamento intrusivo sem ter de lutar contra ele ou obedecer às suas demandas.

Fazer progresso em relação à ruminação é a chave para a mudança de processos derrotistas que estimulam a sua depressão. Pegue a ruminação de surpresa e direcione-se para o que está acontecendo agora, para a ação, para a aceitação e para deixar para trás. Permaneça no momento e deixe o passado ir embora. E, quando o passado retroceder, tome uma atitude em direção a objetivos que sejam reais, que estejam ao seu alcance e disponíveis hoje.

Desafiando sua ruminação

- Você tem tendência a ruminar – a repetir um pensamento negativo interminavelmente em sua mente?
- Como a ruminação faz sentido para você? O que espera ganhar com ela?
- Quais são as *desvantagens* de ruminar? Você nota que isso o faz sentir-se ansioso ou pesaroso?
- Perceba que você consegue tolerar a incerteza e aceitar a ambivalência – a sua e a de outras pessoas.
- A ruminação é uma busca por entender o passado – mas por que o passado deve fazer sentido? Você ficaria melhor aceitando a realidade como ela é?
- A ruminação vai resolver o seu problema? Existem outros problemas que você poderia estar resolvendo no mundo real em vez disso?
- Se não consegue desativar a sua ruminação, você pode limitá-la. Reserve cinco minutos para o "tempo de ruminação".
- Anote seus pensamentos ruminadores e veja como eles se repetem de forma interminável.
- Sua mente só pode estar em um lugar de cada vez. Desvie a sua atenção da ruminação para outra coisa.
- Pergunte-se: *Quando rumino, o que estou perdendo na vida?*
- Pratique a consciência plena para distanciar-se da sua mente, observando os pensamentos enquanto eles vêm e vão.
- Quando um pensamento se intromete, não lute com ele, mas também não o siga. Aceite a sua presença e siga em frente com a sua vida.

"Eu sou um fardo": como tornar suas amizades mais gratificantes   9

Rosa ficou deprimida por ter perdido o emprego e passou a isolar-se. Ela já havia feito isso durante um período prévio de depressão, o que teve um impacto negativo sobre uma de suas amizades. No trabalho, havia se isolado em um cubículo e raramente falava com os colegas. Dizia: "Só vou chateá-los com a minha vida. Eles têm tudo o que poderiam ter e eu não tenho nada, então por que iriam querer falar comigo?". Quando chegava em casa após o trabalho, ela comia compulsivamente, sentada em frente à televisão assistindo a programas dos quais dificilmente conseguia lembrar-se no dia seguinte. Agora, ficava em casa o tempo todo, ruminando sobre a perda do emprego, sentindo-se deprimida, sem esperança e rejeitada. Seus sentimentos eram como os de muitas pessoas que perdem o emprego, mas estava se isolando cada vez mais. Quando eu disse: "Você chamou algum amigo para passarem um tempo juntos?", ela respondeu: "Ninguém quer saber de você quando se está deprimido".

Rosa também tinha o hábito de focar nos aspectos negativos em relação ao seu namorado. Ela buscava apoio e esperava obter validação, mas às vezes desviava o assunto, queixando-se de tudo em sua vida. Os homens com os quais já havia saído algumas vezes tentavam apoiá-la, mas por vezes ficavam muito frustrados e paravam de telefonar. Isso aumentava ainda mais sua depressão e ruminação, fazendo-a querer se isolar ainda mais.

Ao descrever o problema de Rosa, não quero que você fique com a ideia de que nunca deve compartilhar seus sentimentos com as pessoas – nunca buscar validação. Você é humano e precisa de apoio. E, acima de tudo, não estou querendo culpá-lo por estar deprimido. Isso invalidaria o propósito deste livro. No entanto, quando se sente deprimido, você pode acabar se relacionando com pessoas que podem prejudicá-lo. Nosso objetivo, juntos, é lhe dar as melhores ferramentas para superar sua depressão, e parte disso é fazer um bom uso da sua rede de apoio. Ela pode ajudá-lo. Mas você precisará ser honesto consigo mesmo e avaliar se consegue se relacionar com essas pessoas de forma produtiva.

Relacionamentos e depressão

Muitas pessoas que estão deprimidas têm problemas significativos em seus relacionamentos. A depressão é mais comum entre quem vive sozinho, é divorciadao, tem conflitos de relacionamento e dificuldades com as suas amizades. Uma forma de olhar para as questões interpessoais na depressão é simplesmente considerar que conflitos e perdas podem levar a ela. A perda de um relacionamento, como um casamento, pode afetá-lo em muitos níveis: você perdeu oportunidades de ter experiências gratificantes com o seu parceiro, sua situação financeira pode piorar, sua rede de amigos pode diminuir e você pode se culpar pelo divórcio. Todas essas são questões reais que iremos abordar neste capítulo.[1]

Outra forma de interpretarmos isso, porém, é considerar que a depressão pode levar a conflitos e perdas nos relacionamentos. Quando está deprimido, você pode estar menos disposto a envolver-se em atividades com os seus amigos[2] – pode evitá-los, cancelar planos, não retornar os telefonemas ou não comparecer a compromissos. Quando sua depressão corta seu contato e suas interações, seus amigos podem concluir que você não está mais interessado neles. Por exemplo, os amigos de Rosa a convidavam para jantar e sair, mas ela rejeitava seus convites, pois achava que não tinha nada de interessante a dizer. Ela fazia isso com tanta frequência que alguns de seus amigos pararam de tentar contatá-la – mais isolamento.

Ou então sua depressão pode levá-lo a depender *mais* dos seus amigos. Talvez você se queixe muito quando está com eles, talvez até peça ajuda e reasseguramento, mas rejeite qualquer ajuda que recebe, ou, ainda, talvez busque tanta confirmação deles que é difícil lidarem com isso.[3] Então você se encontra em um beco sem saída: não quer se sentir isolado, mas não quer ser um fardo para outras pessoas.

Você é um depressor?

Todos nós queremos ser capazes de buscar nossos amigos quando estamos nos sentindo deprimidos, mas às vezes podemos inadvertidamente desanimá-los com nosso comportamento. Dê uma olhada na lista dos comportamentos "depressores" e veja se você se identifica com algum deles:

- Queixo-me continuamente sobre o quanto me sinto mal.
- Queixo-me das minhas dores.
- Queixo-me sobre como os outros me tratam injustamente.

Capítulo 9 "Eu sou um fardo": como tornar suas amizades mais gratificantes 165

- Tenho uma visão negativa do mundo em geral.
- Peço reasseguramento – repetidamente.
- Rejeito o reasseguramento depois que o obtenho.
- Não retorno telefonemas, cartas ou *e-mails*.
- Cancelo planos com os amigos.
- Não inicio contatos com as pessoas.
- Não pergunto aos meus amigos como eles estão.
- Não elogio as pessoas.
- Faço cara feia e me afasto.

Agora, sejamos honestos. Todos nós já fizemos coisas assim. Somos humanos. Mas quando você se sente realmente deprimido, pode ir por um caminho que acaba deixando todos deprimidos. Você precisa dos seus amigos – e eles precisam de você –, mas queixar-se e ruminar constantemente sobre o que está errado em sua vida só vai fazer todos se sentirem pior. Ao dizer isso, não estou tentando fazer você se sentir pior consigo mesmo. Estou simplesmente sugerindo que pode mudar seu comportamento para ser mais recompensador para seus amigos.

Examinemos os tipos de pensamentos e sentimentos que podem inadvertidamente se intrometer entre vocês.

"Preciso que meus amigos me compreendam"

Essa é uma preocupação razoável. É claro que você precisa da validação e do apoio dos seus amigos. Na verdade, receber validação – ouvir que outras pessoas se importam e sabem como tudo é difícil para você – pode ser um dos elementos mais importantes para se sentir melhor. Quando percebemos que podemos expressar nossos sentimentos e receber validação, sentimos que não estamos sozinhos. Sentimos que os outros nos compreendem e se importam e, quando nossos amigos realmente compreendem e se importam, isso gera um efeito tremendamente positivo em nós. Acreditamos que nossos sentimentos fazem sentido, reconhecemos que não estamos sozinhos e que outras pessoas já passaram pelas mesmas experiências. Além disso, geralmente somos mais capazes de compreender a complexidade da situação e encontrar ideias sobre o que fazer. Expressão e validação são importantes, e precisamos ter isso em mente.

Mas também é importante colocar isso em perspectiva. Às vezes somos pegos em uma "armadilha da validação" em que repetidamente nos queixamos de como as coisas estão ruins e depois rejeitamos qualquer confirmação ou conselho. Quando fazemos isso, corremos o risco de afastar nossos amigos e de ficarmos presos à nossa preocupação sobre como as coisas estão ruins, perdendo de vista as possibilidades de torná--las melhores.

A Armadilha da Validação: existem duas formas pelas quais você pode ter problemas ao tentar obter validação.[4] Na primeira, você pode achar que precisa aumentar suas queixas – realmente convencer as pessoas de que as coisas são absolutamente terríveis –, para que finalmente entendam a sua dor. Por exemplo, Rosa dizia a seus amigos que estava enfrentando uma catástrofe, a pior coisa que conseguia imaginar, quando perdeu seu emprego. Dizia: "Não sei como vou conseguir continuar vivendo". E acrescentava: "Meu chefe é o demônio. Eu não acredito que alguém como ele esteja vivo". Essas eram afirmações honestas e sinceras por parte de Rosa, mas davam a seus amigos a impressão de que a sua resposta à situação era tão extrema que ficava difícil compreendê-la. Exagerar na intensidade das suas queixas para receber validação pode, ironicamente, levar as pessoas a invalidá-lo. Uma amiga disse a Rosa: "Você precisa obter o controle de si mesma. As coisas não são assim tão ruins". É claro que isso fez Rosa se sentir pior.

Em segundo lugar, você pode ter uma noção exigente do que envolve a validação. Pode achar que seus amigos devem saber tudo sobre o quanto se sente mal – todos os detalhes dos seus problemas – para entendê-lo ou se importarem com você.[5] Para corresponder a esse padrão exigente, você inunda seus amigos com queixas. Rosa enviava longos *e-mails* aos amigos detalhando seus sentimentos e analisando eventos passados. Imagine como eles se sentiam abrindo seus *e-mails* e vendo várias páginas de correspondência, enviadas e respondidas por eles, com comentários de outros amigos de Rosa. Era como uma autobiografia contínua. Alguns deixaram de fazer contato com ela porque os estava inundando com detalhes de sua vida para os quais não tinham tempo nem energia.

Mas como você pode sair da armadilha da validação? A primeira coisa é se perguntar se o seu exagero e preocupação contínuos realmente conduzirão à validação. Pode ser – às vezes – que sim, mas também podem lhe trazer resultados indesejados. A segunda coisa é perguntar a si mesmo se as suas expectativas por validação são excessivas. Por exemplo, se acha que seus amigos precisam saber todos os detalhes para avaliar a complexidade da sua situação ou compreender que as coisas são difíceis para você. Então precisa pensar novamente. Por que eles deveriam saber tudo? Talvez, se souberem que as coisas são difíceis para você – *sem* todos os detalhes –, poderão não só validá-lo, mas também ajudá-lo a colocar as coisas em perspectiva.

Se suas expectativas por validação são excessivas, você pode acabar frustrado, irritado e até mesmo hostil em relação aos próprios amigos dos quais precisa – e pode não aproveitar a validação mesmo quando a *está* recebendo. Em vez de julgar o quão bem seus amigos estão lhe validando, você pode se concentrar em como está comunicando suas necessidades e começar a acrescentar mais conteúdo positivo suas conversas. Iremos examinar mais detalhadamente como fazer isso daqui a pouco.

A armadilha da vítima

Rosa ficava brava com seus amigos se eles não demonstravam interesse suficiente por seus problemas. "Vocês não se importam comigo", ela dizia, ou "Vocês têm uma vida encantadora. Como poderiam entender como é para mim?". Estava caindo na armadilha da vítima – sentindo que o mundo não estava ao seu lado e que as pessoas sempre a tratavam injustamente. Ela sobrecarregava seus amigos com queixas sobre sua família – "Minha mãe é uma completa narcisista. Só se preocupa consigo mesma" – e sobre seus colegas de trabalho – "Minha chefe favoreceu Lorraine. Ela está sempre lhe dizendo o quanto está se saindo bem". Ela se sentia menosprezada, insultada e humilhada pelas menores coisas – alguém que não segurasse a porta para ela, um vendedor sendo brusco em uma loja ou um amigo que não entrasse em contato imediatamente. Tudo tinha potencial para magoar seus sentimentos. Rosa estava se transformando em uma "coletora de males".

Agora, para ser justo com Rosa, esse era um sintoma da sua depressão. Ela tinha um filtro negativo – via apenas intenção negativa e malícia direcionadas a ela. Era uma "leitora de mentes" ("Ela não gosta de mim") e focada em sentir-se inferior ("Ela acha que é melhor do que eu"). Rosa não era paranoica – não era louca –, mas seus amigos começaram a se questionar se ela não estava chegando ao limite com suas queixas.

O que realmente estava acontecendo era que a depressão de Rosa assumiu a forma de se sentir rejeitada e humilhada – sua mente deprimida estava lhe dizendo que ninguém se importava. Sentia-se isolada, mal-amada e abandonada. Sentia-se sozinha. Rosa gritava aos seus amigos, esperando que a ouvissem; mas seus gritos eram formulados como queixas, danos pessoais, raiva e rejeição de ajuda. Em consequência, eles começaram a se afastar.

Recebendo o apoio que você precisa

Se você tem se queixado demais, não se preocupe com isso por enquanto – isso faz parte da sua depressão. É muito importante para você obter apoio e validação – obter o amor e o apoio de que precisa – e sentir que pode recorrer a seus amigos para recebê-lo.

Identifiquei inúmeras maneiras problemáticas de buscar apoio – agindo como vítima, rejeitando ajuda, ficando bravo com as pessoas por não entenderem, fazendo cara feia e exagerando em suas queixas de modo que elas acabam soando como relatos de catástrofes.[6] Essas estratégias são problemáticas porque provavelmente lhe trarão problemas depois de algum tempo e afastarão as pessoas. No entanto, você pode aprender a pedir ajuda de uma maneira razoável.

Examinemos alguns passos simples e construtivos para obter o apoio de que precisa.

Aprenda como pedir ajuda

Uma das formas de pedir ajuda é ser direto. "Estou passando por momentos difíceis atualmente e queria saber se posso conversar um pouco sobre o que estou sentindo. Eu gostaria muito." Isso passa uma mensagem de que você não está agindo como se estivesse cheio da razão – e também ajuda a outra pessoa a ver que você está solicitando *um pouco de tempo*, não horas. Você está colocando um limite no que está pedindo.

Outra forma construtiva de pedir ajuda é descrever seu problema de maneira que indique que também está pensando nas soluções. Por exemplo, Rosa poderia dizer: "Sei que tenho andado transtornada – me sentindo sozinha, mal-amada – mas também estou pensando em coisas que posso fazer para me ajudar. Por exemplo, estou pensando em fazer um curso, dar uma saída, fazer mais coisas e em usar algumas das técnicas que estou aprendendo – por exemplo, como reconhecer que alguns dos meus pensamentos negativos são muito extremos, ilógicos". Isso transmite ao ouvinte uma mensagem clara de que você não está recorrendo a ele apenas para uma escuta empática, mas que também está se ajudando. Essa é uma posição forte a ser adotada, já que seus amigos querem ser apoiadores, mas podem se perguntar se, na verdade, você apoiará a si mesmo. Você pode estabelecer um equilíbrio entre pedir ajuda e mostrar que está disposto a se ajudar. Isso passa a seus amigos a mensagem de que não está dependendo inteiramente deles – eles querem ajudar, mas não querem carregar a carga integralmente.

Juntos, vocês poderão tornar tudo melhor, mas mostre que está fazendo a sua parte para se ajudar.

Valide o validador

Quando você está deprimido, precisa encontrar um equilíbrio entre compartilhar a sua dor e não ser uma dor para os outros. Esse é um equilíbrio difícil de achar. Sua vida está desmoronando e você não quer se sentir sozinho. Mas também não vai querer afastar os amigos que tem. O que você pode fazer?

Quando está falando com um amigo sobre como as coisas estão ruins, indique gentil e claramente que sabe que está pedindo muito e que valoriza seu apoio ao ouvi-lo. Por exemplo, Rosa poderia dizer à sua amiga Betsy: "Sei que tenho me queixado sobre o meu trabalho. Eu só queria falar um pouco sobre isso porque valorizo seu apoio. Mas não quero sobrecarregá-la com os meus problemas".

Quando estamos nos sentindo deprimidos, normalmente, ficamos tão desesperados para que nos escutem que não reconhecemos que o nosso ouvinte também precisa de validação. Mas não queremos que nossas relações com pessoas atenciosas sejam unilaterais. Rosa encontrou uma maneira de conseguir apoio movendo-se em ambas as direções novamente. "Às vezes pode ser difícil ouvir", ela disse a Betsy, "e sei que você está fazendo um esforço por mim. Só quero que saiba que aprecio muito isso". Essa foi uma declaração bastante forte feita por Rosa, pois validou exatamente o que Betsy estava sentindo. Betsy sabia que Rosa tinha problemas a contar, mas também queria se sentir reconhecida pelo que estava fazendo.

É igualmente útil "revezar" – ou seja, ceder a palavra à sua amiga. "Já falei por algum tempo sobre os meus problemas", disse Rosa para Betsy, "e quero que saiba que também gostaria de saber sobre você. Não quero monopolizar a nossa conversa". Isso deu a Rosa uma chance de ser ouvida, mas também deu a Betsy algum espaço para falar de si. Rosa continuou, perguntando à amiga como estava sua vida. "Sei que você e Ron também tiveram altos e baixos. Conte-me, como estão indo as coisas entre vocês?" Esse foi um ótimo convite para fazer Betsy se abrir e, em retribuição, recebesse apoio. Isso também ajudou Rosa a retirar o foco dos próprios problemas e sentir que estava sendo útil e apoiadora com alguém com quem se importava.

Sugeri a Rosa que essa reciprocidade – dar e receber – era uma coisa maravilhosa na amizade delas, que valia ser percebida e comemorada. Ela abordou Betsy em uma de suas conversas e disse: "Sabe, é ótimo tê-la como amiga. Você está sempre disponível para mim, e espero que eu sempre possa estar à sua disposição".

Divulgue seus aspectos positivos

Às vezes nossos relacionamentos podem ficar excessivamente focados nos aspectos negativos. Nossas interações transformam-se em sessões de queixas – e você pode até mesmo achar que não tem outro assunto a não ser problemas sobre os quais se queixar. Sugeri a Rosa que discutisse com seus amigos as coisas positivas que estava fazendo para se ajudar. "Decidi virar uma nova página", Rosa disse a Betsy. "Voltarei à academia – realmente estou determinada a perder alguns quilos e a ficar em forma. Eu estava pensando em fazer umas aulas de cinema. Não que eu vá ser cineasta, mas acho que seria ótimo saber mais sobre o que está envolvido na produção de um filme."

Rosa estava "divulgando seus aspectos positivos" – contando aos amigos as coisas positivas e construtivas que estava fazendo. Descobriu que na verdade se sentia muito melhor quando estava falando sobre seus aspectos positivos – e seus amigos a felicitavam enfaticamente por seu novo plano de tomar uma atitude positiva. "Você está começando a me parecer muito melhor", disse Betsy. "Fiquei tão satisfeita em saber que voltará a frequentar a academia e fará um curso de cinema. Acho que estou começando a ver a antiga Rosa – aquela que era alegre. Fico feliz em vê-la radiante de novo."

À medida que seus amigos ouvem mais coisas positivas de você, você se sente mais encorajado a fazer coisas positivas. Rosa me disse que se sentiu motivada a fazer coisas positivas para que pudesse contar a Betsy sobre elas. Esse era um círculo virtuoso: fazer coisas positivas levava a falar sobre coisas positivas, o que levava a ser validada pelas coisas positivas, o que a motivava a fazer mais coisas positivas para si.

Se você descrever um problema, descreva uma solução

Algumas pessoas ficam tão focadas em descrever os seus problemas que não conseguem reconhecer que também podem descobrir como resolvê-los. Você passa muito tempo dizendo ao seu amigo o quanto se sente mal, o quanto está solitário e o quanto está pesaroso, mas deixa isso em suspenso – um conjunto de problemas sem solução. E, então, quando ele sugere uma solução, você a rejeita.

A solução de problemas é uma abordagem importante da depressão. De acordo com ela, você pode encarar a depressão como um sentimento de impotência diante de problemas reais em sua vida. Em vez de pensar em formas produtivas para resolver esses problemas, foca apenas neles, ruminando e ampliando em sua mente como tudo é impossível.

O que você pode fazer? Afinal de contas, tem problemas reais. Deve fazer uma cara feliz e fingir que tudo está ótimo? Não. Mas imaginemos o seguinte: cada vez que falar com seus amigos sobre um problema, você também fala sobre as possíveis soluções. Por exemplo, Rosa conseguiu reverter isso em sua conversa com Betsy: "Tenho me sentido muito sozinha desde que perdi meu emprego, me sentindo deprimida e muito mal comigo mesma. Às vezes tudo é muito difícil, mas também estou pensando no que posso fazer para melhorar as coisas. Sei que tenho sido relutante em começar a ligar para as pessoas, mas essa pode ser uma maneira de voltar a ficar por dentro das coisas. Atualmente, não estou me sentindo otimista quanto a encontrar um emprego, mas sei que isso funcionou para outras pessoas. Pelo menos vale a pena tentar".

Imagine agora que você está no lugar de Betsy. Sua amiga, com a qual se importa muito, está descrevendo um problema real – depressão. E também está falando sobre soluções reais. Se você for como Betsy, isso o fará se sentir muito bem em relação a Rosa e o levará a encorajá-la mais. "Estou muito feliz que esteja pensando em ser mais proativa em sua busca de trabalho", disse Betsy. "Você tem tanta coisa a seu favor que tenho certeza de que existe um ótimo emprego à sua espera. Diga como eu posso ser útil."

Não seja o seu pior inimigo

Algumas pessoas deprimidas passam muito tempo descrevendo-se como "perdedoras" ou "um fracasso", seja porque realmente pensam dessa maneira ou porque estão tentando fazer com que seus amigos as tranquilizem. Fazer isso é como sentar-se com seu amigo e depois dizer a ele por que não deveria estar perdendo tempo com um fracassado como você. Isso é confuso e autodestrutivo. Em primeiro lugar, é claro que você não é um fracassado. É alguém que está deprimido e tentando fazer o que pode para melhorar. Em segundo lugar, criticar-se constantemente na frente de seus amigos só irá afastá-los. Eles acabarão se cansando de reassegurá-lo e irão se retirar.

Se você tem sido o seu pior inimigo entre seus bons amigos, precisa se perguntar o que acha que conseguirá com isso. Talvez você diga: "Eu tenho de ser honesto sobre os meus sentimentos". Isso pode ser verdade – mas só até certo ponto. Dizer que está deprimido é uma afirmação honesta sobre os seus sentimentos, mas rotular-se como um idiota é uma distorção do pensamento que não o representa verdadeiramente, muito menos o ajuda. Isso só lhe faz ruminar mais sobre o quanto as coisas estão ruins e afasta seus amigos.

Uma alternativa a ser o seu pior inimigo é ser o seu melhor amigo. Por exemplo, Rosa queixava-se sobre como havia sido idiota por perder o emprego. Quem quer ouvir um amigo depreciar o seu amigo? O novo papel de Rosa era ser a melhor amiga de Rosa – quando falava com seus amigos. "Sei que perder o emprego foi difícil para mim", ela disse a Betsy, "mas talvez acabe sendo melhor em longo prazo. Eu tenho me depreciado, achando que sou uma idiota. Mas agora percebo que todos nós cometemos erros e preciso ser mais apoiadora comigo mesma".

Essa é a grande vantagem de ser o seu melhor amigo. Você começa a se dar conta de que pode ser apoiador consigo mesmo, pode encontrar opções, e seus verdadeiros amigos ficarão entusiasmados em apoiá-lo em sua autoajuda. Você nunca erra ao ser seu melhor amigo quando está falando com seu melhor amigo.

Inicie contato positivo com atividades positivas

Como muitas pessoas deprimidas que já vi, Rosa tendia a isolar-se quando estava deprimida. Seus amigos lhe mandavam *e-mails* e telefonavam, mas ela não respondia. "Sou uma verdadeira depressora para quem fica perto de mim. Não quero ver ninguém até me sentir melhor." Talvez você pense que a única coisa que pode fazer quando vê seus amigos seja focar no quanto se sente mal. Portanto, tanto para você como para eles, prevê um momento realmente depressivo. Não precisa ser assim.

Sugeri a Rosa que pensasse em planejar algumas atividades positivas com os amigos para que seus encontros não fossem apenas oportunidades para se queixar: "Por que não marcar um encontro para ver um amigo e fazer algo divertido juntos?" Ela pensou nisso e decidiu experimentar. Ligou para sua amiga e disse: "Oi, Betsy. Sei que tenho estado afastada. Peço desculpas por isso. Mas estava pensando em conferir aquele novo filme de que falamos há algum tempo. Que tal assisti-lo na semana que vem?".

As amizades de Rosa agora iriam fazer parte das suas "atividades positivas" para sua autoajuda. Sugeri que fizesse o possível para planejar coisas novas e divertidas para fazer com os amigos. Isso mataria dois coelhos com uma só cajadada. Em primeiro lugar, seria menos provável que ela focasse excessivamente em seu humor negativo com os amigos. Em segundo, estaria se envolvendo em atividades prazerosas que melhorariam seu humor. Era uma situação benéfica para ela *e* para seus amigos. Rosa começou a desenvolver uma lista de coisas positivas para fazer com eles – ir ao cinema, visitar museus, dar uma volta de carro, fazer compras e andar de bicicleta pela cidade. Eles passaram a ter uma impressão diferente dela – agora, ela era alguém que fazia coisas divertidas, portanto, alguém com quem queriam estar.

Respeite os conselhos

Um dos padrões comuns para pessoas que estão deprimidas é dizer aos amigos o quanto as coisas estão ruins, recorrer a eles buscando conselhos e depois rejeitá-los. Rosa não era exceção. Queixou-se para Betsy sobre como se sentia mal. A amiga deu sugestões de como ela poderia se ajudar e então ouviu: "Você não entende como é difícil para mim". Rosa estava sendo verdadeira e autêntica, mas estava frustrando Betsy no processo. Por fim, sua amiga poderia desistir e se afastar, e isso só aumentaria seu isolamento e sua depressão.

Sugeri que Rosa considerasse "respeitar os conselhos" mesmo que não se sentisse pronta para segui-los. Poderia agir assim na próxima vez em que encontrasse sua amiga: "Obrigada, Betsy, por tentar ser útil. Eu realmente agradeço suas ideias sobre como posso tornar as coisas melhores. Neste momento, para mim, é difícil agir segundo essas ideias, mas sei que preciso fazer algumas mudanças. Vou pensar um pouco sobre o que você está dizendo". Agora, se coloque no lugar de Betsy. Embora Rosa esteja lhe dizendo honestamente que é difícil seguir seus conselhos no momento, ela sente que sua amiga pelo menos respeita os conselhos que está lhe dando. Isso a deixa mais propensa a continuar se encontrando com Rosa e a oferecer seu apoio.

Torne-se parte de uma comunidade mais ampla

Um dos desenvolvimentos lamentáveis em nossa sociedade durante os últimos 30 anos é o declínio da participação em organizações como igrejas, sinagogas, clubes, ligas e grupos de interesse. Estamos nos transformando em uma nação de indivíduos isolados uns dos outros, e Rosa não era exceção a isso. Frequentemente, sentava-se sozinha em seu apartamento, ruminando sobre como as coisas estavam ruins para ela. À medida que foi se tornando menos deprimida durante o curso do nosso trabalho conjunto, sugeri que examinasse a ideia de se conectar a outras pessoas por meio de uma organização ou grupo de interesse.

Começamos a fazer uma lista de possíveis comunidades das quais ela poderia participar: clube de ciclismo, clube de caminhadas, trabalho em um abrigo de animais (ela gostava muito de gatos), grupo da igreja, organização política, grupo de leitura, ativismo ambiental e organização de ex--alunos da faculdade. A vantagem dos grupos na comunidade é que estão sempre lá (sempre há alguma atividade para fazer), você conhece pessoas com interesses e valores semelhantes e pode até sentir que sua vida tem mais propósito. Contei a Rosa sobre um amigo meu, Dan, que tinha tendência a períodos de depressão e havia começado a trabalhar como voluntário em um abrigo para moradores de rua coordenado por sua igreja. "Essa é uma das melhores coisas que já fiz na vida", Dan havia me contado. "Sinto que sou realmente importante para essas pessoas e me dou conta do quanto a vida pode ser dura para outros. Isso me faz valorizar a sorte que tenho."

Uma forma de se sentir bem consigo mesmo e com sua vida é ajudar outras pessoas a se sentirem bem com as suas – e uma forma de ir além da autocrítica é construir um mundo maior do que você. Um ex-paciente envia um cartão de Natal para mim todos os anos e me mantém informado sobre sua vida. Ele tornou-se muito ativo na Habitat for Humanity,* ajudando pessoas desfavorecidas a conseguirem moradia, e agora é muito ativo em sua igreja e em sua associação de ex-alunos da faculdade. Sua vida hoje é muito maior e mais significativa do que poderia ser se estivesse simplesmente vivendo como um indivíduo isolado.

Rosa respondeu bem à ideia de que, quando ajudamos outras pessoas a encontrar um propósito, *nós* encontramos um propósito. Essa era a regra de ouro para ela. Começou a ensinar uma garota que estava tendo dificuldades na escola. "Sinto todos os dias, quando me levanto, que sou importante para alguém. Minha vida tem um significado maior agora", disse-me, com lágrimas se formando em seus olhos. Que virada tiveram os acontecimentos em sua vida. Ela havia começado se sentindo um fardo para seus amigos, mas agora sentia que poderia ter importância para alguém que era um completo estranho para ela.

---

* N. de T. Organização cristã internacional, sem fins lucrativos, que visa a eliminação da pobreza habitacional.

Conclusão

Devo confessar que eu estava um pouco hesitante em incluir neste livro um capítulo sobre ser um fardo para seus amigos. Você já poderia estar se criticando e se isolando porque se sente assim. Mas também me dei conta de que fornecer algumas ferramentas poderosas e úteis para ajudá-lo a lidar melhor com suas amizades iria lhe auxiliar a reverter sua depressão.

Nós precisamos uns dos outros em alguns momentos. Isso faz parte de ser humano. Mas também podemos pensar em como ser mais habilidosos em nossas relações com os amigos, mais gratificantes para eles e realmente nos engajarmos em autoajuda enquanto estamos buscando ajuda. Gosto especialmente da ideia de falar sobre as coisas positivas que você está fazendo para se ajudar. Isso lhe reforça, e é gratificante para seus amigos ouvir que você está se cuidando.

Procure pensar em como equilibrar a busca de apoio com dar validação ao seu validador. Ajude-se a ajudar seus amigos a serem amigos melhores e não se isole quando estiver se sentindo deprimido. O que sei é que quero estar disponível para meus amigos quando estiverem passando por dificuldades. Essa é a melhor maneira de ser um amigo.

Desenvolvendo amizades mais gratificantes

- Como sua depressão afetou suas amizades? Você está se isolando ou exigindo demais dos seus amigos?
- Pergunte-se se está agindo como um depressor e inadvertidamente deprimindo os outros.
- Saia da "armadilha da validação" e da "armadilha da vítima".
- Aprenda formas construtivas de pedir a ajuda de que precisa.
- Valide o seu validador: deixe os amigos saberem que você valoriza o apoio deles e que quer retribuir apoiando-os também.
- Divulgue seus aspectos positivos – coisas que está fazendo para se ajudar.
- Se você contar um problema a um amigo, fale também sobre as possíveis soluções.
- Não seja o seu pior inimigo. Criticar-se constantemente para seus amigos pode afastá-los e fazer você se sentir pior.
- Planeje atividades positivas para que seus encontros com os amigos não sejam apenas oportunidades para se queixar.
- Respeite os conselhos dos seus amigos. Não peça ajuda e depois rejeite a ajuda que recebe.
- Vincule-se a uma comunidade mais ampla.

"Eu não suporto ficar sozinho": como superar a sua solidão   10

Maria vinha sofrendo de depressão há mais de dois anos – mas ultimamente as coisas tinham piorado. O relacionamento casual que tinha com Rick havia terminado e ela estava se refugiando ainda mais dentro de si. Não que o relacionamento com Rick fosse tão gratificante assim – Maria o via duas vezes por mês. Ele estava envolvido em seu próprio trabalho e não parecia ter muita aproximação emocional com ela, mas agora que o relacionamento terminara, as coisas pareciam ainda mais sombrias para Maria.

O recolhimento de Maria é um sintoma comum da depressão – mas o afastamento das outras pessoas pode piorá-la. Ela se sentia solitária quando estava sozinha em casa, mas também se sentia isolada e solitária quando estava no trabalho, e passava a maior parte do tempo em seu apartamento pensando em como sua vida era vazia. Embora já morasse na cidade há quase sete anos, tinha poucos amigos. No escritório, afastava-se dos colegas, achando que ninguém realmente iria querer conversar com ela. Todas as demais pessoas pareciam estar se divertindo – restaurantes, cinemas, clubes, viagens, namorados –, e Maria se sentia empacada no meio da maior cidade dos Estados Unidos, incapaz de iniciar uma conversa, conhecer pessoas ou encontrar alguém com quem passar algum tempo.

Em casa, tomava uma taça de vinho para afastar o sentimento de vazio que a atormentava quase o tempo todo. Encomendava comida pronta, já que cozinhar parecia ser uma prova penosa – e, de qualquer forma, dizia: "Por que cozinhar só para uma pessoa?". Quando se sentava em seu apartamento, sua mente era invadida por pensamentos sombrios e depressivos que ficavam lhe lembrando o quanto sua vida era ruim. "Eu me sento lá, em frente à televisão, sem conseguir me concentrar", me disse. "Fico pensando: 'Vou ficar sozinha para sempre' e 'Devo ser uma perdedora para ser tão sozinha'". No fim da noite, já havia terminado sua terceira taça de vinho e comido mais *junk food* para se acalmar. Mais motivos, pensava, para se sentir mal consigo mesma.

Quando estamos deprimidos, frequentemente sentimos que não temos nada a oferecer, e então nos isolamos, conforme vimos no Capítulo 9. A experiência de Maria é típica de tantas pessoas deprimidas – isolando-se em seu apartamento, ruminando sobre como as coisas são ruins e se sentindo presa e sozinha. Na verdade, a solidão pode manter sua depressão por anos e, paradoxalmente, levá-lo a passar ainda mais tempo sozinho. Ela pode às vezes ser uma coisa boa – lhe dando tempo para refletir. Mas quando você está deprimido, se transforma em isolamento e sentimentos de rejeição e de falta de esperança, que formam uma espiral com temores de mais rejeição. E, como você fica mais sensível a ser rejeitado, terá menos probabilidade de iniciar conversas com as pessoas e de se reunir com os poucos amigos que tem.

A boa notícia é que você pode fazer alguma coisa a respeito – e começar a reverter sua solidão hoje mesmo. Comecemos examinando algumas das crenças que você pode ter sobre estar sozinho.

Mitos comuns sobre estar sozinho

Agora você provavelmente tem uma ideia muito boa de como a sua depressão pode distorcer seu pensamento, fazendo tudo parecer sombrio e difícil. Se está se sentindo sem esperança porque se isolou e se retraiu, as chances são de que esteja à mercê de algumas impressões distorcidas de como é realmente estar sozinho (e como pode prontamente mudar isso se quiser). Apresentamos aqui algumas crenças poderosas – mas, em última análise, falsas – que as pessoas deprimidas geralmente têm acerca do que significa estar sozinho.

"É difícil conhecer pessoas"

"É tão difícil conhecer pessoas", disse Maria, sentindo-se derrotada antes mesmo de tentar. Quantas vezes você já disse isso? Provavelmente, acredita nisso porque não conheceu muitas pessoas, mas é mais provável que isso ocorra porque não tentou da maneira mais efetiva. Maria não era uma exceção a essa crença autodestrutiva de que era quase impossível conhecer pessoas. "Quando eu estava na universidade, pelo menos podia conhecer pessoas no dormitório. Mas aqui na cidade todos são anônimos e ninguém parece ser muito amigável." Conhecer pessoas parecia ser um obstáculo intransponível – e me parecia ser a chave para fazer Maria se sentir mais capaz e menos solitária. Nosso trabalho foi delineado por nós dois.

Capítulo 10   "Eu não suporto ficar sozinho": como superar a sua solidão

"Quantas pessoas você acha que realmente vê nas ruas e nos prédios todos os dias?", perguntei.
"Nunca pensei nisso", ela retrucou rapidamente, um pouco curiosa.
"Bem, vamos pensar juntos agora. Quando desceu do ônibus e veio até meu consultório, quantas pessoas você viu na calçada?"
"Talvez uma centena."
"Havia alguém no elevador?"
"Sim, havia dois homens e uma mulher um pouco mais velha do que eu."
"E se você fosse até uma livraria depois da nossa sessão, quantas pessoas acha que poderia ver durante o trajeto?"
"Não sei, talvez mais umas 50 pessoas."
"Certo, então, no curso de umas duas horas, temos mais de 150 pessoas que você pode ver. Permita-me então sugerir algo que tenho certeza de que você não vai acreditar. Você poderia potencialmente conhecer qualquer uma dessas pessoas se realmente decidisse fazê-lo."
"O quê? Simplesmente me aproximar de um estranho e iniciar uma conversa?"
"Exatamente."
"Mas isso é impossível", ela disse enfaticamente.
"Se eu lhe desse um milhão de dólares, você conseguiria fazer isso?"
"É claro, mas você não vai me dar um milhão de dólares."
"Está certa. Mas você já estabeleceu que o impossível é possível. Agora vou colocar um preço nisso. Conseguiria se aproximar de alguém e iniciar uma conversa se a sua felicidade dependesse disso?"
"Mas é tão difícil!"
"Difícil, talvez, mas não impossível. Vamos começar com calma. Aqui está seu plano para a próxima semana. Agora feche os olhos. De que cor são os meus olhos?"
"Não sei."
"Exatamente. Você não está notando o que está à sua frente. De que cor é a minha gravata?"
"Também não sei."
"Está bem, agora você pode abrir seus olhos. Os meus olhos são castanhos e a minha gravata é azul e cinza. Você precisa observar o que está à sua volta para que as pessoas possam encontrar uma abertura para se relacionar com você. O que quero que você faça, então, é observar a cor dos olhos de todos os homens que vir – seja caminhando pela rua, no elevador, esperando o metrô ou na fila de um restaurante."
"Você quer dizer olhar nos olhos deles?"

"Sim. Eu lhe digo por quê. Isso pode lhe surpreender, mas a maioria dos homens é sensível à rejeição – assim como você. No entanto, se eles percebem que está olhando para eles, podem achar que você é amigável. Certo. Aqui está outra parte da sua tarefa de casa. Procure observar se alguém está olhando para você. Olhe em volta para ver, e olhe nos olhos deles."

Durante o mês seguinte – para surpresa de Maria –, as pessoas começaram a falar mais com ela. Vários rapazes mostraram-se claramente interessados por ela, que trocou telefones e saiu com alguns deles. Ocorre que um já a tinha visto na igreja semanas antes, mas não tivera coragem de iniciar uma conversa. Maria nunca havia percebido que muitos rapazes também são tímidos.

Eu usei uma abordagem semelhante com outra mulher, Tina, que pensava: "Todos esses rapazes são uns narcisistas". Obviamente, a ironia era que ela estava falando comigo, outro rapaz. Entretanto, lhe pedi que começasse a monitorar os atos de gentileza ou de educação que observava por parte de homens e mulheres. Ela voltou na semana seguinte e disse que havia notado mulheres empurrando carrinhos de bebês, homens e mulheres levando seus cachorros para passear, pessoas segurando a porta, alguém dando dinheiro a um sem-teto, outras pessoas dizendo "Obrigado" e inúmeras lhe desejando um bom dia, tanto homens como mulheres. Também me contou que estava em uma festa e conversou com um homem que havia acabado de conhecer, e ele lhe descreveu parte do seu trabalho voluntário com os Big Brothers Big Sisters.* Procurar por gentileza pode ajudá-lo a encontrar pessoas atenciosas – algumas das quais eram estranhas até você encontrá-las. Existe gentileza à sua volta – basta abrir os olhos e o coração para encontrá-la.

"Você não pode abordar estranhos." Essa é uma crença muito comum entre pessoas solitárias e tímidas. É como se houvesse um livro de regras em algum lugar que limitasse o que você pode fazer. Quem escreveu esse livro de regras? Ele provavelmente está somente na sua cabeça. Bem, ainda bem que não acreditei nessa regra. Há 23 anos, eu estava esperando o metrô em Nova York e vi uma mulher muito atraente parada ali. Entrei no metrô, iniciei uma conversa e depois disse: "Eu sei que isso parece estranho, já que não nos conhecemos, mas eu gostaria de conversar mais com você. Aqui está o meu cartão – ou eu posso lhe telefonar". Ela me deu seu número e eu liguei. Estamos casados há 22 anos. Sorte minha – eu não acreditei na "regra" de que você não pode abordar estranhos.

---

* N. de T. Organização não governamental em que voluntários oferecem apoio profissional para que crianças desenvolvam todo o seu potencial.

Capítulo 10   "Eu não suporto ficar sozinho": como superar a sua solidão

"Se você está sozinho, deve estar infeliz"

"Se eu ficar sozinha, serei infeliz", disse Maria. Essa é uma armadilha mental típica para pessoas que estão solitárias – se você está sozinho, deve estar triste, ruminar e se sentir infeliz. Por que seria assim?

A resposta é muito simples: porque, assim como Maria, quando você está sozinho, a sua mente está repleta de pensamentos negativos sobre si mesmo e sobre a sua situação. Está sentado ali, sozinho, com essa autocrítica tagarela gritando: "Você é um perdedor. Sempre vai estar sozinho. Não consegue fazer nada direito. Ninguém ama você. A vida é terrível".

Ironicamente, quando está sozinho dessa maneira, na realidade *tem* alguém com você – a sua crítica. Imagine se convidasse alguém para vir à sua casa todas as noites e essa pessoa ficasse parada na sua frente lhe dizendo que você é um perdedor. Como você se sentiria? Exatamente como se sente agora. Infeliz.

Para mudar a forma como encara estar sozinho – antes que se flagre sentado em casa, afundado no pensamento depressivo –, é útil prever todos os pensamentos negativos que provavelmente terá e planejar como desafiá-los. A Tabela 10.1 mostra o que Maria criou.

TABELA 10.1 Uma nova visão sobre estar sozinho	
Pensamento negativo	Pensamento útil
Você está sozinha porque é uma perdedora.	Você está sozinha porque não fez as coisas que irão ajudá-la a relacionar-se com os outros. Isso é o que pode começar a fazer agora. Você não é uma perdedora, pois tem muitas das qualidades que desejaria em um amigo. Na verdade, você pode ser a pessoa por quem está procurando.
Você sempre estará sozinha.	Você não está completamente sozinha agora. Existem as pessoas com quem trabalha, a sua família e os seus amigos. Se tomar a iniciativa, poderá começar a construir sua rede de apoio hoje mesmo.

(continua)

TABELA 10.1 Uma nova visão sobre estar sozinho *(continuação)*	
Pensamento negativo	**Pensamento útil**
Você não consegue fazer nada direito.	Esse é um pensamento do tipo tudo-ou--nada. Liste todas as coisas que fez certo em sua vida. Todos cometem erros, mas isso não significa que não conseguem fazer nada certo. O que um bom amigo lhe diria?
A vida é terrível.	Às vezes a vida pode ser terrível. Mas ela é o que você faz dela. Cada dia é uma oportunidade de se engajar em um comportamento positivo e se conectar com os outros. Mesmo que a vida lhe pareça terrível, existem coisas positivas a fazer se planejá-las, estiver disposto a experimentar coisas novas e a assumir o risco.

    Outra coisa útil a fazer é planejar atividades para o tempo em que provavelmente estará sozinho. Por exemplo, para muitas pessoas solteiras, estar sozinho no fim de semana é difícil. Então planeje com antecedência. Para descobrir o que está acontecendo e você possa querer fazer parte, navegue em *sites*, leia revistas e pergunte aos amigos. Cheque os eventos culturais, as organizações, as atividades comunitárias, o trabalho voluntário e as igrejas e sinagogas. Seja voluntário em um abrigo para animais, faça um curso, experimente algo novo.

    Se estiver sozinho à noite e se sentindo deprimido, peça algo do seu "cardápio de recompensas" só para você. Por exemplo, Maria tomou um maravilhoso banho de espuma com velas, ouviu uma música bonita e calma e alugou um vídeo que queria ver. Também enviou alguns *e-mails* e navegou em alguns *sites* onde poderia conhecer pessoas novas. Ficar sozinho pode ser um tempo de prazer para você, para mimar a si mesmo, fazer de si o seu melhor encontro, seu melhor amigo.

Capítulo 10   "Eu não suporto ficar sozinho": como superar a sua solidão

Seja seu melhor amigo

Criando uma barreira para si mesmo com mensagens negativas sobre ser um perdedor, pensando que ficará sempre sozinho e que não consegue fazer nada direito. Já descrevi algumas maneiras de lidar com esses pensamentos negativos, mas precisamos dar um passo além. Precisamos transformar você no seu melhor amigo.

Certo. Você está sentado sozinho em seu apartamento, e é sábado à noite. Não tem um encontro, não tem nenhum plano e está se sentindo muito deprimido. A sua autocrítica está batendo na porta do seu cérebro, e você está começando a ficar ansioso porque essa vai ser outra daquelas noites terríveis de solidão e tristeza. O que você pode fazer?

A resposta é que você precisa ser uma boa companhia para si mesmo. Isso significa que pode pensar no que o seu melhor amigo mais carinhoso e generoso diria a você. Ele certamente não seria parecido com a sua autocrítica nem iria prever o pior para você. O que ele diria?

Vamos ver como isso seria – uma conversa com o seu melhor amigo. Imagine-se fazendo uma dramatização consigo mesmo – desempenhe dois papéis – Você e o Seu Melhor Amigo.

VOCÊ. Estou me sentindo deprimido. Estou tão sozinho que não consigo suportar.

MELHOR AMIGO. Não há razão para se sentir deprimido. Eu estou com você. Na verdade, você é a pessoa mais interessante na minha vida. Eu penso em você o tempo todo, gosto do que gosta e estou sempre aqui à sua disposição. Portanto, conte comigo.

VOCÊ. Oh, você é apenas parte da minha imaginação.

MELHOR AMIGO. Assim como a sua solidão e a sua autocrítica. Mas sou a parte que se importa com você e está sempre ao seu lado. E posso lhe contar algumas coisas sobre você que realmente importam, que são muito boas. Você se lembra da época em que ajudou seu amigo Jack quando ele estava desempregado? Eu me lembro disso. Ele realmente sabia que você estava disponível para ele. Portanto, agora é a minha vez, em nome de todas as pessoas com quem já foi gentil, de estar disponível para você.

VOCÊ. Mas como posso me divertir quando estou sozinho?

> MELHOR AMIGO. Bem, imaginemos que você está conversando comigo – seu melhor amigo. Vamos relembrar algumas coisas maravilhosas que fez e vivenciou. Você se lembra de quando dirigiu até o interior para ver a vegetação no outono? As árvores estavam magníficas, os plátanos estavam vermelhos e laranja, e o céu estava claro e ensolarado. Você podia sentir o perfume da madeira queimando – a fumaça saindo das chaminés das casas à sua volta. Você se lembra desse dia?
>
> VOCÊ. Sim. Aquilo foi lindo.
>
> MELHOR AMIGO. E vamos pensar sobre os filmes maravilhosos que você quer ver e os livros que quer ler. Tantas coisas incríveis pelo que se interessar. E não é ótimo que agora você possa fazer o *download* de músicas e *podcasts* e ouvir as músicas mais bonitas a qualquer momento, em qualquer lugar? É tão incrível como tudo pode estar ao alcance de seus dedos. Que sorte nós temos.
>
> VOCÊ. Como você sabia dessas coisas?
>
> MELHOR AMIGO. Eu estou sempre com você. Sou o seu melhor amigo. Você só precisa fazer uma pausa por um momento para saber que estou aqui, dentro de você, sempre ao seu lado. Só precisa ouvir e eu estarei à sua disposição.

"Só os perdedores estão sozinhos"

Maria me disse: "Só os perdedores estão sozinhos". Essa é uma crença comum entre as pessoas solitárias – que estar sozinho é um sinal de algum defeito terrível. Pense na lógica disso. Toda pessoa casada já foi sozinha antes. Ela conheceu outra pessoa que também estava sozinha. Portanto, todas as pessoas casadas são perdedoras e se casam com perdedores, mas, no exato momento em que se casam, são transformadas em vencedoras. Como mágica!

Todos nós estamos sozinhos em algum momento – em alguns casos, por um período de tempo. Sei disso porque quando eu era mais novo, viajei por toda a América do Norte e morei em diferentes cidades devido ao meu trabalho como acadêmico. Assim, sempre que chegava a um lugar novo, eu estava sozinho. Isto é, até que fizesse novos amigos e acabasse encontrando uma nova namorada. Isso significa que, quando cheguei a Vancouver, no Canadá, e desci do avião, o funcionário da alfândega olhou para o meu passaporte e disse: "O que um perdedor como você está fazendo em um lugar agradável como este"? Espero que não.

Estar sozinho é uma situação, às vezes temporária e que pode ser revertida no dia seguinte, às vezes de maior duração. De qualquer maneira, isso não quer dizer nada em relação à pessoa. Maria, no entanto, achava que

Capítulo 10   "Eu não suporto ficar sozinho": como superar a sua solidão

estar sozinha era um sinal de que de alguma forma era inferior. "Este é um mundo de casais", ela disse. Mas quando examinamos isso mais detidamente, tornou-se mais evidente que havia casais que são infelizes e pessoas solteiras que são felizes. "Você está certo", disse Maria. "Minha amiga Valerie parece muito contente. Ela tem seu trabalho, alguns amigos, seus interesses. Não se sente uma perdedora. Eu certamente não penso nela como uma perdedora."

Mas nada disso provava que a própria Maria *não fosse* uma perdedora. E se ela fosse? Decidimos examinar melhor. "Maria, como você definiria o que é um perdedor?"

"Uma pessoa que não tenha absolutamente nada acontecendo em sua vida."

"Está bem. Digamos que você esteja procurando uma nova amiga. Que qualidades iria querer nela?"

"Eu iria querer alguém que fosse inteligente, tivesse algum interesse em cultura, fosse fisicamente ativo e um bom ouvinte. Eu poderia prosseguir, mas seria apenas alguém que não ficasse julgando as outras pessoas."

"Você tem alguma dessas qualidades, Maria?"

Ela olhou para mim com um sorriso. "Certo. Você me pegou. Acho que sim."

"Então está procurando alguém como você?"

"Sim. Mas é difícil encontrar alguém com todas essas qualidades."

"Qual a coerência que isso tem com se ver como uma perdedora, se você é a própria pessoa que adoraria conhecer?"

"Humm", ela disse, em um momento de autorreflexão feliz.

Sim, existem algumas pessoas maravilhosas que estão sozinhas. Você pode ser uma delas.

"Você não pode fazer as coisas sozinho"

Maria achava que não podia fazer as coisas que gostava porque não tinha um parceiro. "Eu não posso fazer essas coisas sozinha – você deve estar com alguém". Esse é um dos pressupostos mais debilitantes que você pode ter – que está aprisionado em seu apartamento porque está sozinho. Maria me disse: "Eu não posso ir ao cinema ou a um *show* sozinha. Isso é para casais". Ela achava que não podia estar em um teatro como um peixe fora d'água: "As pessoas irão olhar para mim e pensar que sou patética." E acrescentou: "Mesmo que ninguém notasse, eu me sentiria muito esquisita saindo sozinha". Como presumia que nunca poderia fazer essas coisas enquanto estivesse sozinha, Maria era "incapaz" de ir ao cinema, a museus, a concertos, a palestras, a eventos esportivos ou a restaurantes. Seu mundo havia se tornado muito menor em consequência da sua regra.

Examinamos essa regra juntos. "Qual a consequência para você de pensar que não pode sair sozinha?"

Ela fez uma pausa e depois disse: "Eu não consigo aproveitar a cidade e me sinto aprisionada e infeliz".

"Existem vantagens em fazer as coisas sozinha?", perguntei.

"Bem, se eu conseguisse fazer essas coisas poderia aproveitar mais a minha vida e me sentiria menos desamparada e encurralada. Mas é difícil fazer essas coisas quando me sinto tão autoconsciente."

"Sim, eu imagino que seja difícil. Mas existe alguma possibilidade de que a atividade em si seja agradável? Por exemplo, se você fosse sozinha ao cinema, poderia aproveitar o filme? Ou se fosse a uma palestra sozinha, seria possível conhecer pessoas novas?"

Lembro que, há anos, quando era solteiro, eu me sentia liberado quando ia sozinho ao cinema, a peças, a recitais, a apresentações de dança e a palestras. Compartilhei isso com Maria e ela disse: "Oh, isso é mais fácil porque você é homem. As mulheres parecem patéticas quando saem sozinhas".

"Mesmo?", eu disse, dando a entender que essa era uma forma muito sexista e desencorajadora de olhar para as coisas. "Quem criou a regra de que os homens podem ir ao cinema sozinhos, mas as mulheres não?"

"Está bem", disse ela, "as mulheres podem fazer tudo o que os homens fazem".

"Acho que chegamos a um acordo aqui", respondi.

Fizemos uma lista de atividades para ela fazer sozinha. Tendo em mente que ficaria cheia de pensamentos negativos de que não poderia fazer essas coisas sozinha, eu quis que ela coletasse informações sobre se havia outras pessoas sozinhas. Então ela foi a lojas, decidiu ir ao cinema e comprou um ingresso na última hora para uma peça. A maioria das pessoas no cinema e na peça estava acompanhada, mas havia outras que estavam sozinhas; ela não era a única. Em segundo lugar, pedi que pensasse sobre as qualidades positivas que alguém disposto a fazer coisas sozinho poderia ter. Ela decidiu: "Talvez elas tenham confiança, talvez as mulheres que estão fazendo coisas sozinhas sejam liberadas e fortes, talvez não queiram ficar aprisionadas porque não têm alguém com quem fazer as coisas". Em terceiro, examinamos as vantagens de estar sozinha. "Seria mais fácil conhecer alguém", ela disse. "Eu posso iniciar uma conversa. Talvez um homem pudesse pensar que seria mais fácil se aproximar de mim." Quando começou a fazer coisas sozinha, ela passou a gostar mais da sua vida, ficou menos deprimida e passou a iniciar conversas com estranhos. Eles não pareciam tão estranhos para ela depois que começavam a conversar.

Fazendo novas conexões

Uma das razões pelas quais as pessoas são mais ansiosas e deprimidas hoje do que há 50 anos é que a nossa conexão com os outros teve um declínio. Robert Putnam, em seu fascinante livro *Bowling Alone*, traça o declínio da participação em atividades na comunidade durante esse período – menos participação em grupos de igreja, associações de pais e mestres, organizações locais, sindicatos de trabalhadores e organizações de bairro. Também tendemos a mudar mais de um emprego para outro, cortando os vínculos com as pessoas com quem crescemos ou conhecemos por algum tempo. Esse decréscimo nas relações conduz a um maior isolamento, a menos oportunidades de compartilharmos nossos sentimentos com os outros e a menos apoio durante tempos difíceis.

A Internet é uma comunidade

É impressionante ver quantos estereótipos as pessoas têm sobre o uso da Internet. Quando perguntei pela primeira vez a Maria sobre o uso dessa ferramenta para se conectar com as pessoas, ela disse: "Você está brincando comigo? Só uma perdedora faria isso!". Ela realmente achava que o uso da Internet para encontrar amigos era um sinal de fracasso. Mas nossos estereótipos sobre conhecer pessoas parecem pertencer a um tempo passado – talvez 30 anos atrás, antes da Internet. Diversas pessoas acham a Internet incrivelmente capacitante e eficiente. Você pode atingir potencialmente milhões de pessoas com um clique. Pode especificar interesses, idades, localizações e atividades e fazer uma triagem das pessoas. Isso certamente é mais eficiente do que estar em um bar cheio de pessoas bêbadas gritando por causa do barulho.

Já tive muito sucesso incentivando pacientes a usar a Internet para se conectarem com pessoas – para encontrar amigos e parceiros românticos. Muitos deles usaram o meetup.com, onde pessoas com interesses semelhantes podem se encontrar para realizar as atividades que gostam. Por exemplo, uma mulher que adorava beisebol reuniu-se a outras pessoas desse *site* para assistir a jogos de beisebol. Ela pôde conhecer alguns homens e mulheres interessantes dessa forma, e isso também a ajudou a superar seus preconceitos em relação a encontros *online*.

Facebook, MySpace e Friendster são *sites* de redes sociais onde você pode fazer novos amigos, especificar seus interesses e compartilhar ideias. O Linked-In é para relações profissionais – você pode especificar a sua profissão, seus interesses e suas atividades e se conectar a muitas pessoas rapidamente. Para namoro, existe Match, eHarmony, Yahoo Personal, JDate e muitos outros *sites*. As possibilidades são quase ilimitadas.

Embora esses *sites* sejam absolutamente incríveis – e há novos surgindo todos os dias –, você não quer que a *web* seja outra forma de evitar o contato cara a cara. Ficar em casa *online* é muito solitário para muitas pessoas – então pense nisso como uma forma de relacionar-se de maneira inicial, mas planeje continuar com um encontro pessoalmente.

Você também precisa ter cuidado ao conhecer pessoas *online*, uma vez que não sabe os antecedentes delas e nem sempre sabe se o que estão lhe dizendo é verdade. Passe algum tempo checando as informações das pessoas que você conhece dessa forma. Não lhes dê dinheiro – e não se apresse em ter um envolvimento tão intenso. Pode ser divertido e interessante passar algum tempo conhecendo alguém. E você poderá conhecer pessoas que se tornarão amigas para toda a vida. Se você é como eu, tenho certeza que sabe de pessoas felizes em um casamento com alguém que conheceram *online*.

Crie sua própria comunidade

A Internet é uma ferramenta poderosa, mas você também pode buscar oportunidades de se relacionar com as pessoas pessoalmente. Pode até usar a *web* para encontrá-las! Por exemplo, acessei um *site* chamado Volunteer-Match (www.volunteermatch.org), digitei "cidade de Nova York" e encontrei 1.588 oportunidades de trabalhar com organizações de voluntariado. Muitas cidades têm um *site* e uma organização semelhante ao New York Cares (www.newyorkcares.org), que fornece uma lista de oportunidades de voluntariado. (Você pode colocar no Google "Chicago Cares" ou "Boston Cares"). A Cruz Vermelha local, a United Jewish Appeal e outras organizações também podem ajudar a encontrar o lugar certo para você. Igrejas e sinagogas sempre precisam de voluntários e normalmente têm grupos de estudo e grupos de apoio. O melhor do voluntariado é saber que alguém está dependendo de você. Alguém precisa de você.

Também é possível se relacionar com pessoas por meio de clubes de caminhadas, grupos naturistas, grupos culturais, museus locais, grupos de estudo, clubes do livro e outras organizações. Eu me lembro de que há anos, quando estava um tanto obcecado por velejar e praticar *windsurf*, uma paciente minha, Olivia, estava se sentindo deprimida após finalmente ter se divorciado do marido. Ela era o tipo de pessoa "do ar livre" e achava que a cidade de Nova York não era o lugar certo para alguém como ela. Sugeri que fizesse aulas de vela. "Esta é uma ótima maneira de estar ao ar livre durante uma boa parte do ano e provavelmente você irá conhecer pessoas que também são aventureiras e amam o mar." Ela experimentou e realmente gostou muito. Com alguns meses tendo aulas de vela, ela juntou-se à tripulação de um barco que ia para o Caribe. Enquanto estava lá, iniciou um romance com o capitão do barco. Um ano depois, havia largado o emprego e estava navegando para a Europa com ele. Na época, pensei que se tratava simplesmente de uma "fuga" para a diversão, mas dois anos depois eles estavam casados. Não estou garantindo que começar a praticar um novo esporte ou atividade levará a uma aventura romântica como essa, mas quem sabe?

Uma de minhas pacientes foi bastante criativa ao encontrar um grupo de voluntariado. Seu gato muito querido havia morrido e ela ficou de luto. Alguns meses depois, quando estava se sentindo especialmente solitária e triste, eu lhe contei como minha esposa e eu superamos a morte de nosso cachorro. Nós nos voluntariamos em um abrigo de animais resgatados para levar os cães a um passeio na mata. Aquilo foi muito reconfortante para nós, pois perdemos nosso cachorro, mas sentíamos amor e afeto ao levar os cachorros do abrigo para passear. Sandra então decidiu mergulhar de cabeça. Foi até o abrigo local de animais e perguntou se poderia ser voluntária por algumas horas todas as semanas. Aquilo foi um experimento – e acabou se transformando em um enorme sucesso para ela. Sandra se ofereceu para "socializar" com os gatos na ala reservada para eles, o que significava que os acariciava e brincava com eles. Como era uma pessoa muito comunicativa e encantadora, conheceu outros voluntários e começou novas amizades. No Dia de Ação de Graças, passou o dia com um casal de amigos do abrigo, e jantou na casa deles.

A solidão é desnecessária – especialmente quando existem outras pessoas que podem se beneficiar com seus cuidados e sua generosidade. É difícil se sentir solitário e infeliz quando se está fazendo alguém mais feliz. É difícil sentir que a sua vida não tem significado quando existe uma criança que espera ansiosamente pelos seus ensinamentos. Nós não fomos criados para viver no isolamento, mas para significar alguma coisa uns para os outros.

Existe um animal que precisa de você

Jenny vinha se sentindo deprimida desde que seu marido, Eduardo, morrera. Embora tivesse amigos e uma família que a amava, sentia falta do companheirismo – sentia falta de Eduardo. Enquanto conversávamos sobre os momentos maravilhosos que eles tiveram, pude ver que ela realmente precisava de alguém para amar – e alguém que a amasse. Nós dois ponderamos sobre onde esse amor poderia ser encontrado. Enquanto ela falava sobre sua filha, Elena, que a amava, parecia que havia mais alguém na vida de Elena que Jenny também amava.

Elena tinha um gato e um cachorro, e Jenny cuidava deles quando a filha viajava. "Eu gosto muito do gato dela. É como ter uma família de novo." Então ocorreu a Jenny que ela poderia ter seu próprio gato. "Mas eu não saberia onde procurar", disse. Então ela e a filha foram a um abrigo local de animais e encontraram Sheeba. Sheeba tinha sua história – havia sido adotada antes por outra família, mas aparentemente era muito "falante", miando as suas exigências o tempo todo. Isso era exatamente o que Jenny precisava – alguém como Sheeba, que exigiria muito dela, de forma que sempre se sentiria necessária. E Sheeba precisava de Jenny. O motivo era que Sheeba estava na "fila da morte" no abrigo: ela só poderia permanecer mais três dias lá, depois seria sacrificada. Quando Sheeba estendeu sua pata através das barras da gaiola, foi amor à primeira vista. Nove anos depois elas continuam sendo companhia uma para a outra – mas Jenny também está realizando trabalho voluntário, tem muitos amigos e simplesmente ama aquela gata. Você poderia dizer que Sheeba é um "gato resgatado", mas eu me pergunto quem resgatou quem.

Conclusão

A solidão é uma epidemia que muitos de nós vivenciamos em algum momento de nossas vidas. Quando me mudei para a cidade de Nova York, eu estava me sentindo solitário. Foi quando decidi usar a terapia cognitiva em mim mesmo. Fiz questão de programar atividades sozinho, bem como algumas com outras pessoas. Eu continuamente procurava oportunidades de iniciar conversas. (Conforme mencionei anteriormente neste capítulo, conheci minha esposa no metrô!) O mais interessante de usar a terapia cognitiva na sua solidão é que você pode começar a se sentir melhor imediatamente.

Estar sozinho também pode criar oportunidades. Por um lado, você pode ter mais liberdade de ação. Pode ir a um cinema, a um museu, a um restaurante ou a outra atividade sem depender de outra pessoa. Às vezes também é mais fácil conhecer pessoas quando se está sozinho. Você tem mais liberdade para iniciar conversas – especialmente se houver outras pessoas sozinhas.

Capítulo 10   "Eu não suporto ficar sozinho": como superar a sua solidão

Desafiando a sua solidão

- Se você está se sentindo solitário, pode ser que sua depressão esteja distorcendo seu pensamento e fazendo parecer que estar sozinho é completamente ruim. Verifique suas suposições sobre estar sozinho.
- Você acha muito difícil conhecer pessoas? Isso é muito mais fácil do que imagina.
- Você acha que, se está sozinho, deve estar triste? Você pode desafiar esses pensamentos e transformar o seu tempo para si mesmo.
- Você pensa que só os perdedores estão sozinhos? Estar sozinho é apenas uma situação; isso não significa nada acerca de uma pessoa. Existem pessoas maravilhosas que estão sozinhas. Você pode ser uma delas.
- Você imagina que não pode fazer as coisas que quer fazer se estiver sozinho – como ir a um restaurante ou a um cinema? Experimente. Você pode fazer tudo o que quiser, mesmo que esteja sozinho.
- Modifique seus estereótipos sobre a Internet – essa é uma ótima maneira de entrar em contato com pessoas que compartilham seus interesses e querem se relacionar.
- Você pode criar a sua própria comunidade. Vincule-se a uma organização cultural, a um grupo de caminhadas ou a um clube do livro; a uma igreja ou sinagoga; ou a uma organização de voluntariado que precisa da sua ajuda.
- Os animais são ótimas companhias (e se envolver com um abrigo pode ser muito gratificante). Existe um animalzinho por aí que precisa de você!

"Meu relacionamento está desmoronando": como fortalecer o seu relacionamento íntimo 11

Phyllis e Ralph estavam casados há seis anos quando sua filha, Linda, nasceu. Phyllis ficou deprimida depois que deixou seu emprego para ficar em casa e cuidar do bebê. Ralph tentava apoiá-la, mas estava sempre muito ocupado com seu trabalho e geralmente chegava em casa tarde demais para jantar com elas. À medida que ficava mais deprimida, Phyllis tornava-se amuada, com um olhar sinistro, e mostrava pouco interesse por Ralph quando ele chegava em casa. Ela estava se sentindo menos atraente, mais pessimista e desmotivada para fazer qualquer coisa. Também estava irritável e dirigia muitos dos seus sentimentos para o marido. Se ele lesse o jornal em vez de conversar com ela ou lhe demonstrar afeição, ela pensava: *Ele não está interessado em mim* ou *Ele não me acha atraente*. Ela começou a prestar menos atenção à sua aparência. "Por que me importar?", me disse. "Ele perdeu o interesse mesmo."

A negatividade constante de Phyllis e sua falta de interesse pelas coisas começaram a desgastar Ralph. Ele começou a pensar: *Ela perdeu o interesse por mim desde que tivemos Linda. Ela não quer fazer nada. É sempre negativa.* Ele começou a se retrair. Somente quando tive a oportunidade de conversar com Ralph individualmente é que soube da sua interpretação e juntei ambos os lados da história. Phyllis estava achando que Ralph havia perdido o interesse por ela, enquanto ele pensava que ela havia perdido o interesse por ele. Ironicamente, ambos estavam parcialmente certos e parcialmente errados. Phyllis estava deprimida – e o retraimento faz parte da depressão. Mas Ralph achava que aquela era uma situação de impasse, já que a demonstração de interesse por sua mulher com frequência resultava em mais negatividade por parte dela.

Intimidade e depressão

Como você sabe, existem muitas causas diferentes para a depressão – e o seu relacionamento pode ser uma delas. O conflito no relacionamento está altamente correlacionado à depressão tanto em mulheres quanto em homens.[1] Por um lado, o conflito no relacionamento pode levar à depressão: se você ou o seu parceiro está insatisfeito no relacionamento, então existe uma boa chance de um de vocês, ou ambos, ficar deprimido em algum momento. Na verdade, mulheres que experimentam conflito no relacionamento têm 25 vezes mais probabilidade de ficar deprimidas do que aquelas sem conflito conjugal.[2] Por outro lado, a depressão pode ser a *causa* do conflito conjugal. Na verdade, em 50% dos casais que estão em conflito, pelo menos um dos cônjuges está deprimido.[3]

Estou usando o termo "conjugal" aqui de forma muito geral – essas questões também se aplicam a relacionamentos íntimos e duradouros, não só a pessoas casadas. Mesmo que atualmente você não esteja envolvido com ninguém, poderá vir a se envolver com alguém no futuro e agora pode ser o melhor momento para aprender a construir um relacionamento íntimo melhor. Aprendendo a evitar as armadilhas a que todos nós somos propensos, da próxima vez em que se envolver com alguém, você estará mais bem preparado para fazer o relacionamento funcionar melhor. Enquanto isso, as ideias neste capítulo irão não apenas guiá-lo entre as armadilhas das relações íntimas – elas também podem ajudá-lo a se tornar um *amigo* melhor.

Um círculo vicioso

O conflito no relacionamento pode se somar ao seu sentimento de desesperança – sentindo-se encurralado e achando que não há nada que possa fazer a respeito. Se o seu parceiro for crítico, isso poderá diminuir a sua autoestima. Você tem menos experiências gratificantes, se sente mais sozinho em seu relacionamento e mais irritável. Não sente que se importam com as suas emoções e pode até mesmo se sentir inseguro.

Como eu já disse, a sua depressão pode contribuir para problemas no relacionamento, e os seus relacionamentos podem contribuir para a sua depressão.[4] Portanto, eis o outro lado da moeda: quando está deprimido, você pode ver seu relacionamento pelo ângulo mais negativo. Pode se envolver em leituras mentais negativas ("Ele não me acha atraente"), personalização ("Ele está trabalhando até tarde porque não me ama mais"), deverias

Capítulo 11 "Meu relacionamento está desmoronando": como fortalecer ...

("Ela deveria ser sempre carinhosa comigo") e pensamento catastrófico ("É terrível que estejamos tendo essas discussões"). Além disso, pode tender a pensar que seu parceiro está intencionalmente fazendo você infeliz, pode generalizar os aspectos negativos mais além de um único exemplo ("Ela está sempre pegando no meu pé") e pode se culpar pelos problemas que surgem.[5]

Além de afetar a forma como você vê as coisas, sua depressão pode vir acompanhada de um estilo particular de interação. Às vezes, quando estamos deprimidos, nos queixamos muito para o nosso parceiro, com frequência repetindo de forma interminável os sentimentos e pensamentos negativos que temos. Quando estamos deprimidos, em geral não fazemos contato visual, fazemos pausas por um longo tempo ao falar e podemos suspirar muito, nos retrair, fazer cara feia e recusar participar em atividades prazerosas com nosso parceiro. Quando ele apresenta sugestões, podemos rejeitá-las e até mesmo reclamar: "Você simplesmente não entende". Podemos até mesmo tentar evocar um *feedback* negativo – "Você não me acha atraente, não é?". Ou nos envolvemos em uma busca excessiva de segurança – "Você ainda me ama?".[6]

Quando estamos deprimidos, podemos interpretar equivocadamente as sugestões de nosso parceiro como sendo críticas.[7] Mas os problemas no relacionamento podem ser resultado dessa crítica. É difícil se sentir bem se você está sendo criticado o tempo todo. Descobri que meus pacientes deprimidos normalmente acham que estão sendo criticados ou que não são amados – e eu não sei qual é a verdade até ter a chance de conversar com o cônjuge em particular e depois observar a interação entre os dois. Descobri que existem três histórias: a do marido, a da esposa e a verdade. Na maior parte do tempo, os dois parceiros estão parcialmente certos e parcialmente errados. Mas não é a verdade o que conta em última análise. O que importa é se eles estão dispostos a mudar o que fazem e o que dizem. É sobre isso que trata este capítulo.

Uma mudança no seu relacionamento pode ter um efeito significativo em sua depressão. Na verdade, para casais cujo conflito está associado à depressão, a terapia de casal (seguindo as ideias descritas neste capítulo) pode ser tão eficaz como a psicoterapia individual para que os dois parceiros superem a depressão. A terapia de casal modifica tanto a expressão como os problemas no relacionamento que deixam você deprimido.[8] É como receber dois pelo preço de um – menos depressão e um melhor relacionamento. E se é o seu parceiro quem está lutando contra a depressão, as ideias neste capítulo lhe ajudarão a compreender o que está acontecendo e como você pode ajudá-lo a passar por isso.

Localizando o problema

Há muitas possíveis razões para que o seu relacionamento íntimo enfrente dificuldades. Neste capítulo, abordaremos as principais dificuldades que muitas pessoas experimentam. Tanto você como o seu parceiro podem se beneficiar da sua leitura e discutir isso juntos. O importante é reconhecer que sua depressão também pode piorar se o seu relacionamento estiver piorando. A boa notícia é que você pode começar a fazer alguma coisa a respeito hoje mesmo.

Todos nós temos as nossas "teorias" sobre nossos relacionamentos, mas elas podem contribuir para o problema. Muitas pessoas em conflito aderem à teoria de que a personalidade do parceiro é que é o problema. "Ele não tem emoção e é rígido" ou "Ela é exigente" são queixas frequentes que escuto de casais em conflito. A crença que esses casais infelizes compartilham é a de que o parceiro teria de passar por uma mudança completa de personalidade para melhorar a relação. Já que isso está próximo do impossível, eles se sentem encurralados e sem esperança.

Os terapeutas cognitivo-comportamentais têm uma abordagem muito diferente. Nós acreditamos que os casais em conflito têm problemas porque interagem de forma conflitante. Por exemplo, como seria se vocês pudessem fazer o seguinte em seu relacionamento?

- Ser mais gratificantes um com o outro.
- Demonstrar mais reconhecimento.
- Focar mais nos aspectos positivos do que nos negativos.
- Parar de desencavar o passado e focar no que podem fazer melhor hoje.
- Aceitar suas diferenças.
- Ser mais pacientes.
- Ser mais carinhosos.
- Sentir que as suas emoções importam.
- Obter validação e compreensão do seu parceiro.
- Ser melhores em solucionar problemas juntos.

Eu poderia prosseguir com uma lista cinco vezes maior do que essa, mas, se você conseguisse cumprir as coisas listadas nela, não se sentiria melhor em seu relacionamento? O seu parceiro também? E se isso acontecesse, o que ocorreria com a sua depressão ou com a depressão do seu parceiro?

Não vale a pena tentar descobrir?

Capítulo 11 "Meu relacionamento está desmoronando": como fortalecer ...   197

Se procurar um ponto comum na lista, vai ver que cada item é um comportamento ou um pensamento. Você pode mudar a forma como age e pode mudar a forma como pensa sobre as coisas – algumas vezes, quase imediatamente. Se mudar a forma como age e pensa, mudará, em última análise, a forma como se sente. E se praticar esses novos comportamentos e formas de pensar sobre as coisas, é muito provável que veja melhoras no seu relacionamento e na sua depressão. Você não precisa voltar até a sua infância e desenterrar cada ferida e cada problema que teve. Pode mudar o seu relacionamento hoje.

Trabalhando com sentimentos

Comecemos examinando como você e seu parceiro respondem aos sentimentos um do outro. Dê uma olhada nas seguintes frases e pergunte a si mesmo se um de vocês alguma vez disse:

- Você é sempre tão negativo.
- Pare de pensar nisso.
- Pare de reclamar. Você tem sorte de ter o que tem.
- Você está sempre deprimido. Não consegue ficar feliz para variar?

Se já ouviu essas coisas, sabe o quanto elas são ineficazes. Fazem você se sentir pior. Você percebe que o seu parceiro não quer ouvir nada sobre os seus sentimentos, não acha que você tenha o direito de estar deprimido e só quer escapar disso. Você se sente invalidado e rejeitado. Mas tudo o que precisamos é sentir que nosso parceiro se importa com a forma como nos sentimos e está disposto a dedicar algum tempo para partilhar emoções. Não precisamos que nosso parceiro necessariamente resolva todos os problemas, mas certamente gostaríamos de saber que se importa o suficiente para se preocupar com o problema que nos está incomodando.

Agora, e se você ou seu parceiro usassem alguma das afirmações a seguir quando o outro está se sentindo "para baixo"?

- Sei que deve ser difícil para você se sentir assim.
- Posso entender que faz sentido você se sentir para baixo, considerando a forma como está vendo as coisas.
- Muitas vezes você pode achar que as pessoas não entendem o quanto isso é difícil para você.

- Você deve estar pensando que esse sentimento tão depressivo vai durar muito tempo. Deve ser difícil se sentir assim.
- Quero que saiba que eu sempre estarei aqui para ajudá-lo.
- Não quero que pareça que não quero ouvir sobre os seus sentimentos. Eu quero. Mas se houver algo que eu possa fazer para ajudá-lo a se sentir melhor, por favor, me diga. Os seus sentimentos são muito importantes para mim.

Por mais simples que essas afirmações pareçam, elas comunicam de forma poderosa que vocês se importam um com o outro e respeitam os sentimentos um do outro.

Partilhe, não resolva

Às vezes, quando nosso parceiro vem até nós com um problema, queremos dar apoio e então partimos logo para as soluções. Dizemos: "Isso é o que você pode fazer" ou "É aqui que o seu pensamento está errado". De fato, essas soluções e perspectivas podem ajudar – às vezes. Mas, quando usadas no momento errado, enviam a mensagem: "Eu não quero ouvir seus sentimentos", "Já chega!" ou "Você é irracional". Talvez não seja isso que você queira dizer, mas pode ser o que o seu parceiro escute.

Vinnie fez isso com sua esposa, Cynthia. Ela estava lhe contando das dificuldades que estava tendo no trabalho com seu chefe (que era exigente e incoerente) e seu colega que era mal-humorado, e o marido ficava lhe dizendo que havia inúmeras formas de resolver o problema. Para sua surpresa, seus conselhos bem-intencionados só pioraram as coisas. Cynthia achava que ele estava constantemente lhe dizendo o que fazer em vez de ouvir seus sentimentos, então ficou ainda mais irritada. "Você não entende", ela queixou-se, pensando que Vinnie era um "homem típico" tentando assumir o controle, querendo lhe dizer o que fazer e como se sentir. E, até certo ponto, estava certa. Ele era o Sr. Faz-Tudo quando o que ela queria era o Sr. Sente-Tudo.

Quando estamos deprimidos, queremos sentir que nosso parceiro se importa o suficiente para ouvir sobre o que está nos incomodando e que não seremos rejeitados ou ridicularizados. Queremos saber que ele se importa. Eu disse a Vinnie: "Às vezes, quando você *partilha* um problema, ele não precisa ser *resolvido*. Talvez Cynthia queira ser ouvida em vez de ajudada". No dia seguinte, esse método funcionou muito bem. Vinnie decidiu entrar no "modo validação" – perguntando a Cynthia como se sentia, afirmando a verdade em suas palavras e perguntando se achava que ele estava realmente conectado. Os problemas que tinha para discutir pareceram insignificantes depois da discussão, porque ela sentiu que Vinnie estava sendo um verdadeiro "parceiro".

Às vezes, se você escuta o problema, ele já não parece mais um problema.

Na pesquisa que meus colegas e eu realizamos, descobrimos que as pessoas deprimidas acreditam que as outras não as validam, não se importam com suas emoções, nunca se sentiram tão mal quanto elas e acham que seus sentimentos não fazem sentido. Portanto, se o seu parceiro está deprimido, você pode fazer uma verdadeira diferença. Pode conectar-se com os sentimentos dele.

Mas como você se relaciona com alguém que está deprimido? A forma mais significativa é ajudar seu parceiro a entender que você se importa com os sentimentos tristes e depressivos dele – que realmente compreende a emoção.

Eis o que você pode fazer.

- *Convide seu parceiro a compartilhar os sentimentos:* "Sei que este é um momento difícil. Conte-me como você está se sentindo sobre as coisas."
- *Seja empático:* Identifique e nomeie as emoções que o seu parceiro está tendo. "Parece que você está se sentindo triste e mal consigo mesmo. Tenho a impressão de que há momentos em que se sente sem esperança sobre as coisas."
- *Valide:* Encontre alguma verdade na perspectiva e nos sentimentos que o seu parceiro está partilhando. "Posso entender por que você se sentiria triste e impotente caso se culpasse por isso." Quando validamos, mostramos que podemos ver que os sentimentos da outra pessoa fazem sentido. Nós entendemos o que ela sente.
- *Pergunte:* Peça mais informações sobre os sentimentos, os pensamentos e as necessidades. Por exemplo, não balance a cabeça simplesmente e diga "Eu compreendo". Demonstre alguma curiosidade sobre seus sentimentos: "Parece que você está se sentindo triste e encurralado às vezes. Que outros sentimentos tem tido?".
- *Pergunte sobre o seu papel no problema:* Quando estamos tendo dificuldades com nosso parceiro, não queremos sentir que apenas um de nós é a fonte do problema. Por exemplo, Vinnie reconheceu que Cynthia ficou incomodada quando ele lhe disse o que fazer para se sentir melhor. Depois de ser empático, validar e perguntar sobre outros sentimentos, era hora de dar o passo seguinte: "Parece que às vezes você acha que os seus sentimentos não são tão importantes para mim como deveriam ser. Você pode me dizer o que estou fazendo para que se sinta dessa maneira?".

- *Peça orientação:* Depois que identificou seu papel no problema, é uma consequência natural passar para o próximo passo e perguntar o que pode fazer para melhorar a situação. Peça que seu parceiro seja específico. Não aceite: "Seja mais gentil comigo". Pergunte: "Você pode me dar exemplos do que eu posso dizer ou fazer que lhe ajudaria a sentir que me importo com você?".

Ajude seu parceiro a sentir-se cuidado

Depois que se relacionarem dessa maneira, você pode ir mais além para ajudar seu parceiro a sentir-se cuidado e compreendido em um nível emocional. Experimente estas abordagens:

1. *Ajude a compreender os sentimentos:* Diga ao seu parceiro o quanto você compreende que suas emoções fazem sentido, considerando o que aconteceu e como ele está pensando. "Outras pessoas têm esses sentimentos." "Os seus sentimentos fazem sentido, considerando a forma como está encarando as coisas." "Você não está sozinho."

2. *Amplie a variedade de sentimentos:* Ajude seu parceiro a entender que existem muitos sentimentos – não apenas o atual. Sentimentos vêm e vão, existem misturas de sentimentos, e sentimentos variam em intensidade. "Você tem tantas emoções diferentes – algumas parecem positivas e outras parecem negativas." "Sei que está se sentindo triste, mas existem outros sentimentos que também está tendo?" "Você está tendo uma mistura de sentimentos?"

3. *Reduza a vergonha e a culpa:* Ajude seu parceiro a entender que sentimentos não são um sinal de fraqueza, mas um sinal de que se é humano. "Todos nós temos sentimentos difíceis às vezes. Suas emoções são um sinal de que sente as coisas intensamente porque elas são importantes para você. Você é mais humano quando tem sentimentos."

4. *Aceite a dor do seu parceiro:* Quando você ama alguém, é natural que queira se apressar em fazer essa pessoa se sentir melhor. Às vezes isso pode ser útil, mas outras vezes pode transmitir uma mensagem de que a dor do seu parceiro é demais para que você possa ouvir. Você pode comunicar aceitação dizendo: "Sei que está tendo dificuldades e aceito que nem sempre vai se sentir otimista." Aceitação e validação caminham de mãos dadas.

5. *Vincule as emoções a valores mais elevados:* Por vezes suas emoções podem refletir as coisas que valoriza – competência, amor, pertencimento ou responsabilidade. Você pode apoiar seu parceiro emocionalmente dizendo: "Sei que essas coisas lhe incomodam porque você valoriza verdadeiramente _____."

Não se preocupe em estar certo

Uma das coisas mais difíceis ao fazer terapia de casal é ajudar meus pacientes a reconhecer que, mesmo que estejam certos sobre suas queixas, isso não irá ajudá-los a ter um melhor relacionamento. "Ela é muito temperamental", um homem disse, explicando por que ele e sua esposa estavam tendo problemas. Mesmo que estivesse certo (com o que, na verdade, não concordo), estar certo sobre os "fatos" não iria aproximá-los nem um pouco. Ninguém diz: "Eu tenho uma vida sexual melhor agora porque tenho os fatos do meu lado".

Mas pode ser que você invista muito em provar que está certo, mesmo que essa seja a coisa errada a fazer. Você e seu parceiro podem estar presos a pequenos julgamentos que encenam. Um dia ele é o promotor e no dia seguinte é você quem o processa. Quando você é o réu, sempre perde, porque o promotor também faz o papel de juiz. Esses pequenos julgamentos continuam e, em cada uma das vezes, você perde. Você reconhece que mesmo que seja o promotor hoje, poderá vencer a batalha, mas perderá alguma alegria. Essa é sempre uma situação de "dupla perda".

É melhor reparar a acusação ou reparar o problema? Acho que as pessoas que são infelizes estão mais focadas em acusar do que em construir um relacionamento melhor. A escolha, no entanto, é sua. Vocês podem abrir mão de estar certos e se concentrar em melhorar juntos.

Trabalhando com pensamentos negativos

Quando estamos infelizes em nossos relacionamentos, geralmente enxergamos as coisas de forma tendenciosa e negativa – somos presas de certas distorções de pensamento que tornam uma situação ruim ainda pior ou, em alguns casos, transformamos o que poderia ser uma situação boa em uma terrível confusão. Nos capítulos anteriores, falamos sobre pensamentos automáticos e o papel que eles desempenham em nossa depressão – eles são ideias em certos padrões reconhecíveis que surgem espontaneamente quando você está deprimido, lhe parecem plausíveis e estão associados a sentimentos negativos. Contudo, os pensamentos automáticos são apenas isso – pensamentos – e podem ou não ser verdadeiros. Examinemos mais detidamente como esses pensamentos automáticos familiares – o que chamo de Doze Sujos – se manifestam nas mentes de casais em conflito e vejamos alguns exemplos de como combatê-los.

1. *Rotular:* Você atribui ao seu parceiro um traço negativo de personalidade, levando-o a acreditar que ele nunca poderá mudar: "Ele é passivo-agressivo", "Ela é neurótica". Como alternativa, em vez de rotular seu parceiro, você pode procurar "variabilidade" no comportamento dele. "Às vezes ele se retrai e às vezes interage comigo. Deixe-me perguntar-lhe o que poderia levá-lo a se retrair."
2. *Adivinhar o futuro:* Você prevê o futuro e prediz que as coisas nunca irão melhorar, fazendo-a se sentir impotente e sem esperança: "Ele nunca vai mudar", "Eu sempre vou ser infeliz no casamento". Uma alternativa para isso é focar em coisas específicas que você pode dizer ou fazer agora – como os exercícios descritos neste capítulo. Outra boa opção é olhar para as experiências positivas que tem a fim de desafiar sua ideia de que nada irá melhorar. Você saberá mais sobre isso adiante em um exercício chamado "Capte Seu Parceiro Sendo Bom".
3. *Leitura mental:* Você interpreta as motivações do seu parceiro como hostis ou egoístas com base em poucas evidências: "Você não se importa sobre como eu me sinto", "Você está dizendo isso porque está tentando voltar para mim". Em vez de tentar fazer uma leitura mental, você pode perguntar ao seu parceiro o que ele pretendia ou como está se sentindo. Às vezes é proveitoso dar a ele o benefício da dúvida: "Ela está apenas dando um tempo para relaxar" é uma interpretação melhor do que "Ele não me acha interessante".
4. *Pensamento catastrófico:* Você trata os conflitos ou os problemas como se eles indicassem que o mundo acabou ou que o seu casamento é um desastre: "Eu não suporto a rabugice dela", "É terrível não termos relações sexuais ultimamente". Uma forma melhor de interpretar é que todos os casais passam por problemas – alguns abrem mão de se incomodar. Em vez de encarar um obstáculo ou um problema como "terrível", você pode validar que isso é difícil para vocês dois, mas também é uma oportunidade para aprenderem novas habilidades de comunicação e interação. Os problemas podem ser experiências de aprendizagem e podem proporcionar algumas novas formas de crescer.

5. *Raciocínio emocional:* Você se sente deprimido e ansioso e conclui que suas emoções indicam que seu casamento é um fracasso. "Nós devemos ter um casamento terrível porque eu estou infeliz", "Eu não tenho por ele os mesmos sentimentos que tinha antes; portanto, já não estamos mais apaixonados". Uma forma melhor de examinar suas emoções é levar em conta que seus sentimentos podem ter altos e baixos, dependendo do que você e seu parceiro estão fazendo. Cynthia se sentia muito deprimida em relação ao seu casamento, mas havia vezes em que se sentia muito bem perto de Vinnie. As emoções são variáveis e nem sempre lhe mostram como as coisas podem ser boas. Também é importante que você se pergunte: *O que estamos fazendo quando nos sentimos melhor juntos?*
6. *Filtro negativo:* Você se concentra nas poucas experiências negativas em seu relacionamento e não reconhece ou se lembra das positivas. Provavelmente, traz de volta o passado em uma série de queixas que fazem parecer que você está colocando seu parceiro em julgamento: "Você foi rude comigo na semana passada", "Você falou com aquela outra pessoa e me ignorou completamente". É aí que "Captar Seu Parceiro Sendo Bom" é tão útil – permite que você olhe para as coisas sem o uso de lentes escuras. Você também pode fazer uma lista dos aspectos positivos sobre seu parceiro para lembrá-lo de colocar os "negativos" em perspectiva. Todos nós fazemos coisas tolas às vezes, mas é útil retirarmos o filtro negativo e nos lembrarmos dos aspectos positivos.
7. *Pensamento do tipo tudo-ou-nada:* Você descreve suas interações como totalmente boas ou totalmente más sem examinar a possibilidade de que algumas experiências com seu parceiro sejam positivas: "Você nunca é gentil comigo", "Você nunca demonstra afeição", "Você é sempre negativo". Sempre que usar as palavras "sempre" e "nunca", tente presumir que você está errado. Por exemplo, quando Phyllis começou a procurar aspectos positivos em Ralph, percebeu que ele era afetivo às vezes e também que era recompensador em relação a ela. A melhor maneira de testar seu pensamento distorcido e tendencioso negativo é olhar para os fatos. Talvez eles não sejam tão terríveis quanto parecem.
8. *Ignorar os aspectos positivos:* Você pode reconhecer as coisas positivas em seu relacionamento, mas ignorá-las: "Isso é o que uma esposa ou um marido devem fazer", "Bem, e daí que ele fez isso? Isso não significa nada" ou "Essas coisas de que você está falando são triviais".

Cada aspecto positivo deve ser contabilizado – essa é a única maneira de desenvolver a boa vontade. Na verdade, se começar a contabilizar os aspectos positivos em vez de ignorá-los, eles não irão mais parecer triviais para vocês dois. Vinnie ficou feliz em constatar que as pequenas coisas que estava fazendo, como elogiar Cynthia, faziam uma grande diferença para ela. Isso, por sua vez, o tornou menos crítico. Além disso, ele começou a observar os aspectos positivos de sua mulher, os quais o ajudaram a reconhecer que um item negativo ocasional – que provavelmente era devido à depressão – era compensado pelas muitas coisas boas no relacionamento deles.

9. *Deverias:* Você tem uma lista de "mandamentos" sobre o seu relacionamento e condena a si mesmo (quando está deprimido) ou ao seu parceiro (quando está irritado) por não corresponder aos "deverias". Esses pensamentos negativos persistentes são intermináveis. Eis alguns exemplos típicos:

Meu parceiro deve sempre saber o que eu quero sem que eu precise pedir.

Se meu parceiro não fizer o que quero que ele faça, devo puni-lo.

Eu nunca deveria estar infeliz (chateado, irritado, etc.) com o meu parceiro.

Eu não deveria ter de fazer esforço em um relacionamento – tudo deveria ocorrer naturalmente.

Eu não deveria ter de esperar por uma mudança – ela deveria vir imediatamente.

Meu parceiro deve mudar primeiro.

É tudo culpa dele, então por que eu deveria mudar?

Se eu não conseguir que ele faça do meu jeito, devo me queixar (fazer cara feia, me afastar, desistir).

Nossa vida sexual deveria ser sempre fantástica.

Se eu me sentir atraído por outra pessoa, significa que não deveria permanecer neste casamento.

Eu devo tentar vencer em todos os nossos conflitos.

Meu parceiro deve me aceitar exatamente do jeito que sou.

Se estivermos tendo problemas, significa que temos um relacionamento terrível.

Agora, seja honesto consigo mesmo. Esses "deverias" estão ajudando ou prejudicando você e o seu relacionamento? Garanto que, se tem muitos deles, você é muito infeliz. Em vez de falar sobre como as coisas "deveriam" ser, você pode pensar em como torná-las melhores. Substitua os seus "deverias" por "como fazer" ou "vamos tentar". Em vez de "Nós deveríamos ter uma vida sexual melhor", você poderia experimentar frases de ação, como "Podemos fazer uma massagem um no outro", ou "Podemos combinar um momento para sermos afetivos". Vocês não farão progresso impondo "deverias" um ao outro, mas podem fazer progresso agindo de forma diferente e se comunicando de maneira cuidadosa.

10. *Personalizar:* Você atribui o humor e o comportamento do seu parceiro a alguma coisa a seu respeito, ou assume toda a culpa pelos problemas: "Ele está de mau humor por minha causa", "Se não fosse por mim, não teríamos nenhum desses problemas". Quase nunca os problemas têm a ver com uma pessoa – é preciso duas pessoas para dançar um tango e duas para serem infelizes. Phyllis estava personalizando muito, achando que Ralph queria ficar sozinho porque a achava chata. Na verdade, ele estava tão esgotado no fim do dia que precisava de um tempo para relaxar. Aquilo não tinha a ver com ela, mas com o dia dele.

11. *Perfeccionismo:* Você defende um padrão irrealisticamente alto para um relacionamento e depois avalia o seu relacionamento por esse padrão. "Não é como era no primeiro ano – portanto não vale a pena." "Nós temos problemas, então nosso relacionamento não pode funcionar." O problema com o perfeccionismo é que ele está destinado a torná-lo infeliz. Você pode achar que está defendendo seus ideais, mas na verdade está sacrificando a si mesmo e ao seu parceiro. Nenhum relacionamento é perfeito – e nenhum relacionamento precisa ser perfeito. Depois que Vinnie e Cynthia reconheceram como o perfeccionismo era fútil e deprimente, conseguiram trabalhar construtivamente no seu relacionamento. "Eu me dei conta de que nós nunca teríamos exatamente o que queríamos um do outro, mas ainda assim poderíamos ter muitas das nossas necessidades atendidas", Vinnie finalmente disse. Era um avanço desistir de ser perfeito e de exigir o mesmo de Cynthia.

12. *Acusar:* Você acha que todos os problemas em seu relacionamento são causados por seu parceiro: "Se não fosse por ela, nós não teríamos esses problemas", ou "Ele discute comigo, é por isso que não conseguimos nos dar bem". Mais uma vez, existe um fundo de verdade em quase todos os pensamentos negativos, mas acusar seu parceiro fará você se sentir desamparado e encurralado. Uma forma melhor de tratar o assunto é assumir uma abordagem como "Vamos

consertar isso juntos", usando todas as técnicas descritas aqui. Vocês podem validar um ao outro, dividir a responsabilidade pelos problemas, planejar pegar um ao outro fazendo o bem, recompensar um ao outro, planejar coisas positivas juntos e aceitar algumas diferenças. Isso com certeza é melhor do que acusar um ao outro e se transformar em vítima.

Trabalhando com o comportamento

Em geral, é útil ser honesto consigo mesmo e se olhar no espelho (com seu parceiro) e se perguntar o que você tem feito – e depois perguntar se isso está funcionando. Algum de vocês concordaria com qualquer das afirmações a seguir?

- Meu parceiro está sempre me criticando.
- Meu parceiro me deprecia.
- Meu parceiro não me dá nenhum crédito.
- Meu parceiro não reconhece o que eu faço.
- Meu parceiro sempre quer que seja do seu jeito.
- Não conseguimos trabalhar juntos em nossos problemas.
- Eu tento vencer.
- Se estou perturbado, simplesmente me retraio.
- Meu parceiro é o problema.

As queixas dessa lista normalmente soam como verdadeiras em relacionamentos em que os parceiros não dão atenção aos aspectos positivos um do outro, não trocam elogios ou não fazem o outro se sentir apreciado. Às vezes, não somos tão gratificadores com nossos parceiros, mas ainda assim esperamos que eles sejam gratificadores e gentis conosco. Mas essa é uma via de mão dupla: se você não recompensar seu parceiro, não receberá recompensas em retribuição.

As recompensas podem ser elogio, atenção, apreciação, afeto ou algo que faça seu parceiro se sentir melhor. Normalmente, uma pessoa em um casal em conflito reduzirá seu comportamento gratificador com o parceiro quando acreditar que não está recebendo recompensas dele. Esta é a *regra da reciprocidade* nos relacionamentos – você dá o que recebe. Assim, se é recompensado por seu parceiro, provavelmente irá recompensá-lo. Igualmente, se é punido por seu parceiro, provavelmente irá puni-lo por meio do afastamento ou da crítica. Geralmente, em um conflito de casal, quando um dos parceiros reduz as recompensas, o outro também o faz, confirmando assim a crença de cada um de que o relacionamento não é gratificador. Vimos isso com Ralph e Phyllis. Quando ela se retraiu porque estava deprimida, ele também se retraiu. Os dois se amavam e queriam que as coisas funcionassem, mas se desligaram. Isso se somou à sua mútua falta de esperança.

Examine sua resistência às recompensas

Você pode se opor a recompensar seu parceiro, e tem suas "boas razões". Vamos dar uma olhada nelas. "Por que eu deveria recompensar meu parceiro? Ele não está me recompensando!" Neste momento você pode achar que o seu parceiro não é gratificador – pode estar certo ou errado quanto a isso. Mas o que vai melhorar as coisas e quem fará o primeiro movimento? Alguém precisa dar o primeiro passo. Você poderá ter de se engajar em um comportamento positivo por algum tempo antes de ver os resultados que deseja. Não se esqueça – você e seu parceiro há tempo vêm ensinando um ao outro a não se recompensarem. Pode ser necessário algum período antes que vocês ensinem um ao outro um comportamento mais positivo.

Mas você pode retrucar: "Como posso saber do que ela gosta? Nada parece agradá-la!". Esse é um ponto importante. Casais em conflito normalmente passam muito tempo reclamando do que não recebem e muito pouco tempo expressando o que têm. Portanto, o primeiro passo será se ajudarem mutuamente para saber o que vocês fazem que é gratificador. Podem fazer uma lista de comportamentos positivos que farão com que se sintam bem, mesmo que seja apenas naquele momento. Sejam específicos. Por exemplo, a lista de Phyllis para Ralph era "Ouvir meus sentimentos, me validar, ser mais afetivo, me ajudar nas tarefas de casa, passar um tempo lendo para as crianças, dizer que sou atraente, me elogiar por coisas que faço, sair para andar de bicicleta e me levar a um bom restaurante – só nós dois".

Mas você também pode reclamar: "Por que deveria dizer a ele do que gosto? Ele deveria saber do que gosto sem que eu precisasse dizer". Esse é um pressuposto que frequentemente temos: o de que nossos parceiros devem ser leitores mentais. Seria muito melhor se eles fossem, mas – infelizmente – não são. Imagine se você fosse a um restaurante e o garçom dissesse: "Já decidiu o que quer?", e você respondesse: "Você deveria saber. Já trabalha aqui há um bom tempo". Seja específico sobre suas necessidades e poderá tê-las atendidas.

Ou você poderia dizer: "Por que deveria ouvi-la? Ela não me ouve". Isso faz parte daquela estratégia fracassada de esperar que seu parceiro mude antes que você tenha uma atitude construtiva. Eu tenho uma ideia diferente. Se quiser que lhe escutem, aprenda a ouvir.

Capte seu parceiro sendo bom

Vamos supor que você decidiu que faz sentido recompensar seu parceiro. A regra número 1 em psicologia é esta: "Se você quer ver mais um determinado comportamento, então o recompense". E quanto mais rápido vier a recompensa, melhor. Você pode instruir seu parceiro sobre o que precisa o recompensando quando faz o que você quer. Não perca tempo com teorias sobre a motivação do seu parceiro. Como disse uma esposa inteligente: "Você quer dizer que eu devo treinar meu marido como treino o meu cachorro?".

Bem, como marido, sei que podemos aprender. Apenas precisamos de um pouco de orientação.

Sugiro que você comece com a ideia de "captar seu parceiro sendo bom". Sempre que ele apresentar algum comportamento positivo, não perca tempo e, assim que possível, recompense-o. Eis como fazer.

- *Seja específico sobre o comportamento:* Não diga: "Você foi legal". Será difícil saber por qual comportamento ele está sendo elogiado. Seja específico: "Eu realmente gostei de você ter feito o jantar", "Me senti muito bem por ter reservado um tempo para conversar comigo sobre o meu trabalho". Você está ensinando ao seu parceiro o que funciona para você. Especifique o comportamento para que ele saiba como lhe agradar no futuro.
- *Pergunte ao seu parceiro o que você fez que é gratificador:* Se quer melhorar seu relacionamento, peça ao seu parceiro que lhe diga do que precisa. Não suponha que você sabe. Se soubesse, já estaria fazendo todas as coisas certas. Mais uma vez, peça que seu parceiro seja específico. "Quando diz que quer que eu seja mais agradável, poderia dar alguns exemplos de coisas que posso dizer ou fazer e que você gostaria?"
- *Não discuta nesse estágio – você só está tentando reunir informações:* Você pode ser como muitos e querer tentar se defender. Deixe isso de lado por enquanto. Não responda com defesas do tipo: "Mas eu já faço essas coisas". Mesmo que já esteja fazendo "essas coisas", poderá ser útil se o seu parceiro conseguir especificá-las. Depois vocês podem brincar de "captar"
- *Você consegue pensar em algo que o seu parceiro fez ou disse durante a última semana que lhe deu algum prazer?* Essa é uma ótima oportunidade para

fazer um "acompanhamento positivo". Faça uma lista de coisas positivas que o seu parceiro faz todos os dias, coloque a lista na porta da geladeira ou no painel de avisos e olhe para ela diariamente. Não deixe de incluir mesmo as menores coisas positivas, já que você pode desenvolver boa vontade com a percepção de pequenas coisas. Na verdade, as pequenas coisas positivas podem ser as mais poderosas. Ao notá-las, você transmite uma mensagem alta e clara de que está realmente prestando atenção a tudo o que é positivo, e isso fará seu parceiro sentir-se apreciado. Afinal de contas, você só iria querer reconhecimento por um presente caro?

Essa tarefa de autoajuda para ser feita em casa foi muito instrutiva para Phyllis e Ralph. Como Phyllis "captou" que Ralph era bom ao ouvir seus sentimentos e a elogiando, ele aprendeu como algumas técnicas emocionais simples podem ser poderosas. Ralph achava que a única coisa que importava era resolver os problemas e proporcionar uma vida boa. Phyllis até gostava que ele resolvesse problemas e trabalhasse duro, mas também queria um parceiro emocional.

Outra vantagem de brincar de "captar" é que você se sente reconhecido quando é aquele que é capturado. Todos nós queremos saber se o que estamos fazendo está funcionando. Sei que o meu cachorro concorda comigo quanto a querermos saber o que você quer. Nós somos treináveis.

Não mine o seu sucesso

Você já disse algo como "Você nunca faz nada para mim"? Esse é um pensamento do tipo *tudo-ou-nada* – você toma um exemplo e o extrapola para tudo. Então o seu parceiro percebe que não importa o que fizer, você não verá.

"Você me ajudou ontem, mas quase nunca me ajuda." O Tratamento Assopra-e-Morde dá um elogio com uma mão e depois bate na sua cabeça com a outra. A única coisa que seu parceiro lembrará é do ataque.

"Por que você não pode ser mais afetivo/atencioso/prestativo?" Muitas das suas perguntas com "por que" soam como acusações. O seu parceiro pode achar que a única resposta lógica seja um comentário autocrítico: "Por quê? Porque eu sou um idiota". Substitua as perguntas com "por que" por "Eu gosto quando você faz (um comportamento específico)".

Ou você se retrai e faz cara feia? Você pode achar que se retraindo poderá transmitir uma mensagem de que está incomodado. O retraimento, porém, raramente resulta em algo construtivo e provavelmente fará vocês dois sentirem que o relacionamento não está funcionando. Você consegue imaginar alguém dizendo: "Meu relacionamento ficou muito melhor quando comecei a fazer mais cara feia"? No entanto, posso perfeitamente imaginar alguém dizendo: "Nosso relacionamento ficou muito melhor quando comecei a recompensar e elogiar meu parceiro e a lhe dizer como ele era bom ao satisfazer algumas das minhas necessidades".

Regras de engajamento

Vinnie e Chyntia pareciam discutir o tempo todo. Quando não estavam em um combate mortal, se afastavam um do outro. Havia uma trégua desconfortável entre eles.

Sempre vamos ter nossas diferenças com outras pessoas, mas não seria melhor se tivéssemos algumas regras para nos guiar quando discutimos coisas? A maioria das discussões é perturbadora e não produtiva. Isso não significa que você nunca deve discordar do seu parceiro. No entanto, se vocês quiserem obter o máximo dos seus desentendimentos, seria útil desenvolver algumas regras básicas.

Se vocês são explosivos em suas discussões ou se já passaram por episódios de violência em seu relacionamento, façam uma pausa quando se sentirem muito irritados. Diga a seu parceiro que você precisa de um tempo naquele momento e vá para outro cômodo por pelo menos 15 minutos. Se o seu parceiro pedir uma pausa, não vá atrás dele. Use o tempo para questionar seus pensamentos raivosos e planejar uma maneira mais adaptativa de expressar suas necessidades. Depois, use as regras simples a seguir para as suas discussões. Mantenha a cabeça fria. Inicialmente será difícil manter-se dentro dessas regras porque você vai querer vencer, vai querer se defender e vai querer estar certo. É mais importante construir uma relação do que estar certo.

Examine a lista a seguir para ter ideias do que fazer e do que não fazer. Todos nós cometemos erros quando argumentamos e discutimos coisas. Agora é uma boa oportunidade de aprender com seus erros. Pratique estas novas "regras de compromisso" com seu parceiro.

1. *Apresente a dificuldade como um problema a ser resolvido por vocês dois.* "Acho que temos um problema quando você chega em casa após o trabalho. Parece que ficamos tensos. Acho que poderíamos trabalhar juntos para descobrir como melhorar esse momento."
2. *Atenha-se a um tópico.* Em vez de trazer tudo à tona, incluindo a louça na pia da cozinha, limite-se a um problema específico. "Vamos

tentar descobrir como podemos dividir um pouco o trabalho doméstico."

3. *Mantenha-se no presente.* Não seja um historiador da infelicidade no relacionamento. Mantenha-se no aqui e agora. "Acho que poderíamos passar um pouco mais de tempo conversando um com o outro. Isso significaria muito para mim, já que valorizo a sua participação nas coisas."

4. *Aceite alguma responsabilidade.* Ajude seu parceiro a entender que não se trata de acusações; trata-se de melhorar a comunicação. Reconheça a sua participação. "Sei que já tivemos inúmeras discussões e que parte disso se deve a mim. Às vezes sou muito sensível. Acho que poderíamos tentar encontrar algumas formas melhores de nos comunicar."

5. *Convide seu parceiro para resolver o problema com você.* Imagine vocês dois trabalhando juntos. "Seria ótimo se pudéssemos trabalhar juntos para encontrar formas de ser mais gratificantes um com o outro."

6. *Peça algumas ideias sobre as possíveis soluções.* Transforme seu parceiro em um solucionador de problemas que colabora com você. "Você tem alguma ideia sobre como poderíamos ser mais gratificantes um com o outro? O que posso fazer para ajudar?"

7. *Encontre pontos de concordância.* Não foque nas discordâncias neste momento. Encontre um ponto em comum. "Fico feliz em ver que concordamos que as coisas podem ser melhores e que podemos tentar ser mais gratificantes. Este é um bom ponto para começarmos a trabalhar juntos."

8. *Experimente uma solução com a qual vocês dois concordem.* Transforme as boas intenções e planos em ações. "Vamos tentar observar mais os pontos positivos um do outro. O que acha de fazer isso durante esta semana e ver o que acontece?"

O que não fazer – erros autodestrutivos que todos nós cometemos

Agora vocês têm muitas ferramentas para tornar a sua relação mais gratificante. Já aprenderam maneiras de demonstrar que respeitam os sentimentos um do outro, a resolver problemas juntos e a construir uma parceria mais forte. Mas, para ser realista, você provavelmente irá voltar a alguns antigos maus hábitos. Não fique desanimado. Isso faz parte do processo de melhora. Você tem de continuamente construir hábitos positivos e reverter os negativos. Eis algumas coisas para prestar atenção – e evitar:

1. Trazer à tona erros passados
2. Trazer à tona material irrelevante
3. Rotular seu parceiro
4. Perguntar "Por que você sempre...?"
5. Fazer cara feia
6. Ameaçar
7. Levantar a voz
8. Ser sarcástico
9. Lamentar-se
10. Interpretar os motivos do seu parceiro
11. Tentar vencer

Assim como você está tentando captar seu parceiro sendo bom, precisa captar-se e tentar eliminar esses comportamentos autodestrutivos. Todos nós cometemos esses erros uma vez ou outra, mas pergunte-se se por acaso algo já melhorou quando foi por esse caminho.

Aceitando as diferenças

Imagine que você pega uma ponta de uma corda com a mão esquerda e a outra com a mão direita. Você puxa com ambas as mãos, com toda a sua força, e finalmente se dá conta de que está lutando contra si mesmo – e derrotando a si mesmo no processo.

Ao longo do seu relacionamento, você vem lutando, protestando e tentando controlar seu parceiro. Você puxa a corda de um lado; ele puxa do outro. Vocês lutam contra as diferenças. Então, um dia, ocorre aos dois soltar a corda e se unirem. Vocês abriram mão de uma coisa para prosseguir com algo maior. Largar a corda.

Ralph se interessava pelos negócios e Phyllis se interessava por psicologia. Mas ainda se amavam e tinham um filho de quem cuidavam juntos. Muitas das suas diferenças eram pontos de discórdia – "Tudo o que importa para você são negócios e dinheiro" *versus* "Tudo o que você quer fazer é falar sobre o que faz as pessoas explodirem".

Capítulo 11 "Meu relacionamento está desmoronando": como fortalecer ...

Então lhes ocorreu que a batalha era apenas uma forma de lidar com as coisas. Eles também poderiam aceitar as diferenças e dizer: "Vamos concordar que você tem certos interesses e eu tenho alguns interesses diferentes. Você faz as suas coisas às vezes e eu posso fazer as minhas às vezes. Nós não precisamos concordar em tudo".

Phyllis preferia falar sobre seus sentimentos e Ralph preferia focar nos fatos. Cada um estava tentando fazer o outro mudar e se tornar "mais como eu", mas o que os fez sentirem-se atraídos um pelo outro foram justamente as suas diferenças. Ralph dizia: "Fui atraído pelo seu entusiasmo e profundidade e pelo fato de que eu podia realmente conversar com ela". Phyllis dizia: "Inicialmente, gostei muito do fato de ele ser tão focado em seus objetivos. Meus pais eram dispersos e sempre estavam vivendo no caos". Portanto, essas diferenças, inicialmente, eram qualidades que os tornavam atraentes. Por que não aceitá-las e reconhecer que existe algo realmente atraente em tudo isso?

Outra forma de evoluir é ver suas diferenças como oportunidades. Talvez vocês possam aprender alguma coisa um com o outro. Phyllis e Ralph conseguiram usar essa ideia de forma efetiva, reconhecendo que podiam oferecer um ao outro algumas habilidades valiosas. Phyllis pôde ensinar a Ralph sobre a parte emocional da vida e ajudá-lo a explorar alguns dos seus bloqueios. À medida que conversou mais com ele sobre emoções, veio à tona a informação de que seu pai era "super-racional", a ponto de Ralph nunca ter seus sentimentos validados. "Nunca senti que meu pai me entendia; apesar de saber que me amava." Ele também pôde entender de onde vinha o sentimento de caos de Phyllis. O pai dela era alcoólatra e podia explodir em raiva a qualquer momento e atacar a ela e sua mãe. Isso fazia com que Phyllis se sentisse muito sensível a qualquer crítica ou controle por parte de Ralph.

Como agora estavam ouvindo um ao outro em vez de tentando mudar um ao outro, puderam interferir na parte emocional do seu relacionamento de uma nova maneira. Phyllis conseguiu entender que Ralph na verdade precisava muito ser validado e ouvir que *ela* achava que isso estava faltando – porque ele não percebia que precisava disso e não sabia como pedir. Lembro-me do que Ralph disse enquanto lágrimas se formavam em seus olhos: "Eu sempre me senti sozinho quando era criança. Ia para o meu quarto ler e esperava que meus sentimentos fossem embora". Enquanto falava, ele percebeu que Phyllis era uma "pessoa de sentimentos", exatamente o tipo de pessoa que ele queria ter tido por perto enquanto crescia. A diferença era que agora estava casado com ela. Ralph conseguiu aceitar suas diferenças e vê-las como uma oportunidade para toda a vida.

Conclusão

Geralmente peço aos meus pacientes que estão deprimidos que me contem como seus casamentos poderiam ser melhores, mas percebo que estou ouvindo apenas a história de uma pessoa. É sempre informativo ouvir a história da outra pessoa. Não me vejo como juiz. Penso em como cada um poderia aprender a melhorar. Se minha paciente é a esposa – mas o marido está insatisfeito com a relação –, irá ajudá-la se eu ajudá-lo a introduzir melhorias para ambos. Não existem vencedores nem perdedores – não existe certo nem errado a ser julgado. Trata-se de introduzir melhorias para vocês dois.

Já vimos como o seu relacionamento pode deixá-lo deprimido e como sua depressão pode afetar seu relacionamento. Independentemente de ser você ou o seu parceiro quem está sofrendo de depressão – ou ambos –, espero que possam examinar este capítulo juntos e que comecem a trabalhar todos os dias para que os dois sejam felizes. Afinal de contas, vocês se amavam o suficiente para se casar, viver juntos e talvez ter filhos. Mesmo que achem que o amor diminuiu – ou até desapareceu –, as coisas podem mudar. Já vi pessoas cujos casamentos pareciam não ter esperança, mas conseguiram trabalhar duro para se unir novamente. No mês passado, recebi um *e-mail* de um ex-paciente que estava separado da esposa há vários anos. Isso ocorreu há 12 anos. Eles estão juntos novamente – apaixonados, conectados e sabendo que significam muito um para o outro.

Em vez de lutar entre si, vocês podem lutar juntos pela sua relação. Agora vocês têm boas ferramentas com as quais trabalhar. Não lutem para estar certos. Lutem para fazer o outro se sentir cuidado, para fazer o outro se sentir amado, por aquilo que irá tornar suas vidas mais felizes – e lutem para fazer isso funcionar para vocês dois.

Como fortalecer seu relacionamento íntimo

- O seu relacionamento está vinculado à depressão – sua ou do seu parceiro? O que vocês estão fazendo para tornar o outro infeliz?
- Entre em contato com os sentimentos do seu parceiro. Em vez de tentar resolver o problema dele, escute e seja empático. Pergunte sobre seu papel no problema e o que você pode fazer para melhorar as coisas.
- Faça seu parceiro se sentir cuidado, aceitando seus sentimentos e ajudando-o a entendê-los.
- Abra mão da sua necessidade de estar certo. É mais importante reparar o problema do que reparar a culpa.
- Preste atenção aos pensamentos automáticos negativos e à forma como eles podem distorcer sua visão do relacionamento e piorar sua situação.
- Gratifique seu parceiro. Isso aumenta a probabilidade de que você seja gratificado em retribuição.
- Examine sua resistência. O que o está impedindo de fazer coisas gratificadoras?
- Capte seu parceiro sendo bom. Seja específico sobre o que ele fez que lhe agrada e pergunte o que precisa de você.
- Não mine o seu sucesso com Tratamentos Assopra-e-Morde, fazendo cara feia ou com perguntas que começam com: "Por que você não...?".
- Aprenda as regras do compromisso para trabalharem juntos efetivamente.
- Evite erros autodestrutivos que todos nós tendemos a cometer, como tentar interpretar os motivos do seu parceiro e trazer à tona erros do passado.
- Aceite as suas diferenças. Elas podem ser justamente o que os aproximou inicialmente. Vejam se conseguem parar de tentar mudar um ao outro; em vez disso, aprendam um com o outro.

"Agora que estou melhor, como faço para continuar bem?": como prevenir a recaída — 12

Eu gostaria de poder lhe dizer que, depois que a sua depressão passou e você está se sentindo bem de novo, ficará assim para sempre. Você pode ficar – ou não. Percebemos agora que, para muitas pessoas, a depressão é uma vulnerabilidade por toda a vida. Algumas têm mais probabilidade de sofrer recaídas, outras podem nunca ter uma recaída. Mas, para quem as tem, o número médio de episódios é sete – portanto, se você passou por um episódio de depressão, existe a probabilidade de que passe por outros. Prevenir a recaída é importante para continuar bem.

Quem tem maior probabilidade de sofrer uma recaída da depressão? Existem inúmeros fatores que podem torná-lo mais vulnerável. Isso inclui o número de episódios anteriores que teve, o início precoce da depressão, o abuso de álcool, o abuso infantil precoce e as características particulares da sua depressão: estilo de ruminação, eventos negativos na vida (como perda do emprego ou conflitos pessoais), conflitos no relacionamento, atitudes disfuncionais e distorções do pensamento, como pensamentos do tipo tudo-ou-nada e um estilo negativo de explicar os eventos.[1] Neste capítulo, falaremos sobre ficar atento aos sinais de retorno da depressão para que você possa atacá-la cedo e revertê-la o mais rápido possível.

A boa notícia é que agora temos diversas formas eficazes de prevenir a recaída. Elas incluem a prática de técnicas de autoajuda, a continuidade na melhoria das suas relações, a continuidade do seu tratamento com terapia cognitiva ou medicamentos e o uso de novas técnicas de atenção plena quando estiver se sentindo melhor. Você pode reduzir substancialmente seu risco de recaída nos próximos anos – e, se ficar deprimido novamente, terá ferramentas para se ajudar que já apresentaram bons resultados. Uma regra primária na prática médica é que o que já funcionou antes provavelmente funcionará novamente. Portanto, isso é motivo de esperança.

Mantenha a sua autoajuda

A terapia cognitivo-comportamental é mais eficaz do que o uso de medicamentos na prevenção de recaída para pacientes que melhoram e depois descontinuam seu tratamento.[2] E pacientes em terapia cognitivo-comportamental que fazem sua tarefa de casa de autoajuda têm mais probabilidade de permanecer bem depois que descontinuam o tratamento.[3] Eles têm as habilidades para continuar a se ajudar. Portanto, manter a sua autoajuda é importante para continuar bem.

Se você achou úteis as técnicas deste livro, poderá considerar a possibilidade de fazer uma lista de *intervenções específicas* que o ajudaram. Tentei facilitar isso. Cada capítulo neste livro termina com um resumo das técnicas de autoajuda apresentadas. Examine as listas para selecionar as técnicas que funcionaram para você ou faça uma cópia das tabelas que constam no fim de cada capítulo que sejam especialmente relevantes para você. Isso lhe dará cerca de 10 a 20 técnicas que poderá usar para tornar-se o seu próprio terapeuta cognitivo. Muitos dos meus pacientes acham útil escrever cartões de diálogo interno/autoajuda que os fazem lembrar dos seus hábitos negativos e de como revertê-los. O seu diálogo interno pode incluir como mudar seu comportamento, seu pensamento e seus relacionamentos. Você pode consultar facilmente esses cartões de autoajuda – mantenha-os em sua carteira ou em seu computador, seu celular ou *tablet*. Dessa forma, estará sempre pronto para enfrentar os demônios da depressão quando eles surgirem.

A chave para a autoajuda é auxiliar a si mesmo a ficar melhor fazendo o que já funcionou quando se sentiu deprimido – e depois melhorou. Sentir-se melhor é o objetivo primeiro. Ficar melhor requer praticar os hábitos que funcionam – e conhecer os sinais a serem observados a fim de interromper uma recaída antes que ela ganhe terreno.

O que desencadeou sua depressão passada?

Às vezes existe um padrão na sua depressão. Ela é desencadeada por conflitos em seus relacionamentos, dificuldades em atingir seus objetivos ou um sentimento de solidão? É importante conhecer a sua vulnerabilidade para poder se preparar para ela. Por exemplo, o desencadeante de Dan era a solidão. Nós preparamos um plano para rastrear a solidão quando ela começasse a surgir e dar os passos necessários para neutralizá-la, como fazer planos com os amigos, envolver-se em atividades de voluntariado e planejar coisas para fazer sozinho. Também identificamos seus pensamentos negativos típicos quando se sentia solitário (p. ex.: *Eu sempre ficarei sozinho* e *Estou sozinho porque sou um perdedor*). Depois desenvolvemos respostas racionais que ele poderia usar prontamente quando tivesse esses pensamentos e sentimentos negativos.

O que desencadeia a sua depressão? O que você pode fazer da próxima vez que o desencadeante surgir? Que pensamentos negativos estão presentes quando o desencadeante aparece e como você pode responder a eles?

Quais são os sinais iniciais da sua depressão?

Também é importante conhecer os sintomas iniciais da sua depressão. Eles podem incluir insônia, perda do interesse e do prazer ou tristeza. Algumas pessoas têm sintomas de autocrítica e desalento inicialmente. Tente se lembrar quais são seus sinais iniciais para que possa atacar a depressão precocemente e revertê-la. Você pode retornar ao Inventário Rápido de Sintomatologia Depressiva, no Capítulo 1, para ver qual é o seu padrão e quais sentimentos podem ser os precursores de uma recaída. Uma boa ideia é fazer esse simples autoteste todas as semanas para assegurar que você perceba qualquer problema precocemente.

Como o seu comportamento muda?

O que você faz de diferente quando está deprimido? Dorme mais ou se envolve em menos atividades desafiadoras e interessantes? Passa muito tempo assistindo à televisão ou navegando na internet? Está obcecado com pornografia? Algumas pessoas percebem que começam a beber mais ou a comer demais – ou menos – quando deprimidas. Se você souber as mudanças que a depressão causa em seu comportamento, poderá identificá-las em seus estágios iniciais e revertê-las o mais rápido possível. Por exemplo, se o seu sinal inicial de depressão for diminuição da atividade, então altere a sua agenda e planeje com uma semana de antecedência. Vá à academia, faça caminhadas, vá ao cinema, reserve um tempo para estar com os amigos ou vá a museus. Fique *superativo*. Ou, se os seus sinais iniciais forem comportamentos ligados à saúde, como beber ou comer excessivamente, transforme-se em um fanático por saúde durante um mês. Corte o álcool, faça exercícios, planeje refeições nutritivas e durma o suficiente. Faça o oposto do sintoma. Aja *contra* para poder seguir em frente.

Use seu cardápio de recompensas

Uma das maneiras mais fáceis de monitorar seu estilo de vida antidepressivo é ter uma referência acessível para atividades gratificadoras que possa realizar diariamente. Não espere até que se sinta pronto para realizá-las – planeje-as com antecedência e execute-as. Por exemplo, o meu cardápio de recompensas inclui exercícios, ir a pé para o trabalho, ouvir música no meu iPod, ler e reservar tempo suficiente para desfrutar do meu almoço. Monte seu próprio cardápio e continue acrescentando itens. Além disso, planeje recompensas de longo prazo, como viagens, presentes especiais para si mesmo e desenvolver novas habilidades e interesses. Os cardápios de recompensas – de curto e de longo prazo – lhe dão alguma coisa para fazer e alguma coisa para desejar.

Em que o seu pensamento muda?

Quando você fica deprimido, existe um padrão típico no seu pensamento. Retorne aos exercícios deste livro e veja se consegue se flagrar tentando ser perfeito, precisando de aprovação, temendo o fracasso ou precisando ter certezas. Observe se está envolvido em típicas distorções de pensamento negativas, como fazer leitura mental (*Ela acha que sou chato*), rotular (*Eu sou chato*), ter pensamento do tipo tudo-ou-nada (*Nada dá certo para mim*) ou ignorar os aspectos positivos (*O fato de ele me achar interessante não significa nada, porque é meu amigo*). Quando fica deprimido, você tende a predizer situações negativas e acha que os eventos são simplesmente terríveis? Redija para si mesmo alguns cartões de diálogo interno/autoajuda que lhe digam como desafiar esses pensamentos negativos. Por exemplo, seus cartões podem dizer: "Qual é a vantagem de pensar dessa maneira?" ou "O que dizem as evidências?" ou "Que conselhos você daria a um amigo?" ou "Eu posso agir contra a forma como penso".

Evite ruminar

É importante reconhecer que a sua tendência a ruminar pode ser um estágio inicial da sua depressão que está voltando. Se perceber que está ficando empacado em um pensamento negativo, repetindo-o até que o seu modo de pensar vai ficando cada vez pior, retorne ao Capítulo 8 e veja se consegue usar as técnicas apresentadas nele. Por exemplo, flagrar a sua ruminação e examinar os custos e benefícios dela, reservar um tempo limitado para ruminação ou praticar a aceitação das coisas como elas são. Redija um cartão de diálogo interno/autoajuda para ativar rapidamente o seu programa antirruminação. Pense sobre o que funcionou no passado para reverter a ruminação o mais rápido possível.

Vacine-se contra a depressão

A melhor maneira de evitar uma recaída é inocular os comportamentos e os pensamentos negativos que caracterizam sua depressão. Gosto de fazer isso como uma dramatização com os pacientes que se recuperaram: "Vamos fazer de conta que você está ficando deprimido de novo. Eu serei seus pensamentos negativos. Vejamos como você os modificaria". Ou posso assumir o papel dos padrões comportamentais negativos: "Você está tão cansado. Deveria ficar na cama por horas para poupar energia. Desafie-me". Provocar seus padrões negativos e desafiá-los pode vaciná-lo contra uma recaída.

Desenvolva seus relacionamentos

Já vimos que os relacionamentos podem ter um efeito poderoso na sua depressão. Muitas pessoas percebem que, quando deprimidas, perdem o interesse nos outros ou acham que são um fardo para eles. A sua depressão pode começar com você isolando-se dos outros; se for assim, atue contra essa tendência e faça planos de se reunir com as pessoas. Ou você pode estar queixando-se mais e focando nos aspectos negativos quando está com as pessoas. Use as técnicas que discutimos no Capítulo 9 para desenvolver melhores amizades. Ou, se o seu relacionamento íntimo fica abalado quando você começa a ficar deprimido, volte ao Capítulo 11 e veja como você e o seu parceiro podem melhorar as recompensas, reduzir os aspectos negativos, aceitar suas diferenças e resolver os problemas juntos.

Eis algumas coisas para ter em mente.

Opte por estar com pessoas gratificadoras

Uma forma de assegurar a recaída é optar por estar com pessoas que o tratam mal, que são julgadoras ou negativas, ou pessoas que simplesmente o "puxam para baixo". Sara decidiu evitar se encontrar com Karen, que estava bebendo demais e não fazia nada para se ajudar. Sharon desenvolveu uma *checklist* de características a serem evitadas nos homens – narcisismo, deslealdade e não ser confiável. Manuel fez uma lista das pessoas na sua vida e a dividiu em duas colunas – pessoas gratificadoras e pessoas não gratificadoras. Ele decidiu buscar as primeiras e evitar as últimas. Se estiver com pessoas gratificadoras, a vida parecerá melhor para você.

Não pareça um depressor

Conforme discutimos no Capítulo 9, você deve flagrar-se reclamando, sendo julgador ou rejeitando apoio. Não seja um depressor com seus amigos. Mark organizou uma lista de todas as queixas que fez para sua namorada para que pudesse flagrar-se quando estivesse enfatizando demais os aspectos negativos. Então deu uma alternativa a si mesmo: "Descreva algumas coisas positivas que você irá fazer". Divulgar seus aspectos positivos em vez de apenas os negativos ajuda a manter seus amigos engajados e pode evitar que você fique isolado e caia em depressão.

Recompense seus amigos

Os amigos são o remédio que o mantém saudável. Você precisa recompensá-los. Karen fazia questão de agradecer a seus amigos pelo apoio, elogiando-os quando lhe falavam sobre as coisas positivas que ela fazia, sendo empática e validando-os quando tinham seus próprios problemas. Lembrar seus amigos de que você também está ao lado deles faz com que continuem a lhe apoiar.

Crie a sua comunidade

Não se isole. Jill reverteu seu isolamento sendo voluntária em um abrigo para animais uma ou duas vezes por semana. Irene passou a frequentar uma sinagoga, fez novos amigos e se sentiu mais bem relacionada. Você também pode procurar na internet comunidades, grupos profissionais e outros recursos. Manter-se conectado lhe ajuda a manter-se bem.

Fortaleça seus relacionamentos íntimos

Amor e intimidade são grandes antídotos para a depressão. Os casamentos precisam de trabalho contínuo – é como ficar em forma para sempre. Mas o trabalho pode ser maravilhoso. Organizem pequenas discussões semanais – "O que podemos fazer que deixará as coisas melhores para vocês?". Pratique as habilidades da escuta ativa – reformule, valide, pergunte. Use a aceitação para aprender com as diferenças em vez de lutar contra elas. Você recebe o amor que dá – mas dar é um processo ativo. Não se trata apenas de como você se sente; mas do que você faz.

Continue seu tratamento

Se conseguiu melhoras com a terapia cognitivo-comportamental e já teve dois episódios anteriores de depressão, poderá ser útil considerar a "continuação do tratamento". Essa é uma boa ideia se você tem um padrão de ruminação, dificuldades de relacionamento, problemas de autoestima que estão voltando ou episódios recorrentes de depressão ou ansiedade intensa. Melhorar e continuar bem são duas fases da autoajuda. A continuação do tratamento pode auxiliá-lo a manter-se no caminho. Isso pode envolver visitar seu terapeuta uma vez por mês ou a cada seis semanas para monitorar sua depressão. A continuação do tratamento reduz drasticamente a probabilidade de recaída.[4]

Usando medicamento parar prevenir recaídas

Se já teve dois ou mais episódios de depressão e está sendo tratado com medicamentos, você e seu médico devem considerar a continuação do uso dos medicamentos mesmo depois que você esteja melhor. Você pode continuar por seis meses após a recuperação, talvez com uma dose mais baixa, e depois considerar uma redução gradual.

Alguns pacientes podem descontinuar o uso dos medicamentos meses depois que sua depressão cedeu. Outros, especialmente aqueles que passaram por vários episódios, têm melhores resultados com "tratamento de manutenção" para impedir episódios futuros. Você nunca deve descontinuar o uso de medicamentos sem consultar seu médico.

Aumento

Mesmo que esteja usando medicamentos, você poderá passar por episódios de "crise" de depressão. Nada funciona durante 100% do tempo, mas a manutenção do uso de medicamentos reduz consideravelmente seu risco de recaída. Se tiver uma recaída, seu médico pode considerar a ampliação do seu tratamento, aumentando a dosagem, acrescentando um medicamento novo ou usando outras formas de tratamento. Você pode encontrar mais informações sobre tratamentos biológicos para depressão no Apêndice A.

Algumas pessoas que tiveram vários episódios de depressão dizem: "Não preciso de medicamentos – sinto-me bem". Mas a razão para que você se sinta bem pode ser justamente o fato de estar usando medicamentos. Portanto, não presuma que sentir-se melhor signifique que não está mais vulnerável. Dito isso, sabemos que as abordagens comportamental, cognitiva e interpessoal para prevenir recaídas são muito poderosas. Você e seu médico podem tomar essa decisão juntos.

Pratique *mindfulness*

Diversas vezes neste livro, apresentei exercícios que se baseiam nas técnicas de *mindfulness* – como observar as nuvens ou imaginar-se caindo com a neve. *Mindfulness* – uma prática de consciência sem julgamento do momento presente – se mostrou útil também na prevenção de episódios futuros de depressão. Os professores Zindel Segal, Mark Williams e John Teasdale reconheceram que os pacientes mais propensos a recaídas são aqueles que tendem a ser sugados por seu pensamento negativo e têm dificuldade em se livrar dos seus pensamentos e sentimentos negativos.[5] Eles desenvolveram uma forma de tratamento que toma muito emprestado da prática budista da consciência plena e da meditação, inspirada pelo trabalho brilhante de Jon Kabat-Zinn em Boston, que vinha usando *mindfulness* para ajudar pacientes a lidar com a dor física.[6] Inicialmente, chamaram seu modelo de "treinamento da atenção", porque seu objetivo era ajudar a treinar a atenção para vivenciar o momento presente sem julgamento – estar "completamente desperto", como Buda disse certa vez sobre si mesmo. A denominação mais popular hoje é Terapia Cognitiva Baseada em *Mindfulness* (MBCT).

A MBCT, que está baseada em um programa de oito semanas de redução do estresse, reduz significativamente a recaída da depressão quando usada em conjunto com outras terapias. Discuta suas opções com seu médico, mas, de acordo com um estudo recente, a MBCT é mais eficaz do que manter os pacientes apenas com medicamento antidepressivo por um período de 15 meses.[7] Contudo, a MBCT pode não prevenir recaídas em todos os pacientes anteriormente deprimidos. Recomendamos a prática de *mindfulness* regularmente, além da MBCT.[8]

Você poderá encontrar exercícios úteis para a prática de *mindfulness* em livros como *Full Catastrophe Living*, de Jon Kabat-Zinn, *A Path with Heart*, de

Capítulo 12 "Agora que estou melhor, como faço para continuar bem?" ...

Jack Kornfield, e *The Mindful Way Through Depression*, de Williams, Teasdale, Segal e Kabat-Zinn.* Também examinaremos, nas próximas páginas, alguns exercícios que você pode desenvolver. Mas *mindfulness* vai requerer prática. Não tente controlar, não tente se exceder e dê a si mesmo e à sua mente tempo e espaço para crescer. Buda significa "desperto"; praticar *mindfulness* é um despertar gradual para a sua consciência, aceitando e observando a sua respiração, as suas sensações e a sua mente como ela é neste momento.

Se esses exercícios funcionarem para você, pode considerar a possibilidade de transformar a técnica em uma presença constante em sua vida. Aulas e *workshops* que oferecem instrução em meditação básica são ministrados em quase todos os Estados Unidos, enquanto retiros prolongados estão disponíveis para aqueles que desejam se aprofundar. Os princípios básicos e as técnicas são universais; as diferenças na abordagem são menos importantes do que o que as abordagens têm em comum.

Consciência de *mindfulness* da respiração

Sentado em uma posição confortável, respire naturalmente. Enquanto respira, observe a sua respiração, inspirando e expirando. Cada respiração é um momento que vem e vai. Preste atenção à sua respiração e observe como a sua mente pode ser levada a outros pensamentos, sons e sensações. Delicadamente, traga sua mente de volta à sua respiração. Concentre-se na sua respiração enquanto observa o momento em que está inspirando e que esse momento também passa. E outro momento vem, e você o deixa enquanto ele passa com a respiração – inspirando e expirando, momento a momento.

Você perceberá que sua mente está muito ocupada. Ela está julgando, pensando, antecipando, lembrando. Fica lhe convidando a acompanhá-la, a obedecê-la. Quando experimentei esse exercício pela primeira vez, minha mente foi levada para outros pensamentos – *Vou ter tempo suficiente para fazer o meu trabalho? Que barulho é aquele na rua? Estou fazendo isso corretamente?* Percebi que minha mente estava indo a mil por hora, escapando completamente do momento presente. Em *mindfulness*, você pratica o afastamento e a observação, dizendo gentilmente a si mesmo: "Aí vem aquele pensamento de novo", enquanto traz sua atenção de volta para o momento presente, de volta à sua respiração.

---

* N. de T. No Brasil, leia *A prática da terapia cognitivo-comportamental baseada em mindfulness e aceitação*, de Lizabeth Roemer e Susan M. Orsillo, publicado pela Artmed Editora.

Portanto, com a consciência de *mindfulness* da respiração, você suavemente retorna à sua respiração, ela se centraliza em você, e você se descentraliza de todos os outros pensamentos. Isso o ajuda a treinar sua atenção no que está imediatamente em causa – a sua respiração. Você está desenvolvendo *uma relação diferente com seus pensamentos*. Seus pensamentos o estavam controlando e distraindo. Agora são apenas pensamentos, e a respiração está no centro da atenção.

Varredura corporal

Enquanto está deitado ou sentado em uma posição confortável, comece sua prática respiratória, observando delicadamente a respiração ir e vir. Depois, observe seu estômago e como ele é, quais são as sensações que existem no seu interior. Observe quando a sua respiração entra no estômago, passa por ele e depois retorna – observe a sua respiração lentamente entrar e sair do estômago. Depois, direcionando sua atenção para seu ombro esquerdo, inspire e expire no ombro. Observe as sensações, o calor ou a tensão que existem no seu ombro, inspirando e expirando esse sentimento e sensação. E depois faça o mesmo com seu braço esquerdo. Continue com as outras partes do seu corpo, suas mãos, a direita e a esquerda, suas pernas, seus pés. Passe alguns minutos observando as sensações que ali estão e respire por meio desse sentimento em cada parte do seu corpo. Esteja no momento, consciente do que está ali, e consciente de que este momento vem e vai.

Expanda sua consciência

Com os olhos fechados, depois de tomar consciência da sua respiração por algum tempo, permita que sua mente note o que está à sua volta na sala. Mudando sua atenção suavemente da sua respiração para a sala – os sons que escuta e as luzes de que se lembra –, traga sua mente de volta à sua respiração. Então permita que sua mente esteja consciente das construções e dos espaços em torno da sala e depois em torno do lugar onde está. Com os olhos fechados, você está consciente do espaço mais amplo à sua volta. Permita então que sua mente se afaste até as nuvens e, de lá, olhe para baixo e em volta, para o espaço mais amplo em que está. Depois, permita que sua mente se afaste acima da Terra, de modo que a esta seja um pequeno planeta lá embaixo e você o esteja observando. Movendo sua mente para ainda mais longe no espaço e até as estrelas da galáxia, tenha consciência de tudo o que está à sua volta.

Talvez você tenha desaparecido por um momento.

Mindfulness aos pensamentos e às emoções

Enquanto praticava sua meditação *mindfulness*, você observou sensações, pensamentos e emoções. Às vezes você é sugado por eles, outras vezes os teme. Você obedece ou evita. Mas, em sua respiração de *mindfulness*, pode observar seus pensamentos e sentimentos, recuar e assumir a posição do observador que vê sem julgar. Você recua e diz: "Aí está aquele pensamento", "Aí está aquela tristeza" ou "Aí está aquela dor". Não está desafiando esses pensamentos porque agora é apenas um observador. Você pode observar o pensamento – ele vem e vai e outro pensamento surge. Sua mente retorna à sua respiração. Cada pensamento e cada sentimento é um momento que está aqui e agora e depois se vai, como as ondas que chegam até a praia e depois recuam para dentro do oceano e desaparecem até que outra onda venha.

Compaixão

Você pode ter notado que estava irritado ou triste ou com medo dos seus pensamentos, sentimentos e sensações. Quer fazê-los irem embora, que partam para sempre, assim poderá ter as coisas do jeito que quer. Mas agora, com compaixão e aceitação de tudo o que existe no momento, você observa sua tristeza, nota o que sente em seu coração, em seus olhos. Agora você invoca seus sentimentos de amor, bondade e aceitação e os direciona para a sua tristeza, para a sensação pesada. Diz: "Estou aqui para amar você e sua tristeza, para aceitá-lo, para formar um lar onde possamos viver juntos". Consegue imaginar seus sentimentos de amor entrando diretamente nas células da sua tristeza para acariciá-la com sua mente e seu coração. E sente bondade em relação a essa parte da sua tristeza. Você deu espaço para o sentimento, e ele está aqui e agora e já se foi. E sua bondade e amor fluem, indo e vindo, a cada respiração, momento a momento.

Conclusão

Temos más e boas notícias. Para muitas pessoas, a depressão é um problema recorrente – muitas passam por vários episódios durante suas vidas. Mas você pode reduzir drasticamente essa recorrência usando alguma ou todas as ideias descritas neste capítulo. E pode usar as ideias deste livro como um guia para viver uma vida antidepressiva.

Você não está impotente quando se trata de depressão. Um dos meus pacientes que se recuperou – e continuou bem – disse: "Noto que agora minhas respostas racionais são mais automáticas do que meus pensamentos negativos". Um ex-paciente telefonou para mim pedindo uma indicação de encaminhamento para um amigo. Eu não o via há 12 anos. Ele disse: "Ainda estou usando as técnicas que você me ensinou". Ele não havia mais ficado deprimido desde então. Outro paciente voltou ao tratamento anos depois que o vi pela última vez. Dessa vez, havia perdido o emprego e estava se sentindo deprimido novamente. Retomamos sua medicação e começamos a desenvolver planos para fazê-lo voltar a ser ativo e proativo e para que modificasse profundamente o seu pensamento negativo. Ele se recuperou mais rapidamente do que na primeira vez.

O que fez você melhorar pode mantê-lo bem. Mas você tem de praticar. É como um exercício. Continue praticando – faça isso se tornar parte do seu estilo de vida.

Prevenindo recaídas

- Continue usando a autoajuda que o auxiliou a melhorar. Escolha as técnicas deste livro que foram mais úteis para você e faça uma lista, crie cartões de autoajuda que possa consultar a qualquer hora.
- Esteja alerta em relação a uma possível recaída. É útil saber o que procurar. O que desencadeou sua depressão no passado? Quais são os sinais iniciais da sua depressão?
- Que mudanças você apresenta em seu comportamento quando está deprimido? Observe essas alterações e as interrompa no meio do caminho. Desenvolva um cardápio de recompensas e utilize-o.
- Que mudanças você apresenta em seu pensamento quando deprimido? Redija alguns cartões de diálogo interno/autoajuda para desafiar seus pensamentos negativos caso eles surjam.
- Ruminar é um sinal de alerta comum de depressão. Se flagrar-se escorregando em um padrão de pensamentos negativos repetitivos, retome as técnicas do Capítulo 8 que o ajudaram a superá-los.
- Vacine-se contra a depressão praticando como desafiar os pensamentos e comportamentos que a caracterizam no seu caso. Gosto de fazer isso como uma dramatização com meus pacientes – eu faço o papel da "voz" da depressão e eles respondem.

- Que mudanças você apresenta em seus relacionamentos quando está deprimido? Observe se está começando a isolar-se ou a queixar-se mais e tome as providências para agir contra essas mudanças.
- Opte por estar com pessoas gratificadoras. Quem o julga, o trata mal ou o desanima pode levá-lo à recaída.
- Seja um amigo gratificador para seus amigos. Agradeça-lhes por seu apoio, ajude--os quando precisarem e não aja como um depressor.
- Crie a sua comunidade. Mantenha-se conectado por meio de grupos *online*, organizações profissionais ou trabalho voluntário.
- Seu relacionamento íntimo pode ser um ótimo antídoto para a depressão. Faça o esforço necessário para mantê-lo dando certo para você.
- Se a terapia cognitivo-comportamental formal lhe ajudou a melhorar, considere a possibilidade de continuá-la, vendo seu terapeuta uma vez por mês ou a cada seis semanas para continuar se sentindo bem – especialmente se já teve dois episódios anteriores de depressão.
- Se foi tratado com medicamento, consulte seu médico para ver se deve continuar a usá-lo – talvez com uma dosagem mais baixa – depois que estiver melhor.
- Se tiver uma recaída enquanto estiver usando medicamento, peça ao seu médico para intensificar seu tratamento com um medicamento adicional ou outra abordagem biológica.
- Use a prática de *mindfulness* para cultivar uma consciência do momento presente, livre de julgamento ou controle, e distancie-se para observar seus pensamentos como pensamentos – nada mais.

Considerações finais 13

Ao escrever este livro, precisei refletir sobre minhas experiências com milhares de pessoas cujas vidas foram afetadas pela depressão. Ao examinar meus arquivos, fui relembrando dos nomes de pessoas que não via há anos. Havia aquela mulher que achava que, após seu divórcio, sua vida havia perdido o significado – mas gradualmente reconstruiu uma vida pessoal e profissional significativa. E também o homem de pouco mais de 50 anos que abusava de álcool e drogas e levava uma vida que parecia autodestrutiva. Ele se sentia sem esperança. Todos os Natais eu recebo um cartão seu. Ele tem estado sóbrio, não deprimido e – o mais importante para ele – está ajudando outras pessoas a superar a adição e a encontrar uma vida repleta de significado. Sua história aquece meu coração porque sei que ele inspira muitas outras pessoas. Ele é o "efeito multiplicador" – eu o ajudei e agora ele ajuda tantos outros.

Também penso nos casamentos que foram recuperados devido ao nosso trabalho conjunto. Por vezes é uma batalha. Os casais chegam com um ou os dois parceiros sem nenhuma esperança. Talvez não estejam tendo relações sexuais há meses, um deles está deprimido (ou ambos), e estão sempre discutindo ou se evitando. Mas então aprendem a se comunicar, a se comprometer e a perseverar. Aprendem a perdoar. E aprendem, mais uma vez, a se divertir. Afinal de contas, eles se amavam o suficiente para ter assumido o compromisso de se casar. Trabalhar arduamente em alguma coisa que é valiosa – trabalhar arduamente para melhorar o seu relacionamento – é normalmente a melhor coisa que você pode fazer pela sua depressão.

E lembro-me de Linda, que melhorou na terapia e, anos depois, se defrontou com alguns dos eventos mais terríveis que se possa imaginar. Uma das filhas era deficiente, a outra morreu e a empresa do seu marido quase faliu. No entanto, apesar dos eventos avassaladores que a atingiram e à sua família, ela conseguiu resistir. Consigo perceber que os seres humanos são capazes de lidar com quase tudo se tiverem as ferramentas, a disposição e o apoio necessários.

E também me lembro da minha vizinha – uma mulher idosa que estava no hospital e cuja perna precisava ser amputada. Ela tinha 72 anos e esteve deprimida durante toda a sua vida adulta. Seu médico disse que, se ela não permitisse a amputação, iria morrer de infecção. Do ponto de vista dela, para começo de conversa, a vida não valia a pena ser vivida e fazer uma amputação era apenas mais um prego em seu caixão. Por que viver? Mas achei que ela merecia uma chance. Ela já havia feito terapia por anos, com idas e vindas, focando em sua infância e nas suas muitas decepções. A terapia tradicional não havia funcionado em seu caso, mas ela nunca tinha experimentado medicamentos. Eu lhe disse: "Você nunca usou antidepressivos. Na realidade, não sabe como responderia. Por que não tentar este experimento: fazer a amputação, começar o uso de medicamento antidepressivo e ver como se sente? Você sempre poderá se matar depois".

Ela me agradeceu pelo apoio, mas disse que não tinha esperanças. No entanto, na semana seguinte, fez a cirurgia e começou a tomar seu medicamento. Para sua surpresa, seu humor melhorou em poucas semanas. Seu parceiro a visitava diariamente e conversava com ela, eles jogavam gamão enquanto ela o deleitava com histórias. Sua vida estava melhor – mesmo após a amputação de uma perna. Ela tinha uma nova chance na vida.

Essas histórias poderiam ser a sua história.

A depressão é um difícil obstáculo em sua vida. Ela o impede de desfrutar dos simples prazeres que estão disponíveis para todos nós. Por vezes, quando você se critica por cada imperfeição, ela lhe torna seu pior inimigo. Paira sombria sobre você enquanto você luta para encontrar significado e esperança. Mas a depressão pode ser vencida.

Mencionei anteriormente que não fico deprimido vendo pessoas deprimidas. E isso se dá porque as chances de que as pessoas melhorem são muito boas. Se você está deprimido, sabe o quanto é difícil enfrentar um dia inteiro que tem pela frente. Não tem energia, não desfruta de nada, não vê esperança e não sabe o que fazer. Quando as pessoas lhe dizem para sair dessa, você se sente com raiva – até mesmo humilhado. Sente-se sozinho; ninguém pode realmente avaliar o que está lhe acontecendo. A sua vida parece vazia, o dia se arrasta e você está sozinho mesmo quando entre outras pessoas. Sua tristeza parece interminável. Por que prosseguir?

Esse é exatamente o tipo de história que escuto todos os dias. Enfrentando a escuridão que parece envolvê-lo, me aproximo com minhas ferramentas de cura, sugiro que examinemos a forma como você pensa, que considere algumas alternativas, tente mudar seu comportamento ou a forma como comunica seus sentimentos. Sugiro que trabalhemos em planos de curto prazo – mesmo planos para o dia seguinte, a semana seguinte.

Talvez possamos considerar, no mesmo ponto, planos para o mês ou o ano seguinte. Suave, firme, diretamente, eu o empurro na direção de novos "experimentos" ao viver sua vida, sempre reconhecendo que isso é difícil para você – mas também reconhecendo que ficar empacado é ainda mais difícil.

Talvez minhas sugestões possam parecer ingênuas às vezes. Você diz: "Ele faz parecer tão fácil. O que sabe sobre isso?". Sim, essas são dúvidas razoáveis, queixas razoáveis. Eu sei que não é fácil. Isso é como fisioterapia para dores nas costas. Pode ser difícil agora – mas fica mais fácil no futuro. É como desenvolver novos hábitos que não surgem facilmente. Eu o incentivo a aumentar seu nível de atividade, e você diz: "Eu não tenho energia". Eu digo: "Talvez a energia venha mais tarde. Talvez você precise tomar a atitude antes que chegue a motivação". Você pode olhar para mim como se eu fosse de outro planeta, mas repito: "Que mal vai fazer se você tentar?".

Lembra-se do que discutimos no início deste livro? Eu percebo que você pode estar dizendo: "Não consigo fazer isso porque estou deprimido. Não consigo fazer exercícios, não consigo ligar para os meus amigos e não consigo trabalhar. A minha depressão me impede de fazer qualquer coisa". Mas então eu sugiro: "Por que não agir *contra* a sua depressão? Dê pequenos passos. Procure observar como realmente se sente quando faz essas coisas. Tente. Nunca se sabe".

Ou talvez você esteja dizendo: "A minha depressão é realista. Tenho bons motivos para me sentir assim". Sim, existem bons motivos para sentir-se triste. Todos nós iremos sofrer perdas terríveis. Mas pense na mãe com a filha deficiente, pense no alcoolista que tinha 35 anos de bebida em seu histórico e pense naquela idosa que teve a perna amputada. Eles tinham bons motivos para se sentirem com razão pela sua depressão e certos quanto à sua falta de esperança. No entanto, eles se recuperaram. Eu sei. Eu vi isso.

À medida que você consegue se erguer na vida novamente, por vezes poderá escorregar. Às vezes, terá dias escuros e sombrios. Por vezes, a vida não vai parecer valer a pena. Mas os humores mudam, os acontecimentos mudam e você pode fazer a diferença. Neste livro, você foi apresentado a muitas das ferramentas que irão ajudá-lo a escalar de volta até o lugar a que pertence.

Mesmo no momento mais sombrio na calada da noite, ainda existe esperança. Há uma saída, uma porta a ser aberta, um momento em que a noite escura chega ao fim. Alguma coisa pode despertar em você quando sua depressão ceder. Você estava dormindo e agora acordou de um pesadelo.

O sol nasce.

APÊNDICE A
Tratamentos biológicos para a sua depressão

A boa notícia é que hoje existe uma ampla variedade de tratamentos biológicos que podem ser úteis no controle da depressão. Neste apêndice, iremos examinar as vantagens e as desvantagens do uso de medicamentos antidepressivos e as várias classes de medicamentos disponíveis. Além dos medicamentos classificados como antidepressivos, existem também aqueles que podem ser acrescentados ao seu tratamento para ajudá-lo a lidar com sua ansiedade e seu sono e a aumentar a eficácia dos demais medicamentos que está usando. Finalmente, examinaremos outros tratamentos biológicos, como a eletroconvulsoterapia, que podem ajudar em determinados casos.

Medicamento antidepressivo

Às vezes você pode sentir-se confuso com as muitas opções disponíveis para o tratamento da sua depressão. Esse é um sinal do tremendo progresso que fizemos nos últimos 20 anos, oferecendo aos consumidores opções que se adaptam às suas necessidades individuais. O seu médico irá considerar sua saúde geral ao prescrever o medicamento. Você também deve informá-lo sobre outros medicamentos – prescritos e não prescritos – que esteja tomando. Medicamentos alternativos ou curas naturais podem ser úteis para algumas pessoas, mas também podem interagir com os medicamentos prescritos, produzindo efeitos colaterais indesejados. Por exemplo, uma mulher que estava tomando erva-de-são-joão (uma substância alternativa derivada de uma planta) teve um episódio maníaco porque a substância reagiu com seus outros medicamentos. Discuta seu interesse em curas alternativas ou naturais com seu médico antes de tomar qualquer coisa.

Tente obter uma história mais completa possível das suas experiências com medicamentos. Se teve efeitos colaterais desagradáveis ao usar algum medicamento no passado, informe seu médico. Você tem o direito de acessar seus registros médicos feitos por profissionais que o atenderam anteriormente, portanto obtenha esses registros. Além do mais, se um medicamento foi eficaz no passado para a sua depressão, você também deve dizer isso ao seu médico. O que funcionou no passado provavelmente funcionará novamente. Em alguns casos, medicamentos que funcionaram para parentes próximos (se estavam sendo tratados para depressão) podem ter mais probabilidade de funcionar para você. Antes de visitar seu médico, faça uma lista das informações que quer apresentar (bem como uma lista das perguntas sobre as dúvidas que possa ter). Você pode esquecer-se de alguma informação importante se depender apenas da sua memória no momento.

Tenha em mente que os medicamentos antidepressivos levam de 2 a 8 semanas para fazer efeito – e às vezes ainda mais tempo. Seu médico poderá começar com uma dose mais baixa, ver como você tolera os efeitos colaterais e gradualmente aumentar a dosagem. Em muitos casos, os efeitos colaterais desaparecem à medida que você vai se habituando ao medicamento. Esses efeitos também podem estar relacionados à dosagem, portanto, o seu médico poderá minimizá-los reduzindo-a e combinando seu medicamento com outro para melhorar a eficácia antidepressiva da primeira substância. Ele também poderá combinar duas classes de medicamentos antidepressivos. Você nunca deve aumentar ou reduzir sua dosagem ou combinar medicamentos sem a aprovação do seu médico. Nunca se automedique.

Podemos agrupar os antidepressivos em categorias que refletem sua composição química e a atividade cerebral que afetam. Alguns dos antidepressivos mais recentes podem visar mais de um processo. Uma classe muito comum de medicamentos é a dos inibidores seletivos da recaptação da serotonina (ISRSs), entre eles Prozac, Zoloft, Paxil, Luvox, Celexa e Lexapro. Você não deve tomar um ISRS se já estiver tomando um inibidor da monoaminoxidase (IMAO), como Nardil e Parnate.

Os antidepressivos tricíclicos (ADTs), uma classe mais antiga de medicamentos, incluem doxepina, clomipramina, nortriptilina, amitriptilina, desipramina e trimipramina. Esses medicamentos são usados com menos frequência porque os efeitos colaterais tendem a ser mais difíceis de tolerar. No entanto, são eficazes e podem ser considerados quando outras classes de medicamento não funcionam para você. Outros antidepressivos incluem trazodona (Desyrel), bupropiona (Wellbutrin), venlafaxina (Eferox), milnaciprana (Ixel) e duloxetina (Cymbalta); norepinefrina (também chamada noradrenalina) e reboxetina (Edronax). Você também pode considerar a mirtazapina (Remeron).

Seu médico poderá acrescentar substâncias anfetamínicas, como a Ritalina, a seus medicamentos antidepressivos para aumentar o seu nível de energia. O triptofano, um aminoácido, pode ser acrescentado ao tratamento, embora seja preciso cautela quanto aos possíveis efeitos colaterais dessa substância. Os efeitos colaterais sérios observados com o uso de suplementos de triptofano foram síndrome eosinofilia-mialgia (também chamada EMS, consistindo de dor ou erupção cutânea) e síndrome da serotonina (confusão, agitação). Em alguns casos, para reduzir a rigidez do seu pensamento negativo, seu médico pode prescrever uma baixa dosagem de um antipsicótico, como quetiapina (Seroquel), risperidona (Riperidal) e olanzapina (Zyprexa). Normalmente eles são prescritos por um período mais curto de tempo, somente até que a depressão tenha diminuído um pouco. O lítio, embora muito conhecido como tratamento para transtorno bipolar, também é um antidepressivo eficaz, especialmente para pacientes com risco mais alto de suicídio, mas requer monitoramento do sangue e supervisão cuidadosa, devendo ser prescrito somente depois que outras alternativas não funcionaram. Por fim, o medicamento para a tireoide pode ser usado em pacientes com depressão quando outros tratamentos não são suficientes, sendo muito comum o uso da L-tri-iodotironina (T3).

Por que apresentar todas essas alternativas possíveis? Alguns pacientes deprimidos – encarando a sua doença segundo a perspectiva da falta de esperança – desanimam quando seu primeiro medicamento não é efetivo. Um estudo recente em grande escala, denominado Alternativas de Tratamento Sequenciado para Aliviar a Depressão (STAR*D, do inglês, Sequenced Treatment Alternatives to Relieve Depression), sugere que acrescentar um tratamento ou mudar para um novo pode ter resultados benéficos significativos. Nesse estudo, mudar os medicamentos, aumentar as doses e/ou acrescentar uma nova terapia geralmente aumentou a probabilidade de os pacientes obterem uma resposta positiva. É importante ter isso em mente: existem muitas alternativas que você e seu médico podem tentar, e você não vai saber se alguma delas funcionará até que as experimente.[1]

E quanto aos efeitos colaterais?

Alguns medicamentos podem produzir efeitos colaterais desagradáveis, portanto, seu médico irá querer avaliar quão aceitáveis eles são. Um medicamento não será efetivo na redução da sua depressão se seus efeitos colaterais forem inaceitáveis. Alguns antidepressivos, por exemplo, podem reduzir o desejo e a excitação sexual ou dificultar que o orgasmo seja atingido. Obviamente, você vai querer considerar se o problema pode ser decorrente do uso de outros medicamentos que está tomando, além dos antidepressivos – por exemplo, medicamentos que são usados para hipertensão também podem ter esse efeito. Se os efeitos colaterais sexuais são um problema para você, informe ao seu médico, pois ele poderá recomendar inúmeras alternativas que poderão ajudar, incluindo a redução da dosagem; tirar "férias das substâncias" (descontinuar o medicamento por um dia ou mais); substituir seu medicamento por um que não tenha efeitos colaterais sexuais, como bupropiona (Wellbutrin) ou mirtazapina (Remeron); ou suplementar o seu medicamento com bupropriona, *gingko biloba* (um remédio natural), ioimbina (Procomil) ou sildenafila (Viagra). Nunca tome uma dessas outras substâncias (com prescrição ou sem prescrição) ou reduza seus medicamentos sem primeiro consultar o seu médico.

Estágios do medicamento

Seu médico iniciará com um medicamento e, dependendo da sua resposta, aumentará a dosagem e/ou acrescentará outra classe de medicamento. Essa fase inicial do tratamento é conhecida como fase "aguda"; é o período durante o qual você avalia se está obtendo benefícios significativos com o medicamento, e poderá levar de 6 a 12 semanas (ou mais), dependendo da sua resposta. O mais importante nesse momento é diminuir seus sintomas e, depois disso, você entrará na fase de "continuação" do tratamento, durante a qual será mantido o uso do medicamento (às vezes em uma dose mais baixa, às vezes não) para garantir que a sua depressão não retorne. Essa fase pode durar de 4 meses a 1 ano. Se não houver recorrência da depressão durante esse tempo, você e seu médico poderão avaliar se deve ser mantido o medicamento antidepressivo por mais de um ano para evitar episódios futuros. Essa fase de "manutenção" é mais útil para pacientes que tiveram vários episódios anteriores de depressão.

E quanto à ansiedade?

Muitas pessoas que estão deprimidas também têm ansiedade. O seu médico pode querer começar com um medicamento ansiolítico e um antidepressivo. Os medicamentos ansiolíticos mais comuns – e de ação mais rápida – são os benzodiazepínicos, como Xanax, Klonopin, Ativan e Valium. Eles começam a agir quase imediatamente – em geral, dentro de 30 minutos. O seu médico poderá querer iniciar seu tratamento com um benzodiazepínico para proporcionar algum alívio em curto prazo, mas a maioria dos pacientes irá querer descontinuar depois de aproximadamente duas semanas para evitar efeitos colaterais ou até mesmo adição. Outros continuarão a usar benzodiazepínicos por alguns meses junto à terapia cognitivo-comportamental e outro medicamento antidepressivo. Os efeitos colaterais dos benzodiazepínicos incluem letargia, sedação e dificuldade de concentração, e você deve evitar ingerir álcool enquanto estiver usando essa classe de medicamentos.

Você tem transtorno bipolar?

Mesmo sabendo que seu médico fará perguntas sobre episódios maníacos anteriores, você precisa ser proativo para explorar por conta própria se já teve experiências que possam indicar uma tendência bipolar. Você pode refletir – e perguntar a um membro da família mais próximo – a fim de lembrar se alguma vez já teve um período de uma semana ou mais em que teve autoestima inflada ou grandiosa (pensando: *Sou a pessoa mais inteligente que conheço*), necessidade de sono reduzida (como ter 3 ou 4 horas de sono e não se sentir cansado), fala rápida (falando tão rápido que as pessoas têm dificuldade em acompanhá-lo), "fuga de ideias" (suas ideias estão em toda a parte), aumento nas atividades guiadas por metas (assumindo inúmeras tarefas), aumento do desejo sexual e comportamento de risco (correndo riscos que normalmente não correria). Episódios maníacos também são frequentemente caracterizados por irritabilidade e podem ser combinados com depressão no chamado "estado misto". Alguns episódios não são tão severos – denominados "episódios hipomaníacos".

Muitas pessoas que têm mania/hipomania não são conscientes de seus episódios. Por exemplo, os pacientes não vêm me ver porque estão se sentindo "excessivamente sensuais" ou "muito brilhantes" ou "muito produtivos". Muitas pessoas parecem gostar da sua mania – acham que lhes dá energia e criatividade –, e muitas não têm *insight* – não sabem que estão falando tão rápido que ninguém consegue acompanhá-las ou que estão correndo riscos dos quais poderão se arrepender mais tarde. Esses fatores podem fazer o paciente tornar-se um mau historiador sobre o seu passado ou sua condição presente. É por isso que é uma boa ideia consultar membros da família próximos para saber se você teve episódios maníacos.

Se teve um episódio anterior de mania/hipomania (não relacionado ao uso de uma substância como anfetamina, cocaína ou esteroides), então você pode ter transtorno bipolar. Esse transtorno é uma doença que está fortemente vinculada aos fatores genéticos e requer tratamento por toda a vida. Várias pessoas muito bem-sucedidas e com bom relacionamento familiar têm transtorno bipolar. O importante é garantir que você receba o diagnóstico correto e o medicamento certo, pois a doença bipolar é como o diabetes – trata-se de uma vulnerabilidade para toda a vida que precisa de tratamento médico contínuo, mas que, na maioria dos casos, pode ser manejada e controlada.

O motivo pelo qual é importante avaliar mania/hipomania é que, se você depende unicamente de medicamentos antidepressivos, é provável que tenha ciclos de mania no futuro. Um fármaco se qualifica como "estabilizador do humor" se for eficaz na redução da probabilidade dos episódios maníacos e depressivos. Os pacientes com transtorno bipolar podem ser ajudados com a utilização de medicamento estabilizador do humor, como lítio, ou de determinados medicamentos anticonvulsivantes que demonstraram ser eficazes na estabilização do humor, como valproato (Depakote) e lamotrigina (Lamictal).

Se você tiver um episódio maníaco no curso do seu tratamento, seu médico poderá tratá-lo inicialmente com um medicamento antipsicótico que possa ajudar a reduzir sua agitação. (Os antipsicóticos costumavam ser chamados de "tranquilizantes maiores" – eles na verdade o acalmam um pouco.) Os estabilizadores do humor podem ser acrescentados ou substituídos pelo medicamento antipsicótico após o episódio agudo ter aliviado.

Mais informações sobre medicamento

Seu médico irá querer trabalhar com você para determinar por qual antidepressivo começar. Como em qualquer abordagem medicamentosa, encontrar a substância que funciona para você é uma questão de tentativa e erro – você inicia o uso de um medicamento; avalia os efeitos colaterais, caso ocorram; vê se é efetivo durante o curso de várias semanas; e depois determina se precisa aumentar a sua dosagem, reduzi-la, acrescentar outro medicamento ou descontinuar o uso. Alguns pacientes respondem melhor a uma classe de medicamento do que a outra, e você não terá como saber sem experimentar. Isso pode ser frustrante – e os efeitos colaterais podem ser desagradáveis. Não há nada mais gratificante nesse ponto do que encontrar algo que possa ajudar a reverter a sua depressão.

Informações atualizadas sobre uma ampla variedade de medicamentos podem ser encontradas no *site* do National Institutes of Health (http://www.nlm.nih.gov/medlineplus/druginformation.html) e no *site* do Physician's Desk Reference (http://www.pdrhealth.com/home/home.aspx).*

---

* N. de T. No Brasil, consulte o *site* da Anvisa (http://portal.anvisa.gov.br/).

Apêndice A Tratamentos biológicos para a sua depressão **241**

Alternativas ao medicamento

Uma pequena porcentagem dos pacientes pode não se beneficiar com terapia ou medicamento. Quando a depressão é severa, incessante ou não reage bem ao tratamento e existe risco de suicídio, você e seu médico podem considerar outra forma de tratamento. O passo seguinte mais comum é a eletroconvulsoterapia (ECT) ou terapia de choque. Na mente de muitas pessoas, a ECT parece desumana, pois soa como algo terrível considerar passar uma corrente elétrica pelo seu cérebro. Algumas pessoas pressupõem que isso seja perigoso, que cause danos permanentes ou até mesmo que seja antiético, mas vamos considerar os fatos.

Eletroconvulsoterapia (ECT)

A eletroconvulsoterapia (ECT), na qual uma corrente elétrica passa através do cérebro para induzir uma convulsão, foi muito mais utilizada para depressão severa no passado do que atualmente; e, desde o advento dos medicamentos para depressão – e das descrições desfavoráveis da ECT na mídia –, ela vem sendo usada com menos frequência. O paciente que se submete à ECT (em geral em um hospital) em primeiro lugar recebe um sedativo que o faz dormir e, depois, um medicamento que paralisa seus músculos para evitar fraturas durante a convulsão. Os eletrodos são colocados na testa e em uma das têmporas (ou em ambas as têmporas caso se trate de ECT bilateral) para monitorar a atividade convulsiva. É administrada uma corrente elétrica, induzindo uma convulsão que dura de 30 a 60 segundos, e o paciente se acorda em aproximadamente 15 minutos. Os pacientes em geral passam por 3 a 12 sessões de ECT durante várias semanas para completar o curso do tratamento.

Como com qualquer intervenção biológica, existem vantagens e desvantagens, mas, antes de rejeitar a ECT como uma alternativa, você deve considerar os aspectos positivos. Não existe tratamento mais eficaz para depressão severa do que a ECT.[2] Na verdade, uma revisão das pesquisas nessa área levou alguns a concluírem que essa forma de tratamento é mais eficaz do que o uso de medicamento e que a ECT bilateral é mais eficaz do que a ECT unilateral.[3] Ela com frequência funciona mais rapidamente e pode reverter drasticamente uma depressão profunda. Alguém com sintomas vegetativos severos – fadiga, fala mal articulada, imobilidade, incapacitação – ou alguém em risco severo de suicídio pode às vezes obter uma mudança notável em curto período de tempo. Ao contrário das imagens aterradoras do tratamento de choque que são representadas no filme *Um estranho no ninho* e na mídia popular de hoje, o tratamento de choque é, na verdade, muito controlado em sua aplicação e altamente eficaz.[4]

As desvantagens também precisam ser consideradas. Para muitas pessoas existe perda da memória de curto prazo – frequentemente lembranças de eventos que ocorrem em torno da hora do tratamento. A maioria das – se não todas as – lembranças de eventos de longo prazo acaba sendo recuperada, mas, em alguns casos, as pessoas perdem permanentemente algumas lembranças de eventos na vida de longo prazo. Você também precisa de um exame físico completo para excluir qualquer risco de problemas cardíacos. Apesar dessas desvantagens, a maioria dos pacientes que passaram por ECT dizem que o fariam novamente.

Já vi inúmeros pacientes em terapia que tiveram respostas positivas significativas à ECT. Em alguns casos, é quase como da noite para o dia. (É claro que também é importante que esses pacientes continuem tomando o seu medicamento antidepressivo.) Certos pacientes em risco de episódios recorrentes de depressão passam por ECT de manutenção – compareçam a breves sessões todos os meses para manter a sua melhora. Uma amiga minha é um exemplo disso. Agora com 60 anos, ela passou 35 anos recebendo o diagnóstico errado (depressão unipolar – na verdade, ela era bipolar). Muito embora tenha acabado recebendo lítio, ainda não estava completamente estabilizada. Ela agora recebe ECT mensalmente, toma seu medicamento e está melhor do que conseguiu estar em 40 anos. Sua história é uma inspiração para qualquer pessoa que abandonou a esperança. Ela persistiu e finalmente encontrou o tratamento certo.

Outros tratamentos elétricos

Em um tratamento denominado estimulação magnética transcraniana (EMT), o qual foi recentemente aprovado para a depressão, uma resistência elétrica é colocada sobre o couro cabeludo e uma corrente elétrica estimula o córtex. O paciente não está sob anestesia e muitos dos efeitos colaterais associados à ECT (como perda da memória) não ocorrem. Revisões de pesquisas recentes indicam que esse é um tratamento eficaz para depressão resistente ao tratamento,[5] embora alguns tenham alertado que ele pode não ser tão eficaz quanto sugerido.[6]

Outra técnica de estimulação elétrica que recebeu atenção – mas ainda precisa de mais pesquisa para apoiá-la – é a estimulação do nervo vago (ENV). Ela envolve a colocação de um eletrodo no peito do paciente que estimula o nervo vago (pense nisso como um tipo de marca-passo para esse nervo craniano). Novamente, essa intervenção ainda está em fase inicial, mas relatos empíricos sugerem eficácia com alguns pacientes, e seu uso foi aprovado recentemente para depressão resistente ao tratamento.[7]

Terapia do transtorno afetivo sazonal

Uma variação comum da depressão é o transtorno afetivo sazonal (TAS). As pessoas com essa doença apresentam humor depressivo exacerbado durante os meses de inverno, quando as horas de luz solar são reduzidas. O seu humor frequentemente melhora durante o verão. (Em uma menor porcentagem de pacientes, a depressão é mais comum no verão.) Os sintomas de transtorno afetivo sazonal incluem aumento da necessidade de sono, ânsia por carboidratos e comer em excesso. Até 38% dos pacientes que procuram tratamento para depressão apresentam um componente sazonal em seu transtorno[8] e 5% do público em geral tem TAS.[9] As mulheres têm mais probabilidade do que os homens de sofrer de TAS.

Terapia de luz com frequência é prescrita para pacientes com TAS, e pesquisas indicam que pode ser bastante eficaz.[10] De fato, pesquisas recentes mostram que o tratamento mais eficaz para esse transtorno é a combinação de terapia cognitivo-comportamental e terapia de luz.[11] Isso funciona de forma simples: uma luz brilhante ajuda a acordá-lo pela manhã e impulsiona o seu ritmo circadiano. Você pode receber luz brilhante por 15 a 30 minutos do sol, de uma lâmpada de alta intensidade ou comprando uma lâmpada produzida comercialmente e projetada especificamente para esse propósito. As luzes brilhantes produzidas comercialmente estão disponíveis em Apollo Light (www.apollolight.com), Sunbox (www.sunbox.com) e em outros fabricantes. Alguns pacientes com TAS também se beneficiam com suplementos de melatonina. Além disso, a ionização negativa do ar também pode ser eficaz na redução do transtorno.[12]

Conclusão

As opções de medicamentos são tantas que talvez pareçam esmagadoras. Existem muitas classes diferentes de medicamentos; possibilidades de aumento de doses; maneiras de tratar os efeitos colaterais; e medicamentos específicos para sono, ansiedade e outros problemas. O fato de haver tantas opções deve, na verdade, lhe dar esperança. O uso de estimulação elétrica (ECT, ENV, EMT) pode parecer controverso em alguns círculos. Você ouvirá opiniões contundentes de ambos os lados, mas, no caso de depressão severa que pode ter um componente suicida perigoso, é preciso considerar todas as opções disponíveis. Clínicos experientes – especialmente aqueles que trabalharam em ambientes hospitalares – irão atestar com frequência os significativos efeitos desses tratamentos elétricos. Como em relação a qualquer tratamento, você deve pesar cuidadosamente, com a ajuda do seu médico, os custos e os benefícios. A boa notícia é que estamos avançando o tempo todo com tratamentos cada vez mais sofisticados e eficazes.

APÊNDICE B

Recursos para tratamento adicional

Como encontrar um bom terapeuta cognitivo-comportamental

Encontrar o terapeuta certo é fundamental em seu programa de autoajuda. Você deve ser organizado e assertivo em relação ao que está procurando. Quando falar com o seu futuro terapeuta, pergunte sobre o treinamento e a experiência que ele tem no uso da terapia cognitivo-comportamental. Depois que se encontrar com ele, peça uma descrição do plano de tratamento, como o seu progresso será medido e que técnicas provavelmente serão usadas. A maioria dos profissionais que trabalham com terapia cognitivo-comportamental fará você preencher alguns formulários de autorrelato – e você deve guardar cópias para que possa acompanhar seu próprio progresso.

Eis alguns *sites* interessantes sobre terapia cognitivo-comportamental (em inglês):*

- The Academy of Cognitive Therapy: www.academyofct.org
- The Association of Behavioral and Cognitive Therapies: www.abct.org

Se você mora no Reino Unido, poderá encontrar terapeutas cognitivo-comportamentais certificados no *site* da British Association for Behavioral and Cognitive Psychotherapies em: www.babcp.org.

Você também pode acessar informações atualizadas sobre medicamentos em:**

- The National Institutes of Health: http://www.nlm.nih.gov/medlineplus/druginformation.html

---

* N. de T. No Brasil, consulte o *site* da Federação Brasileira de Terapias Cognitivas (www.fbtc.org.br) para encontrar terapeutas certificados próximos a você.

** N. de T. No Brasil, consulte o *site* da Anvisa (http://portal.anvisa.gov.br/).

- The Physicians' Desk Reference: http://www.pdrhealth.com/home/home.aspx
- WebMD: http://www.webmd.com/depression/default.htm

Mais informações sobre depressão, ansiedade e terapia cognitivo-comportamental também estão disponíveis, em inglês, em nosso *site* do American Institute for Cognitive Therapy in New York: www.cognitivetherapynyc.com.

Escala multidimensional de perfeccionismo

Conforme vimos no Capítulo 5, a depressão pode ser resultado do seu pensamento perfeccionista. A Escala Multidimensional de Perfeccionismo foi desenvolvida para avaliar diferentes aspectos de perfeccionismo. A listagem a seguir identifica essas diferentes subescalas de perfeccionismo. Some a sua pontuação para ver quais subescalas o caracterizam melhor. Não existem pontos de corte; examine seu perfeccionismo entre as diferentes subescalas.

- A subescala **Preocupação com Erros** inclui os itens 9, 10, 13, 14, 18, 21, 23, 25 e 34. Essa subescala reflete suas reações negativas aos erros, uma tendência a interpretá-los como equivalentes a falhas e uma preocupação de que perderá o respeito dos outros se falhar.
- A subescala **Padrões Pessoais** inclui os itens 4, 6, 12, 16, 19, 24 e 30 e reflete sua tendência a estabelecer padrões muito altos e a dar importância excessiva a esses altos padrões para avaliar a si mesmo.
- A subescala **Expectativas Parentais** inclui os itens 1, 11, 15, 20 e 26 e reflete sua crença de que seus pais estabeleceram metas muito altas para você.
- A subescala **Crítica Parental** refere-se aos itens 3, 5, 22 e 35 e reflete sua visão de que seus pais são (ou eram) excessivamente críticos.
- A subescala **Dúvida das Ações** refere-se aos itens 17, 28, 32 e 33 e reflete até que ponto você duvida da sua capacidade de realizar tarefas.
- A subescala **Organização** inclui os itens 2, 7, 8, 27, 29 e 31 e é uma subescala um pouco separada, mas relacionada a certas dimensões. Ela mede a tendência a ser metódico e organizado e reflete uma ênfase excessiva na ordem e na organização que frequentemente tem sido associada a perfeccionismo.[1]

Escala	Pontuação
Preocupação com erros	
Padrões pessoais	
Expectativas parentais	
Crítica parental	
Dúvida das ações	
Total das escalas acima	Total de pontos
Organização*	
*A subescala Organização é pontuada separadamente e não está incluída no seu escore total.	

Examine suas respostas nas diferentes subescalas e tente avaliar se você é mais ou menos preocupado com diferentes tipos de perfeccionismo. Não existem "normas" absolutas para essas escalas ou subescalas, mas você pode ter alguma ideia acerca de se é propenso ao perfeccionismo. Você poderá querer submeter-se a esse teste novamente depois de concluir os diferentes capítulos deste livro e depois que a sua depressão diminuir. Você acha que o seu perfeccionismo pode estar relacionado à sua depressão, à sua autoestima, à sua indecisão ou ao seu medo de cometer erros? O seu perfeccionismo o deixa mais propenso a se lamentar?

Notas

Capítulo 1: O que é depressão?

1. S. B. Patten, "Accumulation of Major Depressive Episodes over Time in a Prospective Study Indicates That Retrospectively Assessed Lifetime Prevalence Estimates Are Too Low," *BMC Psychiatry* 8, no. 9 (May 2009): 19; A. J. Rush, M. H. Trivedi, H. M. Ibrahim, et al. "The 16-item Quick Inventory of Depressive Symptomatology (QIDS), Clinician Rating (QIDS-C), and Self- report (QIDS-SR): A Psychometric Evaluation in Patients with Chronic Major Depression," Biological Psychiatry 54, no. 5 (2003): 573–583.
2. Ronald C. Kessler et al., "Mood Disorders in Children and Adolescents: An Epidemiologic Perspective," *Biological Psychiatry* 49, no. 12 (15 June 2001): 1002.
3. Jean M. Twenge, "Birth Cohort, Social Change, and Personality: The Interplay of Dysphoria and Individualism in the 20th Century," *Advances in Personality Science*, ed. Daniel Cervone and Walter Mischel (New York: Guilford, 2002), 196–218.
4. Jean M. Twenge and W. Keith Campbell, *The Narcissism Epidemic: Living in the Age of Entitlement* (New York: Free Press, 2009).
5. P. F. Sullivan, M. C. Neale, and K. S. Kendler, "Genetic Epidemiology of Major Depression: Review and Meta-analysis," *The American Journal of Psychiatry* 157 (2000): 1552; Armen K. Goenjian et al., "Heritabilities of Symptoms of Posttraumatic Stress Disorder, Anxiety, and Depression in Earthquake Exposed Armenian Families," *Psychiatric Genetics* 18 (2008): 261.
6. Edward Shorter, "The History of Lithium Therapy," *Bipolar Disorders* 11, suppl. 2 (June 2009): 4–9.
7. JoEllen Patterson et al., *The Therapist's Guide to Psychopharmacology: Working with Patients, Families and Physicians to Optimize Care* (New York: Guilford, 2006).
8. Jennifer L. Warner-Schmidt and Ronald S. Duman, "Vascular Endothelial Growth Factor Is an Essential Mediator of the Neurogenic and Behavioral Actions of Antidepressants," *Proceedings of the National Academy of Sciences* 104, no. 11 (13 March 2007): 4647; Ronald S. Duman, "Depression: A Case of Neuronal Life and Death?" *Biological Psychiatry* 56, no. 3 (1 August 2004): 140.

9. Eva M. Pomerantz, "Parent x Child Socialization: Implications for the Development of Depressive Symptoms," *Journal of Family Psychology* 15, no. 3 (September 2001): 510; Valerie E. Whiffen and Teresa M. Sasseville, "Dependency, Self-criticism, and Recollections of Parenting: Sex Differences and the Role of Depressive Affect," *Journal of Social and Clinical Psychology* 10 (1991): 121; Jenny Firth-Cozens, "The Role of Early Family Experiences in the Perception of Organizational Stress: Fusing Clinical and Organizational Perspectives," *Journal of Occupational and Organizational Psychology* 65, no.1 (March 1992): 61.

10. A. Bifulco, G.W. Brown, and Z. Adler, "Early Sexual Abuse and Clinical Depression in Adult Life," *British Journal of Psychiatry* 159 (1991): 115.

11. Sidney J. Blatt and Erika Homann, "Parent-child Interaction in the Etiology of Dependent and Self-critical Depression," *Clinical Psychology Review* 12 (1992): 47.

12. T. Harris, G.W. Brown, and A. Bifulco, "Loss of Parent in Childhood and Adult Psychiatric Disorder: The Role of Lack of Adequate Parental Care," *Psychological Medicine* 16 (1986): 641.

13. Chris R. Brewin, Bernice Andrews, and Ian H. Gotlib, "Psychopathology and Early Experience: A Reappraisal of Retrospective Reports," *Psychological Bulletin* 113, no. 1 (January 1993): 82.

14. Constance Hammen, "Depression in Women: The Family Context and Risk for Recurrence," *The Economics of Neuroscience* 6 (2004): 41; M. M. Weissman, "Advances in Psychiatric Epidemiology: Rates and Risks for Major Depression," *American Journal of Public Health* 77 (1987): 44.

15. Dave E. Marcotte, Virginia Wilcox-Gök, and D. Patrick Redmon, "Prevalence and Patterns of Major Depressive Disorder in the United States Labor Force," *The Journal of Mental Health Policy and Economics* 2 (1999): 123.

16. Kenneth S. Kendler et al., "The Structure of the Genetic and Environmental Risk Factors for Six Major Psychiatric Disorders in Women: Phobia, Generalized Anxiety Disorder, Panic Disorder, Bulimia, Major Depression, and Alcoholism," *Archives of General Psychiatry* 52, no. 5 (May 1995): 374; Kenneth S. Kendler et al., "Stressful Life Events, Genetic Liability, and Onset of an Episode of Major Depression in Women," *American Journal of Psychiatry* 152, no. 6 (June 1995): 833.

17. Laura A. Pratt and Debra J. Brody, *Depression in the United States Household Population, 2005–2006*, NCHS Data Brief Number (2008).

18. Walter F. Stewart et al., "Cost of Lost Productive Work Time among US Workers with Depression," *Journal of the American Medical Association* 289 (2003): 3135.

19. F. Bonnet et al., "Anxiety and Depression Are Associated with Unhealthy Lifestyle in Patients at Risk of Cardiovascular Disease," *Atherosclerosis* 178, no. 2 (February 2005): 339.

20. K. Andersen et al., "Depression and the Risk of Alzheimer Disease," *Epidemiology* 16, no. 2 (March 2005): 233.
21. M. J. Bos et al., "Depressive Symptoms and Risk of Stroke: The Rotterdam Study," *Journal of Neurology, Neurosurgery, and Psychiatry* 79, no. 9 (September 2008): 977.
22. Jane Leserman, "HIV Disease Progression: Depression, Stress, and Possible Mechanisms," *Biological Psychiatry* 54, no. 3 (1 August 2003): 295.
23. J. G. E. Janzing et al., "The Relationship between Depression and Mortality in Elderly Subjects with Less Severe Dementia," *Psychological Medicine* 29, no. 4 (July 1999): 979.
24. Keith Hawton, "Suicide and Attempted Suicide," *Handbook of Affective Disorders*, ed. Eugene S. Paykel (New York: Guilford Press, 1992), 635–650.
25. A. J. Rush, M. H. Trivedi, H. M. Ibrahim, et al. "The 16-item Quick Inventory of Depressive Symptomatology (QIDS), Clinician Rating (QIDS-C), and Self-report (QIDS-SR): A Psychometric Evaluation in Patients with Chronic Major Depression," Biological Psychiatry 54, no. 5 (2003): 573–583.
26. Laura A. Pratt and Debra J. Brody, *Depression in the United States Household Population, 2005-2006*, NCHS Data Brief Number (2008).
27. Ronald C. Kessler et al., "Mood Disorders in Children and Adolescents: An Epidemiologic Perspective," *Biological Psychiatry* 49, no. 12 (15 June 2001): 1002.
28. Ronald C. Kessler and E. E. Walters, "Epidemiology of DSM-III-R Major Depression and Minor Depression among Adolescents and Young Adults in the National Comorbidity Survey," *Depression and Anxiety* 7 (1998): 3.
29. M. B. Keller et al., "Recovery in Major Depressive Disorder: Analysis with the Life Table Regression Models," *Archives of General Psychiatry* 39, no. 8 (August 1982): 905.
30. K. Mikael Holma et al., "Long-term Outcome of Major Depressive Disorder in Psychiatric Patients Is Variable," *Journal of Clinical Psychiatry* 69 (2008): 196.
31. Walter F. Stewart et al., "Cost of Lost Productive Work Time among US Workers with Depression," *Journal of the American Medical Association* 289 (2003): 3135.
32. Laura A. Pratt and Debra J. Brody, *Depression in the United States Household Population, 2005–2006*, NCHS Data Brief Number (2008).
33. Paul E. Greenberg et al., "The Economic Burden of Depression in the United States: How Did It Change between 1990 and 2000?" *Journal of Clinical Psychiatry* 64, no. 12 (December 2003): 1465.
34. Keith Hawton, "Suicide and Attempted Suicide," in *Handbook of Affective Disorders*, ed. Eugene S. Paykel (New York: Guilford Press, 1992), 635–650.

Capítulo 2: A mente deprimida

1. Ronald C. Kessler et al., "Lifetime and 12-month Prevalence of DSM--III-R Psychiatric Disorders in the United States. Results from the National Comorbidity Survey," Archives of General Psychiatry 51 (1994): 8.
2. Paul Gilbert, "Evolution and Depression: Issues and Implications," Psychological Medicine 36, no. 3 (March 2006): 287; Robert L. Leahy, "Pessimism and the Evolution of Negativity," Journal of Cognitive Psychotherapy 16, no. 3 (Summer 2002): 295.
3. Robert L. Leahy, "Pessimism and the Evolution of Negativity," Evolutionary Theory and Cognitive Therapy, ed. Paul Gilbert (New York: Springer, 2004): 91–118; Robert L. Leahy, "An Investment Model of Depressive Resistance," Journal of Cognitive Psychotherapy: An International Quarterly 11 (1997): 3.
4. Robert L. Leahy, "Pessimism and the Evolution of Negativity," Journal of Cognitive Psychotherapy 16, no. 3 (Summer 2002): 295; Randolph M. Nesse, "Is Depression an Adaptation?" Archives of General Psychiatry 57 (2000): 14; Leon Sloman, Paul Gilbert, and G. Hasey, "Evolved Mechanisms in Depression: The Role and Interaction of Attachment and Social Rank in Depression," Journal of Affective Disorders 74, no. 2 (April 2003): 107.
5. J. M. Eagles, "Seasonal Affective Disorder: A Vestigial Evolutionary Advantage?" Medical Hypotheses 63 (2004): 767.
6. Nicholas Allen and Paul B. T. Badcock, "The Social Risk Hypothesis of Depressed Mood: Evolutionary, Psychosocial, and Neurobiological Perspectives," Psychological Bulletin 129, no. 6 (November 2003): 887; Robert L. Leahy, "Pessimism and the Evolution of Negativity," Evolutionary Theory and Cognitive Therapy, ed. Paul Gilbert (New York: Springer, 2004), 91–118.
7. Anthony Stevens and John Price, Evolutionary Psychiatry: A New Beginning, 2nd ed. (London: Routledge/Taylor and Francis Group, 2000).
8. Nicholas Allen and Paul B. T. Badcock, "The Social Risk Hypothesis of Depressed Mood: Evolutionary, Psychosocial, and Neurobiological Perspectives," Psychological Bulletin 129, no. 6 (November 2003): 887.
9. Aaron T. Beck et al., Cognitive Therapy of Depression (New York: Guilford, 1979); Robert L. Leahy, Cognitive Therapy: Basic Principles and Applications (Northvale, NJ: Jason Aronson, 1996).
10. From Treatment Plans and Interventions for Depression and Anxiety Disorders by Robert L. Leahy and Stephen J. Holland. Copyright 2000 by Robert L. Leahy and Stephen J. Holland. Used by permission.
11. Zindel V. Segal et al., "Cognitive Reactivity to Sad Mood Provocation and the Prediction of Depressive Relapse," Archives of General Psychiatry 63, no. 7 (July 2006): 749; Sheri L. Johnson and Randy Fingerhut, "Negative Cognitions Predict the Course of Bipolar Depression, Not Mania," Journal of Cognitive Psychotherapy: An International Quarterly 18 (2004): 149.

12. Gary P. Brown and Aaron T. Beck, "Dysfunctional Attitudes, Perfectionism, and Models of Vulnerability to Depression," Perfectionism: Theory, Research, and Treatment, ed. Gordon L. Flett and Paul L. Hewitt (Washington, D.C.: American Psychological Association, 2002), 231–251.
13. Robert J. DeRubeis et al., "How Does Cognitive Therapy Work? Cognitive Change and Symptom Change in Cognitive Therapy and Pharmacotherapy for Depression," Journal of Consulting and Clinical Psychology 58, no. 6 (December 1990): 862.
14. Tony Z. Tang et al., "Cognitive Changes, Critical Sessions, and Sudden Gains in Cognitive–Behavioral Therapy for Depression," Journal of Consulting and Clinical Psychology 73, no. 1 (February 2005): 168.
15. Susan Nolen-Hoeksema, "The Role of Rumination in Depressive Disorders and Mixed Anxiety/Depressive Symptoms," Journal of Abnormal Psychology 109 (2000): 504.
16. Susan Nolen-Hoeksema, "Gender Differences in Depression," in Handbook of Depression, ed. Ian H. Gotlib and Constance Hammen (New York: Guilford, 2002), 492–509.
17. Gemille Cribb, Michelle L. Moulds, and Sally Carter, "Rumination and Experiential Avoidance in Depression," Behaviour Change 23, no. 3 (2006): 165.

Capítulo 3: "Nada dá certo": como superar a sua falta de esperança

1. Robert L. Leahy, "Decision Making Processes and Psychopathology," Contemporary Cognitive Therapy: Theory, Research, and Practice, ed. Robert L. Leahy (New York: Guilford Press, 2004), 116–138.
2. Robert L. Leahy, "Pessimism and the Evolution of Negativity," Journal of Cognitive Psychotherapy 16, no. 3 (Summer 2002): 295.

Capítulo 4: "Eu sou um perdedor": como lidar com a sua autocrítica

1. Committee on Quality of Health Care in America et al., To Err Is Human: Building a Safer Health System (Washington, DC: National Academic Press, 2000).

Capítulo 5: "Não suporto cometer erros": como sentir-se "suficientemente bom"

1. Randy O. Frost et al., "A Comparison of Two Measures of Perfectionism," Personality and Individual Differences 14 (1993): 119; Robert B. Slaney, Jeffrey S. Ashby, and Joseph Trippi, "Perfectionism: Its Measurement and Career Relevance," Journal of Career Assessment 3 (1995): 279.
2. Don E. Hamachek, "Psychodynamics of Normal and Neurotic Perfectionism," Psychology 15 (1978): 27.

3. Paul L. Hewitt and Gordon L. Flett, "Perfectionism in the Self and Social Contexts: Conceptualization, Assessment, and Association with Psychopathology," Journal of Personality and Social Psychology 60 (1991): 456; Tsui-Feng Wu and Meifen Wei, "Perfectionism and Negative Mood: The Mediating Roles of Validation from Others versus Self," Journal of Counseling Psychology 55, no. 2 (April 2008): 276.
4. Randy O. Frost et al., "The Dimensions of Perfectionism," Cognitive Therapy & Research 14 (1990): 449; Paul L. Hewitt, Gordon L. Flett, and Norman S. Endler, "Perfectionism, Coping and Depression Symptomatology in a Clinical Sample," Clinical Psychology and Psychotherapy 2 (1995): 47.
5. Randy O. Frost et al., "The Dimensions of Perfectionism," Cognitive Therapy & Research 14 (1990): 449; Randy O. Frost and Patricia A. Marten, "Perfectionism and Evaluative Threat," Cognitive Therapy & Research 14 (1990): 559.
6. Roz Shafran and Warren Mansell, "Perfectionism and Psychopathology: A Review of Research and Treatment," Clinical Psychology Review 21, no. 6 (August 2001): 879.
7. Edward C. Chang, "Perfectionism as a Predictor of Positive and Negative Psychological Outcomes: Examining a Mediation Model in Younger and Older Adults," Journal of Counseling Psychology 47 (2000): 18.
8. Lars-Gunnar Lundh et al., "Alexithymia, Memory of Emotion, Emotional Awareness, and Perfectionism," Emotion 2, no. 4 (December 2002): 361.
9. Barry Schwartz et al., "Maximizing versus Satisficing: Happiness Is a Matter of Choice," Journal of Personality and Social Psychology 83, no. 5 (November 2002): 1178.
10. A. Marie Habke, Paul L. Hewitt, and Gordon L. Flett, "Perfectionism and Sexual Satisfaction in Intimate Relationships," Journal of Psychopathology and Behavioral Assessment 21, no. 4 (December 1999): 307.
11. Lance L. Hawley et al., "The Relationship of Perfectionism, Depression, and Therapeutic Alliance during Treatment for Depression: Latent Difference Score Analysis," Journal of Consulting and Clinical Psychology 74, no. 5 (October 2006): 930.
12. Neil R. Bockian, "Depression in Obsessive-Compulsive Personality Disorder," in Personality-Guided Therapy for Depression, ed. Neil R. Bockian (Washington, D.C.: American Psychological Association, 2006), 247–265.
13. Paul L. Hewitt et al., "Trait Perfectionism Dimensions and Suicidal Behavior," Cognition and Suicide: Theory, Research, and Therapy, ed. Thomas E. Ellis (Washington, D.C.: American Psychological Association, 2006), 215–235.
14. Robert L. Leahy, The Worry Cure: Seven Steps to Stop Worry from Stopping You (New York: Harmony/Random House, 2005).

Capítulo 7: "Eu não consigo me decidir": como superar a sua indecisão

1. Michel J. Dugas, Kristin Buhr, and Robert Ladouceur, "The Role of Intolerance of Uncertainty in the Etiology and Maintenance of Generalized Anxiety Disorder," Generalized Anxiety Disorder: Advances in Research and Practice, ed. Richard G. Heimberg, Cynthia L. Turk, and Douglas S. Mennin (New York: Guilford, 2004), 143–163.
2. David A. Clark, Aaron T. Beck, and Brad A. Alford, Scientific Foundations of Cognitive Theory and Therapy of Depression (New York: Wiley, 1999).
3. Robyn M. Dawes and Jerome Kagan, Rational Choice in an Uncertain World (Stamford, Conn.: International Thomson Publishing, 1988); Paul Slovic, ed., The Perception of Risk (Sterling, Va.: Earthscan Publications, 2000).
4. Adrian Wells, Metacognitive Therapy for Anxiety and Depression (New York: Guilford, 2008).
5. Steven C. Hayes, Kirk D. Strosahl, and Kelly G. Wilson, Acceptance and Commitment Therapy: An Experiential Approach to Behavior Change (New York: Guilford, 1999); Marsha M. Linehan, Cognitive-Behavioral Treatment of Borderline Personality Disorder (New York: Guilford, 1993).
6. Adrian Wells, "A Cognitive Model of GAD: Metacognitions and Pathological Worry," Generalized Anxiety Disorder: Advances in Research and Practice, ed. Richard G. Heimberg, Cynthia L. Turk, and Douglas S. Mennin (New York: Guilford, 2004), 164; Adrian Wells, Metacognitive Therapy for Anxiety and Depression (New York: Guilford, 2008).
7. Robert L. Leahy, Overcoming Resistance in Cognitive Therapy (New York: Guilford, 2001).
8. Robert L. Leahy, "Sunk Costs and Resistance to Change," Journal of Cognitive Psychotherapy: An International Quarterly 14, no. 4 (Fall 2000): 355.
9. Robert L. Leahy, Overcoming Resistance in Cognitive Therapy (New York: Guilford, 2001).

Capítulo 8: "Eu fico pensando repetidamente...": como superar a sua ruminação

1. Susan Nolen-Hoeksema, "The Role of Rumination in Depressive Disorders and Mixed Anxiety/Depressive Symptoms," Journal of Abnormal Psychology 109 (2000): 504.
2. Lori M. Hilt et al., "The BDNF Val66Met Polymorphism Predicts Rumination and Depression Differently in Young Adolescent Girls and Their Mothers," Neuroscience Letters 429 (2007): 12.
3. Adrian Wells, Metacognitive Therapy for Anxiety and Depression (New York: Guilford, 2008).

4. Susan Nolen-Hoeksema, "The Role of Rumination in Depressive Disorders and Mixed Anxiety/Depressive Symptoms," Journal of Abnormal Psychology 109 (2000): 504.
5. Costas Papageorgiou and Adrian Wells, "Metacognitive Beliefs about Rumination in Major Depression," Cognitive and Behavioral Practice 8 (2001): 160.
6. Costas Papageorgiou and Adrian Wells, "Positive Beliefs about Depressive Rumination: Development and Preliminary Validation of a Self-report scale," Behavior Therapy 32, no. 1 (Winter 2001): 13.
7. Costas Papageorgiou and Adrian Wells, "Treatment of Recurrent Major Depression with Attention Training," Cognitive and Behavioral Practice 7, no. 4 (Autumn 2000): 407; Zindel V. Segal, Mark J. G. Williams, and John D. Teasdale, Mindfulness-Based Cognitive Therapy for Depression: A New Approach to Preventing Relapse (New York: Guilford, 2002).
8. Zindel V. Segal, Mark J. G. Williams, and John D. Teasdale, Mindfulness-Based Cognitive Therapy for Depression: A New Approach to Preventing Relapse (New York: Guilford, 2002).
9. John D. Teasdale, et al., "Prevention of Relapse/Recurrence in Major Depression by Mindfulness-Based Cognitive Therapy," Journal of Consulting and Clinical Psychology 68 (2000): 615.

Capítulo 9: "Eu sou um fardo": como tornar suas amizades mais gratificantes
1. Kathryn L. Bleiberg and John C. Markowitz, "Interpersonal Psychotherapy for Depression," in Clinical Handbook of Psychological Disorders: A Step-by-Step Treatment Manual, 4th ed., ed. David H. Barlow (New York: Guilford Press, 2008), 306–327; Chris Segrin, Interpersonal Processes in Psychological Problems (New York: Guilford Press, 2001).
2. James C. Coyne et al., "Living with a Depressed Person," Journal of Consulting and Clinical Psychology 55 (1987): 347.
3. Thomas E. Joiner, Jr. et al., "Depression and Excessive Reassurance-Seeking," Psychological Inquiry 10, no. 4 (1999): 269; Joanne Davila, "Refining the Association between Excessive Reassurance Seeking and Depressive Symptoms: The Role of Related Interpersonal Constructs," Journal of Social and Clinical Psychology 20, no. 4 (Winter 2001): 538.
4. Robert L. Leahy, "A Social Cognitive Model of Validation," Compassion: Conceptualisations, Research and Use in Psychotherapy, ed. Paul Gilbert (London: Brunner-Routledge, 2005), 195–217.
5. Robert L. Leahy, Overcoming Resistance in Cognitive Therapy (New York: Guilford, 2001).
6. Robert L. Leahy, Overcoming Resistance in Cognitive Therapy (New York: Guilford, 2001).

Capítulo 11: "Meu relacionamento está desmoronando": como fortalecer o seu relacionamento íntimo

1. Mark A. Whisman, "The Association between Depression and Marital Dissatisfaction," Marital and Family Processes in Depression: A Scientific Foundation for Clinical Practice, ed. Steven R. H. Beach (Washington, D.C.: American Psychological Association, 2001), 3–24.
2. Mark A. Whisman and Martha L. Bruce, "Marital Dissatisfaction and Incidence of Major Depressive Episode in Community Sample," Journal of Abnormal Psychology 108 (1999): 674; Steven R. H. Beach et al., "Prospective Effects of Marital Satisfaction on Depressive Symptoms in Established Marriages: A Dyadic Model," Journal of Social and Personal Relationships 20 (2003): 355.
3. Steven R. H. Beach, Ernest N. Jouriles, and K. Daniel O'Leary, "Extramarital Sex: Impact on Depression and Commitment in Couples Seeking Marital Therapy," Journal of Sex and Marital Therapy 11 (1985): 99.
4. Joanne Davila et al., "Marital Functioning and Depressive Symptoms: Evidence for a Stress Generation Model," Journal of Personality and Social Psychology 73 (1997): 849.
5. Frank D. Fincham and Thomas N. Bradbury, "Marital Satisfaction, Depression, and Attributions: A Longitudinal Analysis," Journal of Personality and Social Psychology 64, no. 3 (March 1993): 442.
6. Thomas E. Joiner, "Depression's Vicious Scree: Self-propagating and Erosive Processes in Depression Chronicity," Clinical Psychology: Science and Practice 7 (2000): 203; Thomas E. Joiner, Jessica S. Brown, and Janet Kistner, The Interpersonal, Cognitive, and Social Nature of Depression (Mahwah, N.J.: Erlbaum, 2006).
7. David A. Smith and Kristina M. Peterson, "Overperception of Spousal Criticism in Dysphoria and Marital Discord," Behavior Therapy 39, no. 3 (September 2008): 300.
8. Steven R. H. Beach et al., "Couple Therapy and the Treatment of Depression," in Clinical Handbook of Couple Therapy, 4th edition, ed. Alan S. Gurman and Neil S. Jacobson (New York: Guilford, 2008), 545–566.

Capítulo 12: "Agora que estou melhor, como faço para continuar bem?": como prevenir a recaída

1. Peter M. Lewinsohn et al., "First Onset versus Recurrence of Depression: Differential Processes of Psychosocial Risk," Journal of Abnormal Psychology 108, no. 3 (August 1999): 483; Robert M. Post, "Developmental Psychobiology of Cyclic Affective Illness: Implications for Early Therapeutic Intervention," Development and Psychopathology 8 (1996): 273; Jill Hooley and John D. Teasdale, "Predictors of Relapse in Unipolar Depressives: Expressed Emotion,

Marital Distress, and Perceived Criticism," Journal of Abnormal Psychology 98, no. 3 (August 1989): 229; John D. Teasdale et al., "How Does Cognitive Therapy Prevent Relapse in Residual Depression? Evidence from a Controlled Trial," Journal of Consulting and Clinical Psychology 69, no. 3 (June 2001): 347.
2. Keith S. Dobson et al., "Randomized Trial of Behavioral Activation, Cognitive Therapy, and Antidepressant Medication in the Prevention of Relapse and Recurrence in Major Depression," Journal of Consulting and Clinical Psychology 76, no. 3 (June 2008): 468.
3. Daniel R. Strunk et al., "Patients' Competence in and Performance of Cognitive Therapy Skills: Relation to the Reduction of Relapse Risk Following Treatment for Depression," Journal of Consulting and Clinical Psychology 75, no. 4 (August 2007): 523.
4. R. B. Jarrett et al., "Preventing Recurrent Depression Using Cognitive Therapy with and without a Continuation Phase: A Randomized Clinical Trial," Archives of General Psychiatry 58 (2001): 381.
5. Zindel V. Segal, Mark J. G. Williams, and John D. Teasdale, Mindfulness-Based Cognitive Therapy for Depression: A New Approach to Preventing Relapse (New York: Guilford Press, 2002).
6. Jon Kabat-Zinn, Full Catastrophe Living: The Program of the Stress Reduction Clinic at the University of Massachusetts Medical Center (New York: Delta, 1990).
7. Willem Kuyken et al., "Mindfulness-Based Cognitive Therapy to Prevent Relapse in Recurrent Depression," Journal of Consulting and Clinical Psychology 76, no. 6 (December 2008): 966.
8. Johannes Michalak et al., "Mindfulness Predicts Relapse/Recurrence in Major Depressive Disorder after Mindfulness-Based Cognitive Therapy," Journal of Nervous and Mental Disease 196, no. 8 (August 2008): 630.

Apêndice A: Tratamentos biológicos para a sua depressão

1. Andrew A. Nierenberg et al., "A Comparison of Lithium and T3 Augmentation Following Two Failed Medication Treatments for Depression: A STAR*D Report," American Journal of Psychiatry 163, no. 9 (September 2006): 1519; Patrick J. McGrath et al., "Tranylcypromine versus Venlafaxine Plus Mirtazapine Following Three Failed Antidepressant Medication Trials for Depression: A STAR*D Report," American Journal of Psychiatry 163, no. 9 (September 2006): 1531.
2. Allan L. Scott and Tracy Fraser, "Decreased Usage of Electroconvulsive Therapy: Implications," British Journal of Psychiatry 192, no. 6 (June 2008): 476.

3. Stuart Carney et al., "Efficacy and Safety of Electroconvulsive Therapy in Depressive Disorders: A Systematic Review and Meta-Analysis," Lancet 361, no. 9360 (8 March 2003): 799.
4. Claire Hilton, "An Exploration of the Patient's Experience of Electro--Convulsive Therapy in Mid-Twentieth Century Creative Literature: A Historical Study with Implications for Practice Today," Journal of Affective Disorders 97, no. 1–3 (January 2007): 5; Edward Shorter and David Healy, Shock Therapy: A History of Electroconvulsive Treatment in Mental Illness (New Brunswick, N.J.: Rutgers University Press, 2007).
5. Lucie L. Herrmann and Klaus P. Ebmeier, "Factors Modifying the Efficacy of Transcranial Magnetic Stimulation in the Treatment of Depression: A Review," Journal of Clinical Psychiatry 67, no. 12 (December 2006): 1870.
6. A. Mogg et al., "A Randomized Controlled Trial with 4-month Follow-up of Adjunctive Repetitive Transcranial Magnetic Stimulation of the Left Prefrontal Cortex for Depression," Psychological Medicine 38, no. 3 (March 2008): 323.
7. Claire Daban et al., "Safety and Efficacy of Vagus Nerve Stimulation in Treatment-Resistant Depression. A Systematic Review," Journal of Affective Disorders 110, no. 1–2 (September 2008): 1.
8. Michael J. Garvey, Robert Wesner, and Michael Godes, "Comparison of Seasonal and Non-Seasonal Affective Disorders," American Journal of Psychiatry 145 (1988): 100.
9. Siegfried Kasper et al., "Epidemiological Findings of Seasonal Changes in Mood and Behavior: A Telephone Survey of Montgomery County, Maryland," Archives of General Psychiatry 46 (1989): 823.
10. Robert N. Golden, "The Efficacy of Light Therapy in the Treatment of Mood Disorders: A Meta-analysis of the Evidence," American Journal of Psychiatry 162 (2005): 656.
11. Kelly J. Rohan et al., "A Randomized Controlled Trial of Cognitive- Behavioral Therapy, Light Therapy, and Their Combination for Seasonal Affective Disorder," Journal of Consulting and Clinical Psychology 75, no. 3 (June 2007): 489.
12. Michael Terman and Jiuan Su Terman, "Controlled Trial of Naturalistic Dawn Simulation and Negative Air Ionization for Seasonal Affective Disorder," American Journal of Psychiatry 163, no. 12 (December 2006): 2126.

Apêndice B: Recursos para tratamento adicional
1. Randy O. Frost et al., "The Dimensions of Perfectionism," Cognitive Therapy and Research 14 (1990): 449; Randy O. Frost and Patricia A. Marten, "Perfectionism and Evaluative Threat," Cognitive Therapy and Research 14 (1990): 559.

Índice

A

"A Casa de Hóspedes" (Rumi), 106
A epidemia do narcisismo: viver na era da titularidade (Twenge), 4-5
A Path with Hearth (Kornfield), 224-225
Abordagem de "dois passos" para os erros, 100-102
"Abrindo mão"
   aceitando a ambivalência, 152-153
   aceitando a realidade "como ela é", 153-154
   de estar certo, 200-201
   tolerando a incerteza, 151-152
Absenteísmo do trabalho, 11-13
Abuso de álcool, 231
Abuso de substância, 24, 231
Abuso sexual, 10-12
Academia de Terapia Cognitiva, 245
Acidente vascular cerebral, transtornos depressivos e, 12-13
Acusação
   combatendo a negatividade da, 205-206
   como autocrítica, 65-66
   como comportamento autodestrutivo, 211-212
   distorção do pensamento da, 29-30
Adams, John, 9-10
Adivinhar a sorte, 29-31, 201-202
Adolescentes
   fatos sobre depressão e, 24
   gênero e depressão, 11-12
   transtornos depressivos em, 4-5
ADTs (antidepressivos tricíclicos), 9-11, 236

Afastamento, 25-29. *Veja também* Isolamento; Solidão
"Agir como se", 118-120
Agitação, depressão e, 7-8
Aldrin, Buzz, 9-10
Alternativas de Tratamento Sequenciado para Aliviar a Depressão (STAR*D), 237-238
Ambivalência, 151-153
American Institute for Cognitive Therapy, 246
Amitriptilina, 236
Análise do custo-benefício, 120-122
Anfetaminas, 236, 239-240
Animais, como companheiros, 189-190
Ansiedade
   fatos sobre depressão e, 24
   indecisão levando a, 139-140
   narcisismo e, 4-6
   perfeccionismo e, 92-94
Antidepressivos tricíclicos (ADTs), 9-11, 236
Apegando-se ao passado. *Veja* Ruminação
Apetite, diminuído/aumentado, 7-8, 17-18
Aristóteles, 129
Armadilha da Ruminação, 149-150
Armadilha da vítima, 166-168
Aspectos positivos/comportamento positivo
   acompanhando, 207-209
   combatendo a negatividade, 203-204
   ignorando, 29-31
   minando o sucesso, 210-211
   recompensando, 207-208

Association of Behavioral Cognitive Therapies, 245
Atitudes, lista do inventário de, 32-38
Ativan, 238-240
Aumento, tratamento, 223-224, 236-238
Autoabsorção, na sociedade de hoje, 4-6
Autoaceitação, 105-107
Autoavaliações, 72-74
Autocorreção, 70-72
Autocrítica
    como componente da depressão, 65-67
    como motivador, 68-70
    definição de termos, 66-68
    desafiando crenças, 69-76
    desafiando o pensamento distorcido, 82-83
    desafiando pensamentos de, 84
    história de cliente – Tom, 65-73
    Livro de Regras Mal-adaptativas, 76-77
    novas regras para lidar com, 75-82
    perfeccionismo e, 85-86
Autodisciplina, 112-113, 129-130
Autoestima, perfeccionismo e, 92-94
Automedicação, 236
Autorrecompensa. *Veja* Recompensas/cardápio de recompensas

B

Beck, Aaron, 14-15
Benzodiazepínicos, 238-240
Bowling Alone (Putnam), 186-187
British Association for Behavioral and Cognitive Psychotherapies, 245
Buda/Budismo, 44-46, 223-225
Bupropiona (Wellbutrin), 236, 238-239
Bush, Barbara, 9-10

C

Cade, John, 9-10
Caminhos bioquímicos, 9-12
Casamento. *Veja também* Relacionamentos
    história de cliente – Karen, 1-3-4
    história de cliente – Phyllis e Ralph, 194
    intimidade e, 194, 222-223
sucesso da TCC com, 231
transtornos depressivos e, 11-12
Causas de depressão, 8-12
Celexa, 236
Ceticismo, autoajuda, 21-23
Churchill, Winston, 9-10
"Ciclagem", bipolar, 8-9
Clomipramina, 236
Cocaína, 239-240
"Comfort foods", 2-3
Comparações injustas, 30-31, 65-66, 72-74
Comportamentos,
    erros autodestrutivos, 211-212
    evitando recaídas, 21-22, 221
    minando o sucesso, 209-210
    recompensando, 207-209
    regra da reciprocidade, 206-207
Comportamentos depressores, 164-165, 222
Comunidade
    Internet para conhecer pessoas, 186-188
    perda de conectividade, 4-6
    prevenindo recaída com, 221-223
Concentração, falta de, 7-8, 18-19
Condições de sono
    insônia/hipersonia, 7-8
    inventário de sintomas, 16-17
    teorias evolutivas para, 27-28
Condições perinatais (nascimento), 12-13
Conhecendo pessoas novas, 178-181
Convivendo com a incerteza, 130-132
Crenças. *Veja* Crenças centrais
Crenças centrais, 77-79
Crianças
    fatos sobre a depressão e, 24
    habilidades parentais e depressão em, 10-12
    transtornos depressivos em, 4-5
Cultura e sociedade
    fatos sobre a depressão e, 24
    gênero e depressão na, 10-12
    perda de conectividade, 4-6
Curas/medicamentos alternativos, 235, 240-244
Curas naturais, 235
"Custo da busca", 139-141

Custos de oportunidade, 139-141
Custos e consequências
   análise do custo-benefício da motivação, 120-122
   custos irrecuperáveis, 140-144
   fatos sobre, 24
   indecisão, 140-141
   tomada de decisão, 130-131, 139-141

D

Darin, Bobby, 9-10
Darwin, Charles, 9-10
Declaração da Independência, 101-102
Deficiências, físicas, 11-12, 24
Definição de objetivos, 115-118
Depressão
   agindo para sair da 116-118
   como diagnóstico médico, 3-6
   descrevendo a imagem visual da, 1-4
   fatos sobre, 24
   pós-parto, 8-9
   sinais iniciais e desencadeantes, 218-219
   sucessos da TCC sobre, 231-233
   unipolar, 8-9, 242-243
   usando a terapia cognitivo-comportamental, 5-8
   usando este livro, 14-16
"Depressão dupla", 8-9
Desafiando os demônios da depressão
   autocrítica, 84
   compreendendo a mente deprimida, 48
   desenvolvendo amizades gratificadoras, 176
   falta de esperança, 64
   falta de motivação, 123
   fortalecendo a intimidade, 215
   indecisão, 145
   isolamento e solidão, 191
   medo de erros, 108
   prevenindo recaídas por, 228-229
   ruminação, 161
Desconforto construtivo, 112-113
Desemprego, 11-12, 163-164
Desequilíbrio na tireoide, 8-9

Desipramina, 236
"Deveres", distorção do pensamento, 29-30, 203-205
Diagnóstico médico, transtorno depressivo, 3-6
Discordância, regras para, 210-211
Discussões, regras para, 210-211
Distorção do pensamento automático, 29-31, 201-206
Divórcio, 1-4, 11-12, 164
Doença
   cardíaca isquêmica, 12-13
   cardiovascular, 12-13
   cerebrovascular, 12-13
Doença de Alzheimer, 12-13
Doenças diarreicas, 12-13
Dopamina, 10-11
Doxepina, 236
Doze Sujos da negatividade, 201-206
Drogas. *Veja* Abuso de substância
Duloxetina (Cymbalta), 236
Dúvidas, 65-66, 133-135

E

E se?, distorção do pensamento, 30-31
ECT bilateral, 241-242
ECT unilateral, 241-242
"Efeito multiplicador", 231
Efeitos colaterais
   ADTs, 236
   benzodiazepínicos, 239-240
   curas alternativas/naturais, 235
   ECT, 241-243
   medicamento antidepressivo, 237-239
   recursos na Internet para informações, 240-241
Eficácia/Competência, 46-48, 119-121
EHarmony, 187-188
Eletroconvulsoterapia (choque) (ECT), 59-61, 241-243
Emoções/raciocínio emocional
   atenção plena e, 226-227
   combatendo a negatividade nas, 202-203
   distorção do pensamento das, 30-31

estabelecendo limites de tempo, 132-134
papel da autocrítica nas, 67-68
perfeccionismo e, 92-94
Encontros *online*, 186-188
Enfrentamento *versus* ruminação, 153-154
Episódios depressivos, 239-241
Episódios hipomaníacos, 239-240
Episódios maníacos, 239-241
Era da titularidade, narcisismo e, 4-6
Errar é humano: montando um sistema de saúde mais seguro, 81-82
Erros. *Veja também* Perfeccionismo
  abordagem em "dois passos" dos, 101-102
  aprendendo com, 80-82, 105-107
  de comportamentos autodestrutivos, 211-212
  desafiando o medo de, 108
  em retrospectiva, 95-97
  imperfeições bem-sucedidas não são, 98-100
  perfeccionismo e medo de, 85-86
  responsabilidade versus irresponsabilidade nos, 94-96
  sem lamentos, 96-99
  superando o medo de, 93-95
  tomada de decisão pode levar a, 137-138
Erva-de-são-joão, 235
Escala de Atitudes Disfuncionais (EAD), 32-38
Escala Multidimensional de Perfeccionismo, 86-90, 246-247
Escola Médica da Universidade da Pensilvânia, 14-15
Esquizofrenia, 9-10
Esteroides, 239-240
Estilos de vida, pouco saudáveis, 12-13
Estilos explanatórios, 40-43
Estimulação do nervo vago (ENV), 242-243
Estimulação magnética transcraniana (EMT), 242-243
Estratégias de sobrevivência, 25-28
Estresse, 9-12, 92-94, 223-225

Exercícios respiratórios, 72-74, 159, 224-227
Expectativas irrealistas
  certeza na tomada de decisão, 130-132
  demanda de reasseguramento, 138-140
  estabelecendo metas exequíveis, 69-70
  narcisismo e, 4-6
  nunca ser "suficientemente bom", 103-106
  perfeccionismo e, 86-90, 92-94
Experimentos. *Veja também* Terapia cognitivo-comportamental (TCC)
  com estilos de pensamento, 41-43
  desafiando a falta de esperança, 50-53
  desafiando a indecisão, 145
  desafiando a ruminação, 155-156
  desafiando crenças centrais, 77-79
  ser "suficientemente bom", 132-133
  socialização, 188-189
  TCC como série de, 6-7, 21-22, 233
  tomada de decisão, 134-137, 139-140

F

Facebook, 187-188
Fadiga e baixa energia
  como sintoma de depressão, 7-8
  inventário de sintomas, 19-20
  tentando se exercitar para superar, 233
  teorias evolutivas da, 25-29
Falha, definição, 67-68. *Veja também* Autocrítica
Falta de esperança
  como mecanismo protetor, 50-51
  como profecia autorrealizada, 52-53
  como sintoma de depressão, 49-50
  como usar este livro, 14-16
  desafiando pensamentos de, 64
  ficar no momento presente, 61-63
  história de cliente – Andy, 54-56
  história de cliente – Ellen, 59-61
  história de cliente – Karen, 1-4, 12-13, 22-23, 41-43, 53
  razões para, 51-52
  sucessos da TCC sobre, 231-233
  suicídio como última expressão, 60-62

superando sentimentos de, 54-61
teorias evolutivas para, 25-29
Fase aguda do tratamento, 238-239
Fase de continuação do tratamento, 238-239
Felicidade, 56-60, 101-103
"Férias das drogas", 238-239
Filtragem negativa
  armadilha da vitimização, 166-168
  combatendo a negatividade da, 202-203
  corrigindo a autocrítica, 82-83
  distorção do pensamento de, 29-30, 76-78
Foco no julgamento, 30-31, 90-92
Ford, Harisson, 9-10
Freud, Sigmund, 131-132
Friendster.com, 187-188
Full Catastrophe Living (Kabat-Zinn), 224-225

G

Garland, Judy, 9-10
Gênero, depressão e, 10-12
Genética
  "genes da ruminação", 147-148
  teorias evolutivas da negatividade, 25-29
  transtornos depressivos e, 9-12
Gingko biloba, 238-239

H

Habilidades parentais, depressão e, 9-12
Hábitos alimentares, 2-3, 12-13
Hábitos mentais
  compreendendo os estilos explanatórios, 40-43
  relembrando detalhes e aspectos específicos, 42-44
  ruminação como, 43-45, 148-151
  usando *mindfulness*, 44-46
Hábitos mentais negativos
  classificando as causas de eventos, 40-43
  distorções do pensamento automático, 28-31

exercendo consciência sobre, 44-46
generalização excessiva, 42-44
ruminações do desagradável, 43-45
Hemingway, Ernest, 9-10
Hibernação, como estratégia de sobrevivência, 26-28
Hipersonia. *Veja* Condições de sono
Hipertensão arterial, 238-239
Histórias de clientes
  animais como companhia, 189-190
  autocorreção, 70-72
  autocrítica, 65-73
  custos irrecuperáveis, 141-144
  definição de metas, 116-118
  isolamento dos amigos, 163
  motivação, 109-112, 118-121
  obter ajuda funciona, 1-4, 12-23, 41-43, 53
  pensamento negativo, 38-41
  perda da intimidade, 193, 212-214
  perfeccionismo, 85, 94-95, 100-104
  sentindo falta de esperança, 1-4, 12-13, 22-23, 41-43, 53
  ser "suficientemente bom", 103-106, 127, 132-133
  solidão, 177-178
  subdiagnóstico de transtorno bipolar, 59-61, 96-97
  suicídio, 12-15
  superando a falta de esperança, 54-60
  tomada de decisão, 134-137
Históricos. *Veja* Histórias de clientes
HIV/aids, 12-13
Hormônios, gênero e depressão, 11-12

I

Ignorando seus aspectos positivos, 65-66, 82-83, 203-204
IMAOs (inibidores da monoaminoxidase), 9-11, 236
Imperfeição bem-sucedida. *Veja* "Suficientemente bom"
Impotência, 25-29, 65-66
Impulso sexual, 27-28, 237-239
Incerteza, tolerando, 151-152

Indecisão. *Veja* Tomada de decisão
Individualismo, narcisismo e, 4-6
Infecções respiratórias, 12-13
Inibições, teorias evolutivas das, 27-29
Inquietação, 19-20
Insônia. *Veja* Condições de Sono
Internet
  criando comunidades, 187-189
  informações sobre medicamentos, 240-241
  recursos da TCC, 7-8, 245-246
  recursos de terapia de luz, 243-244
  rede social, 186-188
Intimidade. *Veja também* Relacionamentos
  aceitando as diferenças, 211-214
  comportamentos gratificadores, 206-209
  conflito no relacionamento, 194-195
  definindo o problema, 196-197
  depressão e, 193-194
  erros autodestrutivos, 211-212
  fortalecendo o seu relacionamento, 215
  história de cliente – Phyllis e Ralph, 193, 212-214
  papel da autocrítica na, 65-66
  perfeccionismo e, 92-94
  prejudicando o sucesso, 209-210
  prevenindo recaída com, 222-223
  regras de compromisso, 210-211
  respeitando os sentimentos, 196-201
  trabalhando com a negatividade, 201-206
Inventário Rápido de Sintomatologia Depressiva (IRSD), 16-21
Ioimbina (Procomil), 238-239
Ionização negativa do ar, 243-244
Iproniazida, 9-10
Isolamento
  como sintoma de depressão, 177-178
  desafiando a solidão, 191
  mitos sobre estar sozinho, 178-187
  papel da autocrítica no, 65-66
  superando, 186-191
ISRSs (inibidores seletivos da recaptação de serotonina), 10-11, 236

J
JDate.com, 187-188
Joel, Billy, 9-10
Jones, Chipper, 95-96
Junk foods, 2-3

K
Kabat-Zinn, 223-225
Klonopin, 238-240
Kornfield, Jack, 224-225

L
Lamotrigina (Lamictal), 240-241
Leitura mental, 29-31, 166-168, 201-203
Lexapro, 236
Limites de tempo, 132-134, 156
Lincoln, Abraham, 9-10
Linkedin.com, 187-188
Lítio, 9-10, 237-238, 240-241
Livro de Regras Mal-adaptativas, 76-77
Luvox, 236

M
Match.com, 187-188
Maximizando o perfeccionismo, 92-94
Medicamentos. *Veja também* Medicamentos ansiolíticos; Medicamentos antidepressivos
  alternativas para, 240-244
  comparação da TCC com, 5-8
  estágios/fases do tratamento, 238-239
  nova chance na vida com, 232
  prevenindo recaída com, 217-218, 222-224
  recursos da Internet para informações, 240-241
  transtorno bipolar e, 4-5, 239-241
  tratando transtornos depressivos, 9-12
Medicamentos "estabilizadores do humor", 240-241
Medicamentos ansiolíticos, 238-240
Medicamentos anticonvulsivantes, 240-241

Medicamentos antidepressivos. *Veja também* Medicamentos
   como tratamento para transtorno bipolar, 8-9, 240-241
   descoberta e efeitos, 9-11
   efeitos colaterais, 237-239
   opções de tratamento, 235-238
Medicamentos antipsicóticos, 240-241
Medicamentos de manutenção, 222-224, 238-239
Medicamentos para a tireoide, 237-238
Medicamentos sem prescrição, 235
Meditação, 44-46, 223-227
Meetup.com, 187-188
Melatonina, 243-244
"Mensagens" pós-sinápticas, 10-11
"Mensagens" pré-sinápticas, 10-11
Metabolismo, como estratégia de sobrevivência, 26-28
Milnaciprana (Ixel), 236
Mindfulness
   aceitando pensamentos intrusivos, 159-160
   exercícios respiratórios para, 72-74
   ficando no presente, 44-46
   indo além da ruminação, 157-160
   observando e aceitando como, 73-76
   prevenindo recaída, 217, 223-228
Mirtazapina (Remeron), 236, 238-239
Morte, pensamentos de. *Veja* Suicídio
Motivação
   análise do custo-benefício, 120-122
   comportamentos criam, 110-112
   definição de objetivos, 115-118
   depressão e falta de, 109
   desafiando a falta de, 123
   desconforto construtivo da, 112-113
   esperar versus fazer, 113-116
   história de cliente – Jennifer, 109-112, 118-121
   usando a autocrítica para, 68-70
Myspace.com, 187-188

N

Narcisismo, na sociedade de hoje, 3-6
Nardil, 236
National Institutes of Health, 240-241, 245
Negatividade
   como círculo vicioso, 78-79
   comportamentos depressores, 164-165, 222
   dando voz à autocrítica na, 66-67
   depressão e, 25
   Doze Sujos da, 201-206
   escala de atitudes disfuncionais, 32-38
   estar sozinho não é causa para, 180-184
   ferramentas e atividades para superar, 45-48
   motivação para superar, 115-122
   pensamentos intrusivos, 159-160
   prevenindo recaídas para, 221
   ruminação do desagradável, 147-148
   técnicas para modificação, 36-41
   teorias evolutivas da, 25-29
Neurônios, 10-11
Neurotransmissores, química cerebral e, 10-11
Nível de energia. *Veja* Fadiga e baixa energia
Noradrenalina (norepinefrina), 236
Nortriptilina, 236

O

O sucesso através do fracasso: o paradoxo do projeto (Pretoski), 81-82
Objetivos e valores, tomada de decisão, 128-130
Odiando a si mesmo, autocrítica como, 65-66
Olanzapina (Zyprexa), 237-238

P

Parnate, 236
Partilhar não significa resolver, 197-201
Parto, 8-9
Paxil, 236
Pensamento catastrófico, 29-31, 202-203
Pensamento do tipo tudo-ou-nada
   combatendo a negatividade, 203-204
   corrigindo a autocrítica, 82-83

minando o sucesso, 209-210
nunca ser "suficientemente bom", 103-106
perfeccionismo e, 93-94
Pensamentos automáticos negativos, 75-78
Pensamentos depressivos
  estratégias de sobrevivência, 26-28
  "teoria do nível social", 27-29
  teorias evolutivas para, 25-26
  "tríade negativa", 29-31
Pensamentos intrusivos, 159-160
Pensando nas coisas repetidamente. *Veja* Ruminação
Perda da família/entes queridos, 8-9
Perda/ganho de peso, 7-8, 17-18
Perdedor, definição, 67-68. *Veja também* Autocrítica
Perfeccionismo. *Veja também* "Suficientemente bom"
  autoavaliação, 72-74
  autocorreção, 70-72
  combatendo a negatividade do, 205-206
  como medo de erros, 86, 93-99
  como um *continuum*, 79-80
  Escala Multidimensional de Perfeccionismo, 86-90, 246-247
  história de cliente – Allen, 85, 94-95, 100-104
  quando "suficientemente bom" é suficientemente bom, 98-107
  técnica dos dois pesos e duas medidas, 71-73
  tipos de, 90-92
Perfeccionismo adaptativo, 90-92
Perfeccionismo mal-adaptativo, 90-92
Permanecer no presente, 44-46, 61-63, 210-211
Personalizando, 29-30, 204-206
Pesar
  distorção do pensamento, 30-31
  erros sem, 96-99
  papel da autocrítica no, 65-66
  perfeccionismo e, 85-86

Pessimismo. *Veja* "Pessimismo estratégico"; Negatividade
"Pessimismo estratégico", 25-28
Petroski, Henry, 81-82
Physician's Desk Reference, 240-241, 245
Pope, Alexander, 80-81
Posses, como custos irrecuperáveis, 140-144
Prazer
  com episódios maníacos, 211
  planejando e predizendo, 119-121
  superando a negatividade, 46-48
Procrastinação, 90, 92-94
Produtividade no trabalho, 11-13, 24
Profecia autorrealizada, falta de esperança como, 52-53
Programa de Atividades Semanais, 124-125
Prozac, 236
Putnam, Robert, 186-187

Q

Quetiapina (Seroquel), 237-238
Química cerebral, depressão e, 9-12

R

Realidade, aceitando "como ela é", 153-154
Reasseguramento, 138-140
Reboxetina (Edronax), 236
Recaídas. *Veja* Recuperação, prevenindo recaídas
Recompensas/cardápio de recompensas
  "agir como se" e, 118-120
  estar sozinho como um tempo para, 182-184
  para comportamentos positivos, 207-209
  prevenindo recaída com, 220
  regra da reciprocidade, 206-207
  substituindo a autocrítica por, 69-73
  superando a negatividade, 45-47
  superando a resistência a, 207-208

Recuperação, prevenindo recaídas de alterações no comportamento e pensamento, 219-220
   checklist para, 228-229
   continuação dos tratamentos, 222-224
   desenvolvendo relacionamentos, 221-223
   evitando padrões negativos, 221
   evitando ruminação, 220-221
   mantendo a consciência da atenção plena, 223-228
   sinais precoces e desencadeantes, 218-219
   sobre fatores e vulnerabilidades, 218
   TCC versus medicamentos, 218
   usando o seu cardápio de recompensas, 220
Rede de apoio. *Veja também* Validação e apoio
   como pedir ajuda, 167-169
   expandindo o tamanho e o alcance da, 173-175
   focando nos aspectos positivos, 169-173
   respeitando os conselhos da, 172-174
   sendo o seu melhor amigo, 171-172
   sobre depressão e, 163-164
   solução de problemas, 169-171
   validação e "revezamento", 167-170
Rede social, 186-188
Regra da reciprocidade, 206-207
Regras de autoafirmação, 75-83
Regras de compromisso, 210-211
Rejeição, 179-181
Relacionamentos. *Veja também* Intimidade
   comportamentos depressores, 164-165, 222
   conectando-se com a comunidade maior, 173-175
   depressão e, 163-164
   erros autodestrutivos, 211-212
   estar sozinho não é uma coisa ruim, 180-184
   fortalecendo a intimidade, 215
   história de cliente – Diane, 141-144
   incerteza e ambivalência, 151-153
   para validação e apoio, 164-166
   prevenindo recaída com, 221-223
   regras de compromisso, 210-211
   sendo o seu melhor amigo, 182-184
   sugestões para desenvolver, 176
   usando sua rede de apoio, 167-174
   validação versus vitimização, 165-168
Relações sexuais. *Veja* Intimidade
Risperidona (Risperdal), 237-238
Ritalina, 237
Rotulação
   como autocrítica, 65-66
   como comportamento autodestrutivo, 211-212
   corrigindo a autocrítica, 82-83
   distorção do pensamento de, 29-31, 76-78
   enfrentando a negatividade da, 201-202
Rowling, J. K., 9-10
Rumi (poeta sufi), 106
Ruminação
   como hábito mental, 43-45, 148-151
   depressão e, 147-149
   desafiando pensamentos de, 161
   entendendo o passado, 154-155
   estabelecendo um limite de tempo para, 156
   gênero e depressão, 11-12
   história de cliente – Ann, 147-148
   mudando o foco da, 157-160
   papel da autocrítica na, 65-66
   perfeccionismo e, 85-86
   prevenindo recaídas para, 220-221
   sobre incerteza e ambivalência, 151-153
   solução de problemas, 155-156

S

Sarcasmo, 211-212
Segal, Zindel, 223-225
Sentimento de inutilidade e culpa, 7-8
Sentimentos, respeito, 196-201
Serotonina, 9-11, 236-237
Sildenafila (Viagra), 238-239
Sinapses, 10-11
Síndrome da serotonina, 237-238

Síndrome de eosinofiliamialgia (EMS), 237-238
Sintomas
　fatos sobre depressão, 24
　inventário rápido e pontuação para, 16-21
　obter ajuda com um começo, 21-23
　transtornos depressivos, 7-15
　"Sintomas depressivos", 27-28
Sites. Veja Internet
Solidão
　animais como companheiros, 189-190
　criando uma nova comunidade, 186-190
　depressão e, 177-178
　desafiando seus pensamentos sobre, 191
　dificuldade de conhecer pessoas, 178-181
　estar sozinho não sendo para perdedores e, 183-185
　estar sozinho não sendo uma coisa ruim e, 180-184
　vantagens de estar sozinho, 185-187
Solução de problemas
　acreditar que a ruminação é, 147-151
　além da ruminação, 155-156
　quando "apenas ouvir" é suficiente, 197-201
　regras de engajamento, 210-211
　usando a rede de apoio, 170-171
Submissão, teorias evolutivas para, 27-29
"Suficientemente bom". *Veja também* Perfeccionismo
　aprendendo com os erros, 106-107
　criando a Carta de Direitos para, 101-103
　história de cliente – Valerie, 103-106
　ignorando a voz da perfeição, 102-106
　medo do comum e da média, 100-102
　ouvindo a voz de aceitação, 105-106
　padrões arbitrários versus realistas, 99-101
　quanta informação é necessária para, 132-134
　sobre não ser, 90-91, 98-100

Suicídio
　como fim da esperança, 60-62
　fatos sobre depressão e, 24
　história de cliente – Ken, 12-15
　inventário de sintomas, 19
　perfeccionismo e, 92-94
　sucesso da TCC sobre, 232
　taxas de adolescentes, 4-5
　transtornos depressivos e, 7-8
Superando a resistência em terapia cognitiva (Leahy), 81-82
Supergeneralização
　corrigindo a autocrítica, 82-83
　distorção do pensamento de, 29-30, 76-78
　hábito mental negativo de, 42-44
Suplementos de triptofano, 236-238

T

Teasdale, John, 223-225
Técnica do "bom amigo", 139-140
Técnica dos dois pesos e duas medidas, 71-73
Técnicas de autoajuda
　ceticismo quanto a melhorar, 21-23
　compreendendo a mente deprimida, 48
　desafiando a autocrítica, 84
　desafiando a falta de esperança, 64
　desafiando a falta de motivação, 123
　desafiando a indecisão, 145
　desafiando a ruminação, 161
　desafiando a solidão, 191
　desafiando o medo de errar, 108
　desenvolvendo relacionamentos, 176, 215
　encontrando um bom terapeuta, 7-8, 245-229
　Inventário Rápido de Sintomas (IRSD), 16-21
　sinais a observar/evitar, 218-221
　TCC versus medicamentos, 218
Técnicas de terapia comportamental (Leahy), 59-60
"Teoria do nível," 27-29
"Teoria do nível social", 27-29

Teorias evolutivas da negatividade, 25-29
Terapeutas de TCC certificados, como encontrar, 7-8, 245-246
Terapia Cognitiva Baseada em *Mindfulness*, 223-225
Terapia cognitivo-comportamental (TCC). *Veja também* Experimentos
  aprendendo com os erros, 80-82
  ceticismo sobre, 21-23
  como "experimentos" a serem testados, 232-233
  como tratamento bem-sucedido, 5-8
  desafiando a negatividade com, 36-41
  encontrando um terapeuta, 7-8, 245-246
  histórias de sucesso, 231-233
  intervenções específicas, 218-221
  lidando com a ansiedade com, 139-140
  prevenindo recaída, 217-218, 222-224
Terapia de eletrochoque. *Veja* Eletroconvulsoterapia (choque) (ECT)
Terapia de luz, 243-244
The Mindful Way Through Depression (Williams et al.), 224-225
Timidez, 27-29, 178-181
Tomada de decisão
  aceitar as dúvidas, mas agir, 133-135
  certeza versus incerteza, 130-132
  como processo de experimentação, 134-137
  custos e consequências, 139-144
  demandando reasseguramento, 138-140
  depressão e, 7-8
  desafiando a indecisão, 145
  erros fazem parte da, 85-86
  história de clientes – Ruth, 134-137
  inventário de sintomas, 18-19
  medo de cometer erros e, 137-138
  objetivos e valores da, 128-130
  papel da autocrítica na, 65-66
  quanta informação é suficiente?, 132-134
  superando a indecisão, 127-128
  vantagens, 130-131
Tranquilizantes, 240-241

Transtorno Afetivo Sazonal (TAS), 242-244
Transtorno bipolar
  compreendendo, 239-241
  depressão como subdiagnóstico de, 59-61, 242-243
  medicamentos antidepressivos, 8-9, 240-241
Transtorno distímico, 8-9
Transtorno hipomaníaco, 8-9
Transtorno maníaco-depressivo, 8-9
Transtornos da alimentação, 92-94
Transtornos depressivos
  causas e tipos, 8-12
  ceticismo quanto a melhorar, 21-23
  custos e consequências, 11-15
  intervenções específicas, 218-221
  pontuação no IRSD, 20-21
  prevenindo recaída, 217-218
  sintomas de, 7-9, 16-20
Tratamento Impactante, 209-210
Tratamentos herbáceos, 235
Trazodona (Desyrel), 236
"Treinador pessoal", sendo seu próprio, 5-8
"Treinamento da atenção", 223-224
Tri-iodotironina (T3), 237-238
"Tríade negativa", 28-31
Trimipramina, 236
Tristeza
  consciência de atenção plena de, 226-227
  inventário de sintomas, 17
  papel da autocrítica na, 65-66
  teorias evolutivas para, 25-29
Twain, Mark, 9-10
Twenge, Jean, 4-5

U

Um Estranho no Ninho (filme), 241-242

V

Validação e apoio. *Veja também* Rede de apoio
  comportamentos depressores, 164-165, 222

evitando a armadilha da validação, 165-167
evitando a armadilha da vítima, 166-168
prevenindo recaída com, 221-223
quando "apenas ouvir" é suficiente, 197-201
usando os amigos para, 164-166
Valium, 238-240
Valproato (Depakote), 240-241
Vantagens, tomada de decisão, 130-131
Venlafaxina (Effexor), 236
Voluntariado, 187-189

W
WebMD, 246
Williams, Mark, 223-225
Williams, Tennessee, 9-10

X
Xanax, 238-240

Y
Yahoo.com, 187-188

Z
Zoloft, 236